なぜメディア研究か

経験・テクスト・他者

Why Study the Media?

ロジャー・シルバーストーン
Roger Silverstone

吉見俊哉・伊藤 守・土橋臣吾 訳

せりか書房

なぜメディア研究か——目次

——経験・テクスト・他者

行為と経験のロケーション　191

意味の構成　247

凡例

一、本書は、Roger Silverstone, Why Study the Media? SAGE Publication, London. 1999. の全訳である。

一、本文中、最小限ではあるが、語句の解説のために、訳者が、〔 〕内に挿入して付け加えた字句がある。

一、原著書のなかでイタリック体が用いられている部分の語句については、本書のなかでは傍点で表記している。

一、翻訳に際して邦訳のあるものは引用させて頂いた。但し、文脈上部分的に変更した箇所がある。

一、巻末の索引は、原著書のそれとは、当然のことながら異なるものであり、訳者で取捨選択している。

日本語版　序文　ロジャー・シルバーストーン

この本は、わたしがロンドン・スクール・オブ・エコノミクス（LSE）に開設されたメディア・コミュニケーション研究科の初代科長に就任した際に、はっきりとあるいは言外に要求された事柄に応える、という責任から執筆されたものである。というのも、メディア研究は社会科学部にとって馴染みがなかったこと、そしてメディア研究自体が実質的でしかも知的な問題設定を持たなかった、ということがその背景にある。そのために、この本は、メディア研究の目的の提示、二一世紀の社会的・経済的・政治的生活の重要な問題の解明に向けた試みのなかで成果を獲得しはじめていることの学問分野のための宣言、という性格が与えられている。またさらに、この本で意図されているのは、現代の日常生活の営みのなかでメディアが中心的な働きをなしていることに十分な注意をはらってこなかった他の分野の社会科学者に対してばかりでなく、メディア研究という固有の領域に所属する人たちに対するひとつの挑戦でもある。つまり上記の要求をきっちり把握するとともに、実践的な企図そして知的な企図の双方で、メディア研究の分野の理論と実践の双方を前進させるという挑戦である。

本書の中心的な概念は媒介作用（mediation）という概念である。この媒介作用という概念の要点は、生活の営みにとって、さらに現代社会における権力の行使にとって、メディアが中心的な位置にあることを把握することにある。それは、意味の決定過程において、また効果的なコミュニケーションの遂行過程において、電子メディアが重要となり、それとの密接な関係のもとで対面的関係の効力が弱まっているという問題を扱うことになるだろう。さらにこの媒介作用という概念は、メディアに媒介された相互行為には利点と弱点が存在すること、さらにまたこの相互行為のプロセスの不確実性、コミュニケーションの複雑性とその絶えることのない連続性によって促された不確実性を認識してもいる。メディア内部で伝達されるメッセージは明白でも完全でもない。このメッセージは、技術的に媒介されたものであれ、対面的な状況においてであれ、個人と制度によって書き直され続けるのである。そして同時に（いかなる環境のもとで、どのような帰結がもたらされるか、それが肝心な問いなのだが）、マクルーハンが指摘したように、メディアが私たちを書き直してもいるのである。メディアの権力そしてその調整作用（moderation）の問題が無条件にこの研究分野の中心部分なのである。

こうした媒介作用から帰結することがらは難しい問題を孕んでいる。危機的な状況においては、メディアが報道し、メディアが語った内容がバイアスを含み、その下で個人の判断が行われ、政治的な判断がなされることがあるが、正常（そうした場合があるとしての話だが）な状態においてもそうしたことが生起するからである。事実、そのことが、メディアの、すでに自明のものとなり、不可視のものとなったメディアの日常性なのであり、メディアの役割を決定的なものとしているのである。これらのさまざまな帰結を私たちは十分に検討してこなかった。たとえば、他の人々、他の文化に対する私たちの理解や評価にとって、メディアに媒介されたコミュニケーションがもつ意味、言い換えれば、私たちの、私たち自身に関する感覚の構成や、人間としてのモラルな価値の構成に対してメディアが及ぼす力についてである。日常の営みにおいてメディアが中心的位置を占めるとする議論が重要であるとして取り上げられるならば、その時私たちは、研究の財産目録がすでに存在し、明白で疑問の余地がなく、あるいは研究が明確な形をなしていると考えるようなレベルから研究を進めることをストップしなければならない。むしろ、私たちにとって必要なのは、メディアが文化の形成と再生産にとって果たす役割をより深く考究することなのである。

私の議論は、以前のやり方とは対照的に、直接的で、複雑で、危険でもある世界、しかもリアルな世界と想像された世界、このふたつの世界に立ち向かう私たち（現代の市民）の能力に対して、メディアがもつ重大な役割、なかんずくメディアの表象の機能について言及していくことになる。このメディアの役割にかんする理解は、広義には、社会学的プロジェクトといえる性格のものである。なぜなら、それは、権力の行使、コミュニティの形成、アイデンティティの規定、といったさまざまなプロセスに目を向けた理論、すなわち社会理論や人類学の理論の援用を求めているからである。後期近代社会における個人は、彼／彼女の日常生活の構造的次元と日々の生活の次元の双方を理解するに際してメディアに決定的に依存することになった。というのも、世界はますます劇的なかたちで、グローバルな現象として、グローバルな力として、メディアを通じて、私たちに立ち現れているからである。事実一般に指摘されるように、先進国に住む多くの人たちにとって、グローバリゼーションは、商品の消費と同様に、世界についてのメディア表象とそれらの表象の消費のなかに存在する（もちろんそれはどこにでもあるケースではない。例えば、あなた方がラテンアメリカや極東の開発地域の危機的状況にたまたま居合せるとしたらどうだろう。そこでは、グローバリゼーションはずっと巨大なそして抑圧的な物質的現存の様相を帯びているだろう）。

したがって、この本はまず、媒介作用のプロセスに私たちがかかわる諸要素に、メディアとわれわれの個人的なそして集合的な関係の諸特徴に、さらにそうしたかかわりを可能にし、また不可能にもする意味の問題に、関心を振り向けることにしよう。以下の議論で意図されているのは、二一世紀の人間の経験を理解する際の中心にメディアを設定すること、そのための論議の場を確保することなのである。

そして最後にこの本は、市民に対してこれらのプロセスが帰結する問題に関心を当てることになる。しかしこのエンディングはひとつの出発点でもある。なぜならそれは、繰り返し指摘することになるが、メディアのプロセス、つまり日常性の基盤の上で私たちをオーディエンスとして読解者として巻き込んでいくプロセスに対する批判的な審問と、公共の言説（public discourses）と公共的世界（public world）へ参加する私たちの能力とを、いかに接合するのかという問題を提起するからである。二一世紀の市民の権利はある範囲のメディアリテラシーを要請している。このメディアリテラシーとは、個人がメディアの生産物を読解できるようにすること、メディアの表象の支配的戦略を批判的に問い直すことができるようにすること、そういった範囲のことを指示している。それは、印刷の時代における大衆の読み書き能力（mass literacy）と見なされてきたことを超えた技能と能力を内包しているのである。私たちが日々メディアを消費することを可能にする気楽さ、それは映像の特性によるものであり、またその語りの単純明解さによるものであると思うが、その気楽さがあるために、リテラシーなど重要ではない、と示唆される場合もある。だが私は反対に、リテラシーはこれまで以上に重要になっていると指摘したい。それはまさしく必要不可欠なことがらなのだ。その理由は、メディアが、アイデンティティ、世界のなかの私という感覚、そして世界のなかで行為する能力、これらすべてを構成する基盤であるからである。

しかしながら、このようなプロジェクトが抱える困難さは十分考慮されていない。イギリスで、メディア・スタディーズは、現在中学校で教えられているけれども、不十分であり、ソープオペラやショー番組に関してポイントの外れた内容を教授しているために、まったく評価に値するものとはなっていない。リテラシー教育の狙いが誤って理解され、誤って教えられているのである。従って、こうした比較的低いレベルのリテラシーの段階を市民的権利の創造と実践に深く結びついたリテラシーの段階に統合することは、大変大きな課題なのである。私にはそれが本質的なことであるように思える。個人主義の高まりと同様に、オルタナティブな政治の勃興が見られるにもかかわらず、世界の多くの先進国において政治的問題へのかかわり合いが低下し、他方で無批判的なメディア消費が高度なレベルにまで達しているが、この両者を切り離して考えることはできないからである。もちろんこの点に関しては他にも考慮すべき多くの問題がある。だが、政治へのシニシズム、資本主義の中心部の不正など、多くの問題の大部分はメディアのフィルターを通じて表出されているのであって、メディアとその当該の問題との共謀関係のなかで、政治的関心の低下が生じているのである。

こうしたメディア・媒介作用・リテラシーのプロジェクトに対する障害物は数多く、その正体も明白である。メディア自身がこのプロジェクトを支援する状態にあるとは思えない。メディア側は一貫して、メディアの研究者や調査者がこの数年間行ってきたことがらに無関心で、かれらが理解したことに関して批判的な姿勢をとっているからである。批判的ではないとしても、メディア側は研究者や調査者が責任をもって発見した知見を検討することにさえシニカルなのである。国政レベルの政治家も論点を正確に理解しているようには思えない。というのも、かれらにとって、メディアは、政治的現実をマネジメントするための道具か苦労の種、あるいは逆に政治的生活のためのリアルなビジネスにとっては周辺的なもの、そのどちらかに位置付けられているからである。またメディア研究者も、プロジェクトがメディアと真正面から対立する時には、たびたび抵抗を示すことになる。われわれは常によく記述しているわけではないと述べたり、自分たちの知見の曖昧さに関して過剰に防御的であるからである。

しかし私が心に描いているリテラシーの本質は、これらの困難が存在するとはいえ、明確に定義され、展開されねばならない。そしてそれは、責任と信頼にかかわる論点を中心に置いた、さらにメディア表象の倫理性、美学、政治学に交叉する、人間的な価値のセットに基礎づけられねばならない。私は、こうしたリテラシーを、ある種継続的に進められるべき論争と考えたいと思っている。つまり市民は第四の権力にチャレンジするために、リテラシーをもった第五番目の地位の構成員にならなければならないのだ。

この点に関しては、とりわけ説明責任にかんする論点、信頼にかんする論点に論及しておく必要があるだろう。

これについては、説明責任（そしてこれはイギリスの哲学者オノラ・オニールの最近の著作『信頼に関する疑問』で議論されている）にかんして絶対的な危機にあるイギリスの状況を参考にして述べておこう。イギリスの新聞は、マルクスが資本主義は自己解体すると確信していたように、自己解体の方向に進みつつある、との議論がある。新聞はみずからの成功の故に内破するだろう、つまり自己の資本蓄積の規則に従った結果として破壊するだろうというのである。新聞は公的生活と私的生活の境界を次第に侵食して、センセーションとゴシップの危険な循環に巻き込まれている。そしてさらに名声の創造と破壊の際限のない循環にも組み込まれているように思う。こうした（そして他のものと同様に、値引きや契約市場の圧力から批評の紙面も同じような語り方で書かれている）状況のなかで、唯一存在するものと言えば、それは害悪だけである。そこで人びとはせいぜいこうした出版からインターネットをベースにしたニュースにより一層個人的に関与する方向を想像できるかもしれない。悪くすれば、全体としてニュースから、つまり市民の権利に従事し、それを伝える営みから、人びとが急激に離れ撤退してしまう方向も想像できるかもしれない。

こうしたことが、さまざまな形で、世界のいたるところで、どれほど繰り返されているのか、私には確信できない。しかしこれは大きな問題であり、慎重なそして綿密な研究と分析を要請している。

メディア研究者は、メディアと政治が根本的に分かちがたく結びついたこの段階とまったく新しい現象を、このメカニズムの分析を通じて、そして異なる社会の異なる制度化や異なる時代の体制の分析を通じて、解明することができるだろう。そしてその本質的な対立点を指摘できるだろう。自由な社会では、権力の分離が行われるべきであり、表現の自由が保障されねばならない。しかし私は次のように想定することが可能であるように思う。すなわち、一方では強力で独立したメディアが社会を制御不可能にしていくような状況と、他方ではそうであるからこそ逆に、完全にメディアを従属した位置におくべきだといったかたちで、状況を最大限コントロールしたいという意識的な要求が顕在化してしまうような状況という、分極化した状況にますますわれわれが布置されているという想定である。それはあまりに単純化した観察である。けれども、第一にイギリスにはその萌芽が、第二に九月十一日テロ事件以降のアメリカにも、そうした状況が目に見えるかたちで生起しているように思う。

この媒介作用にはまた別の側面もある。公的生活の質と同様に、プライベートな生活の質にかかわるものだ。二〇世紀におけるプライベートライフの歴史は、少なくとも先進国では、他の要素もあるが、国家の不当な介入の歴史でもある。プライベートな領域を仕切る境界は、それぞれの社会で、異なって知覚され、異なる形で保護されてきたわけだが、さまざまな方法を通じて社会生活や個人生活を管理するようにデザインされた規制によってその風穴を開けられてきた。放送という形態のメディアは、この境界の破れ目の象徴的な次元をなしている。パーソナルあるいはプライベートなものとして見なされるものの保護、ドメスティクなるものの境界を管理する能力。こうしたことがらを考える上で、私たちはメディアに関心を払わざるをえない。混乱の源泉と道具というふたつの側面。プライベートな空間やパーソナルな文化を破壊する源泉であるとともにその破壊をコントロールするための手段としての可能性、この両面をメディアはもっている。

私的な個人として、われわれの家庭に入ってくる映像やコンテンツを制御したいという欲求があるなかで、私たちはいかなる権利を望むことができるだろうか。電子メディアと消費の世界のなかで、私たちは消費者としていかなる責任を引き受けねばならないのだろうか。この相互に対応した重大な問題はこの本の最後で論じられるテーマである。それらは新たなメディアのポリティクスがなにかという点に熟慮を要するだろう。そしてこの問題を説明し、問題に対して解答を引き出そうとする動きは、メディアのはたらきに関する洗練された理解や、私たちがメディアを通じてなにをなすのかということに関する理解がなければ、けっして企図されることはないだろう。

ロンドンにて

二〇〇三年三月

序文と謝辞

どのように始めたら良いだろうか。今、私は本書を完成させた。おそらく、私の最初の提案書を読み返すのがいいだろう。私が何をしようとし、何をしようとしなかったのかを思い出すために。

これはメディアについての本になるべきものであり、メディア・スタディーズについての本、少なくともしばしばそのようなものだと思われているメディア・スタディーズについての本ではなかった。これは、新しいミレニアムを迎えるにあたって、文化と社会におけるメディアの中心的な重要性を論じるための本だったのである。この本は、困難な問いを立て、そして、メディアについて考える人たちへ向けてこれまでとは異なるアジェンダを設定しようとするものだった。だが、この本は多くの答えを求めてはいない。結論を閉じるよりも、問いを開くことが目的だった。

私たちはメディアを逃れることはできない。メディアは私たちの日常生活のすべての側面に含み込まれているからである。この本のプロジェクト全体の中心にあったのは、メディアを経験の核に位置づけ、私たちが生きる世界を理解する能力あるいは無能力の中心にメディアを位置付けようとする欲求である。もうひとつの中心としてあったのは、その真剣さと関心の有意味さを忘れるよりも早く、世界における検閲を通過する知的な議題をメディアの研究に要求することだった。

私はこの本の中から、人間的なものとしての、そして人間の企てとしてのメディアの研究が生まれてくることを願っている。それは、個人と集団へ向けられたその関心において人間的でなければならない。それは、社会的・歴史的な特殊性に敏感で、技術決定論、社会決定論の専制を拒否する明確な論理を設定する点で人間的でなければならない。それは、社会科学と人文科学の境界線に進路を取ることを試みるだろう。

おそらくは、この本は何よりも宣言として構想されていた。私は、ある空間を画定したいと思っていたのだ。私の言説の外側にいる人たち、学問的に、そして世界においてどこか他の場所にいる人たちと関わるために。私は、今こそ、メディアを真剣に取り上げるべきときだと考えたのである。

メディアの研究は批判的である必要がある。それは有意味である必要がある。それは、それ自身とその主題のあいだに一定の距離を創り、それを維持する必要がある。それは思慮あるものであるために参照される必要がある。私は以下の論考が、少なくともある程度はこの厳しい要求に応えるものであって欲しいと思っている。

しかし、もし部分的にでもそれに成功し、目的を果たすならば、それはたくさんの同僚や学生が直接に、間接に、この本に貢献してくれているからである。感謝を込めて、アルファベット順に名前を挙げさせて欲しい。キャロライン・バセット、アラン・カウスン、スタン・コーエン、アンデイ・ダーレイ、ダニエル・ダイアン、サイモン・フリス、アンソニー・ギデンズ、レスリー・ハドン、ジュリア・ホール、マシュー・ヒルズ、ケイト・レイシー、ソニア・リビングストーン、ロビン・マンセル、アンディ・メドハースト、マンディ・マーク、ハーヴェイ・モロッチ、マギー・スキャメル、イングリッド・シェンク、エレン・セイター、リチャード・セネット、ブルース・ウィリアムズ、ジャニス・ウィンシップ、ナンシー・ウッド。だがもちろん、その誰しも本書に残されている間違いや不適切について責任を負うものではない。

1——経験のテクスチュア

まずは、一九九八年一二月二二日に放送されたジェリー・スプリンガーの昼間のトークショーの場面から。この番組、英国の衛星チャンネル、UKリビングで何度か繰り返し放送されているのだが、このときは数人の女装趣味者や性転換をした男性が二列に並び、彼らの生活、人間関係や仕事について話し合っていた。彼らにかみつくのはテレビの視聴者で、たとえば子供はどうするのだなどとの質問が飛んで来る。あるカップルは指輪を交わし、「とにかく私たちだってまだしてないし、これって全国放送でしょ」とかわして答えていた。ジェリーは、ミルトン・ベール〔米国の代表的なテレビ・コメディアン。テレビ草創期のバラエティ番組『テキサコ・スター・シアター』（後に『ミルトン・ベール・ショー』）などに女装で登場し、大人気を集めた。ミスター・テレビジョンとも呼ばれる。一九〇八―二〇〇二年〕や『お熱いのがお好き』の例や、麻薬までが一種の性倒錯に含めて考えられたりはしなかった無邪気な時代の演技や余興を視聴者に思い起こさせながら、正常さの基準が時代とともに変わることについてひとくさり話して番組をまとめていた。

テレビの一瞬は、人々を食いものにしていくが、私たちがそれを食いものにしてしまうことも可能である。容易に忘れられてしまう一瞬、電子的な粒子の断片、メディア空間のなかの一刺し。しかしそれはいま、たとえこのページのここでだけのことだとしても、気づかれ、記され、感じられ、記憶されていく。テレビの一瞬は、ローカルな出来事（すべての登場人物がロサンゼルスの特定のレストランで働いているような番組の場合）でもあり、ナショナルな出来事（その番組は、もともとは全米で放送された）でもあり、グローバルな出来事（いまや、英国のこの地でも放送されている）でもある。テレビの一瞬は、郊外生活者たちの感覚の表層を軽く引掻き、周縁の人々、社会の下層に触れていく。

テレビの一瞬はしかし、完璧に役立てられている。それは、平凡な毎日の連続的なことがらを象徴している。それは独特の仕方で、どこまでも典型的であろうとする。それは日常文化のメディアによる絶え間ない咀嚼の一要素なのだ。その一瞬の意味は、私たちが本当にそれに気づくかどうか、それが心に触れ、衝撃を与え、不快にし、私たちを引き込むかどうかにかかっている。なぜなら私たちは、ますます生活のなかに深く、強く張りめぐらされているメディア環境の内へ、外へ、そしてそれを横断して気ままにチャンネルを変えている。テレビの一瞬は、そうして通り過ぎていく視聴者や彼や彼女の関心を引こうとする広告業者に向けて、おそらくますます死に物狂いに提供されている。そしてそれは、私にとっては、次のような問いに答えようとする試みの出発点を提供してもいるのだ。――なぜ、メディアを学ぶのか。この出発点は、もちろん何度も繰り返して、しかしごく自然に提供されている。というのも、そこではあまりにも多くの問いが生じており、それらを無視することはできないのである。これらの問いは、私たちはメディアが遍在する時代を生きており、それらは日常的で、同時代の経験の本質的な次元をなしているという単純な認識から生じる。私たちは、メディアの現存（presence）も、メディアの表象（representation）も逃れることができない。印刷メディアであれ、電子メディアであれ、愉しみと情報のために、くつろぎと安全のために、経験の連続性のいくつかの感覚を得るために、そして時折、経験を強めるためにも、われわれの時代のメディアに依存するようになってきた。ウェールズの皇太子妃ダイアナの葬儀は、この点で典型的なケースであった。

私は世界中の市民が、どのくらいの時間、テレビの前に座り、ラジオをかけ、新聞をぺらぺらめくり、ますますインターネットに没頭するようになっているのかについて書き留めることができる。また、そうしたメディア接触の時間や様態が、地球規模では「北」と「南」で、あるいは国内でも、物質的、象徴的資源に応じてどれほど異なっているのかについて記していくこともできる。さらに、ソフトウェアの世界的な販売高や映画の観客動員数、ビデオのレンタル数、デスクトップ・コンピュータの個人所有数などといった量的データを示していくことができるし、変化のパターンを洞察し、あわよくば無謀きわまりないとしても、これらの消費の将来傾向についての不確実な予測を立てていくことだって可能である。しかし、これらのどれか、あるいはすべてをしたとしても、メディア文化の表層を滑って横切ることにしかならないのである。この表層は、メディアや番組を販売することが目的の人々にとっては大方それだけで十分なものであろうが、もしも私たちがいったいメディアが何をしているのか、また私たちがメディアをどうしているのかに興味があるのなら、それだけでは不十分なことは明白である。また、私たちが自分たちの生活がどれほど強く、深くメディアとともにあるのかを把握しようとするのにも、こうした表層だけでは役に立たない。だからこそ、私たちは量的な面から質的な面へと目を転じていかなければならないのである。

私が主張したいのはこういうことだ。――メディアがわれわれの日常生活にとって中心的であるが故に、われわれはそれを研究しなければならない。メディアを現代世界の政治的、経済的な次元としてばかりでなく、社会的、文化的な次元として研究しなければならない。それをその偏在性と複雑性において、世界を意味あるものとし、またその意味を共有していく私たちの変幻自在な能力に寄与するものとして研究しなければならない。つまり私の考えでは、われわれはメディアを、イサイア・バーリンが世界のなかの生の根源的なありように言及するのに使った言葉を借りるなら、「経験の総体的なテクスチュア」を成すものとして研究していかなければならないのである。そのような経験の次元は、自明のものとされているのだが、私たちが生き、お互いにコミュニケートしていく基底をなし続けている。社会学者たちは長らく、社会生活のそうした次元の特性や質に、その可能性と持続性の観点から関心を寄せてきた。また、少なくともバーリンの考えでは、歴史家たちの仕事もまた、あらゆる人間科学の諸領域と同じようにこの経験の次元に依拠しており、さらにそうした次元を省察し、理解する彼ら自身の能力にも依存しているのである。

そしてメディアは、今やこの経験の総体的なテクスチュアの一部をなしている。もしも言語もメディアの一種であると考えるなら、このことはなおさらであろう。私たちは、話すことと書くこと、印刷、それに視聴覚的な表象までの連続性を、私が探求している次のような問題への答えの暗示として何とか考察していけるかもしれないのである。その問題とはこうだ。――コミュニケーションの形式と内容に、その可能性までを含め、また自明化された日常生活の内側から、それ自体に抗して注意をしていかなかったなら、私たちは、私たち自身の生を理解することができない。

もちろん、バーリンが照準しているのは、第一義的には方法論的な論点である。だが、「なぜ」は、必然的に「どのように」を含み込んでいる。歴史とは、優れて人間的な事業にならなければならない。すなわちそれは、何らかの法則や一般原理、理論的な完結性を追求することで科学的であろうとするのではなく、差異や固有性についての認識を基盤とし、人間（men）――なんとこの言葉をめぐる自由主義の想像力は、悲劇的なまでにジェンダー化されていることか！――の為すことについて何らかの理解や説明を、純粋理性や合理性についてのカント的ないしデカルト的な命言から離れてする必要を認識していかなければならない。私がメディアを研究することで主張したいのもまさにこうしたところにあるわけで、本書は繰り返し、この方法論的な問いへと舞い戻ることになろう。

バーリンはまた、道徳的ないし美学的分析をめぐり、説明の適切な仕方についてこう述べている。

そもそもの前提として、人間存在のありようを空間のなかの単なる組織体と考えるのではなく、つまりその行動が、より効率を追求する原理の下で記述され、またそれに呪縛されているような規則性をもつとするのではなく、能動的な存在、目的を追い求め、他の人間存在との絶えざる相互作用と相互のコミュニケーションのなかで、自らの、また他者たちの生をかたちづくり、感じ、内省し、想像し、創造する存在として理解していかなければならない。つまるところ、彼らを純粋に外側の観察者としてみるのではなく、われわれがそれらを共有しているがゆえに理解できるようなあらゆる様態の経験とに関与している存在と見なしていくことが肝要である。(バーリン、1997: 48)

われわれの共有された人間性という感覚へのバーリンの信頼は心を打つが、しかしおそらく、現代の一般に受け入れられている認識とは衝突する。だが、こうした感覚への信頼なしには、われわれという存在自体が失われてしまうし、メディアを研究するということ自体が不可能になってしまうのだ。こうした認識も、本書における私の分析に通底しており、私はいずれこの論点に戻ってくることになろう。

現代文化におけるメディアの役割を把握しようとする試みには、この他にもいくつかのメタファーが存在する。私たちはメディアを、多少ともかき乱されることなくメッセージをわれわれの心に流し込んでいく水道管のようなものとして考えていたことがある。私たちはまた、メディアを言語として、解釈されるテクストや表象を提供するものと見なしていくこともできる。あるいはメディアを環境として、そのメディア文化の強度においてわれわれを包み込み、満たし、封じ込め、逆にまた挑戦を受けていくものとして考えていくこともできる。マーシャル・マクルーハンは、メディアを人間の拡張として、つまりある種の人工器官、私たちの知覚する力とそれが及ぶ範囲を同時に拡張してくれるものと見なした。しかし、おそらく彼も理解していたと思うのだが、私たちが予防的な社会性（prophylactically social）と絡まりあうことによって、メディアは、その主体であると同時に客体でもある私たちの能力を伸ばすだけでなく、失わせてもいるのである。

メディアは事実、日常の相互行為が帯びる常態的な不確かさの代替項となっており、その限りで私たちは、メディアを予防的に社会的なものとして考えていくことができる。日常生活では、さまざまな仮定法的な状態（as-ifs）が、絶えず、表立たない仕方で生み出されているので、望まれない状態や統御できない状態が生活のなかに侵入してくることに対するいっそう厚い防壁が築かれていくのである。メディアの効果について世間で大っぴらに取り沙汰されていることも、私たちが、とりわけニューメディアのなかに見出し、また怖れていることのこの側面に焦点をあわせている。すなわちそれは、ニューメディアが通常の社会性に取って代わってしまうであろうという不安であり、また大方は男の子たち、とりわけ労働者階級や黒人の少年たち――彼らはいまも、われわれの社会でモラル・パニックが語られる主要な場である――が、ますますテレビやゲームの画面に釘づけになっているという不安である。マクルーハンは、メディアが知覚の拡大であると同時に喪失でもあるという両面性をよく理解していたのだが、それ以上にこの観点を深めてはいかなかった。しかしそれでも、サイボーグ文化についての彼のヴィジョンは、ドナ・ハラウェイがそれを論じるよりも二〇年も先がけていたのである。

これらのメタファーは有用である。実際、それらを欠くなら、私たちは、暗がりのなかでガラス越しにメディアを見ているようなものだと非難されよう。しかし、他のすべてのメタファーの場合と同じように、メタファーによって明るみに出せることは一面的で移ろいやすい。だから、私たちは単なるメタファーの地平を超えて先に進まなければならない。私の目的も、まさにここにある。私の問いに答えるには、同時代の社会的、文化的生活に関与する仕方を通してメディアを跡づけていく作業が含まれてくる。そして、メディアをプロセスとして、為すと同時に為される存在として検証していかなければならない。つまり、どこであろうと現実の、またヴァーチャルな空間に人間存在が凝集するところでは、人々が互いにコミュニケートし、説得し、情報を伝え、楽しませ、教育するところでは、そして実にさまざまな方法で、成功不成功の違いはあっても、とにかく私たちが互いに結びつこうとしているところでは、ありとあらゆるレベルでメディアを能動と受動をあわせもった存在として調べ上げていかなければならないのである。

メディアをプロセスとして理解すること。そして、そのプロセスは根本的に、どこまでも社会的なものであると認めること。このことは、メディアをあくまで歴史的に固有なものとして考えていくことでもある。メディアは常に変化していく、あるいはすでに大胆に変化してもきた。われわれの世紀は、電話が、映画が、ラジオが、テレビが大衆的な消費の対象となり、日常生活を送る上で必須の道具となるのを目の当たりにしてきた。私たちは現在、インターネットの地球大の成長や、世界中の誰もが瞬時にアクセスできるインタラクティブな世界という約束（脅威という人もいるだろう）によって、メディア文化がさらに強大なものになっていくという亡霊のようなイメージと向き合っている。

メディアをプロセスとして理解することはまた、このプロセスが根源的に政治的であること、あるいは、おそらくより厳密には、経済 - 政治的であることを認めることも含んでいる。私たちの日常生活に溢れている多様なコミュニケーションを通じて提供され、かたちづくられるさまざま意味は、その影響力と感受性、そして無神経さにおいてますますグローバルになりつつある諸機構から立ち現れている。二世紀に及び発展してきた資本主義や、今ではもう退場しつつある伝統的な国民国家の歴史的な重みに押し潰されてしまうことなく、これらの機構は広義に「マス」コミュニケーションとして受けとめられるべきもののプラットフォームをかたちづくってきた。このプラットフォームは、ますます多様で流動的なものになってはきてはいるが、いまだになお支配的な形式を維持し、ローカルな文化を圧倒しないまでも、それらに浸透し、そのありように制約を加えている。

今日、グローバル・メディアの支配的な機構に生じている諸々の動きは、まさしく地殻変動的なスケールのものである。徐々に文化が侵食されていき、突然、大地震が起きて新しい山が海から隆起してくるかのように多国籍企業が人々の前面に現れ出る。他方、それ以外の陸地は沈下して、アトランティスのように、かつてはそれなりに他よりも豊かな恵みを受けていたかもしれぬ土地が、神話として語られるだけになってしまう。今日、こうした多国籍的な資本の力は、疑いを差し挟む余地のないほど深刻で重大なものとなり、それらがメディアの情報を生産し流通させる次元をコントロールし、さらにこの力の拡大に応じ、国民国家政府が自国内で流通する言葉やイメージ、データをコントロールする力がどんどん弱まっている。これこそ、今日のメディア文化の中心的な特徴である。

今日、こうした諸々の変化や発展の速度の有する意味についてさまざまな議論がなされているが、その多くは、技術的な変化のスピード、あるいは実際のところは商品の変化のスピードであるものを、社会的、文化的な変化のスピードと取り違えている。技術的ないしは産業的なものと社会的なものとの間には絶えざる緊張があり、もしも私たちが、メディアを真に媒介作用（メディエーション）のプロセスとして認識するつもりなら、まさにこの緊張にこそ目を向けねばならない。というのも、メディア研究が明らかにしてきたように、技術的、産業的なものから社会的なものへの直接的な因果関係や効果はほとんど存在しない。多国籍的な機構が直接、意味を作り出すわけではないのである。たしかにそれらは意味を提供する。しかし、そうした機構自体、すべてが同じように変化しているわけではない。それぞれが異なるライフサイクルを持ち、異なる歴史を背負っている。

このように考え始めると、私たちは別の問いに突き当たることになり、その問いはまたさらなる問いを次々に生み出していく。――それでは誰が、メディアを媒介しているのか。どのようにして。それはいかなる帰結を生んでいくのか。表面では万華鏡のように変化し、しかし不可視のレベルではイデオロギーが動いているメディアの内容と形式を、私たちはどのように理解するのか。メディアの機構と意味はどこに所有され、コントロールされているのか。誰がメディアにアクセスでき、また誰がメディアに参加していくのか。あるいは表象をめぐり、あるいはわれわれ相互の感覚や自身の感覚を特徴づけ、影響を及ぼしていく作用をめぐり、メディアは無数の抗争の中にある。それぞれのメディアの内部で、またそのレベルを超えて、つまりメディアにおいて諸々の抗争が繰り広げられていくさまを、私たちはどのようにして評価していけばいいのだろうか。

私たちは、これらの問いへの答えを求めてメディアを研究する。しかし、そこから私たちが得る結論は、究極のものではあり得ないし、むしろそうあるべきでもない。どんなに魅力的な理論であろうと、またしばしば表面では説得的であったとしても、メディアについて何か単一の理論だけでやっていけるということはないのだ。実際のところ、メディアについて究極的な理論を探し求めることは、政治的にも、知的にも、さらに道徳的にも大間違いなのではないだろうか。しかし、これと同時に、私たちがメディアについて考えようとするのは、常にメディアのために何かをしようとするからでもある。私たちは、自分たちが理解できたことを現実に適用し、またそれに応えてくれる人々に働きかけながら、より反省的で責任あるありかたを力づけていこうとする。メディアの研究は、人間科学であるだけでなく、現実の問題に関連していなければならないのである。

したがって、私が提起した問いに対する私自身の答えは、このような複雑さを感じとることを前提にして見出されよう。その複雑さとは、現実の複雑さでもあり、方法論的な複雑さでもあり、さらに同時に広い意味で道徳的な複雑さでもある。つまるところ、私がここで扱おうとしているのは、人間存在とそのコミュニケーションについてであり、言語と発話についてであり、言うことと言われたことについてであり、認識することと認識しないことについてであり、意味をかたちづくるプロセスへの技術的、政治的介入としてのメディアについてである。

さて、これでわれわれは出発点に立った。まずは経験について、つまり私やあなたの経験について、そしてそのありきたりさについて語るところから出発しよう。

メディアの調査研究は、これまでしばしば社会的に重要なことがらや大きな事件、危機とメディアの関係について調べるところから研究を出発させがちであった。たとえばわれわれは、メディアのなかの暴力や性的搾取の有害なイメージに注目し、それらの効果を計測しようと試みてきた。あるいはわれわれは、湾岸戦争や巨大災害、重大な犯罪事件のように、鍵となるメディア・イベントに焦点をあわせ、そこにおいてリアリティが統御され、権力が作動していくときのメディアの役割を分析してきた。われわれはまた、われわれの時代の壮大な公共的儀式に焦点をあわせ、それらがメディアを介し、どのようにして国民的共同体の意識を創出していくのかを明らかにしようとしてきた。フロイト以来、私たちは、病理的なことや、あるいは単に誇張されたことを調べることで、日常的な無意識のありようを浮かび上がらせていく方法について学んできたから、メディア研究がこうした特別なことがらに注目するのはすべて意味がある。しかし、例外的な事態にあまりにも注意を向け続けすぎると、誤った認識を不可避的に誘発しかねない。なぜならメディアは、何よりもまず日常的なものなのである。私たちは日々、メディアとの接続をオンにしたりオフにしたりし、ひとつのメディア空間から別の空間へ、あるメディアとの接続から別の接続へと移動している。ラジオから新聞へ、電話へ、あるいはテレビからオーディオへ、インターネットへ。公的なスペースから私的なスペースへ、あるいは独りぼっちの状態からみんなで一緒の状態へ——いずれにせよ私たちの日常生活のなかで、メディアはいつも至るところに存在しているのである。

メディアが最も重大な作用を及ぼしているのは、まさにこのありふれた世俗的な世界においてである。メディアはその単一でも多様でもある表象を通じ、日々のリアリティを濾過し、枠づけている。つまりそれらは日常生活を方向づけ、常識の生産や維持に役立つような判断の基準を提供し、参照すべき情報を示している。私たちがメディア研究の出発点にしなければならないのは、この常識が通用していくレベルなのである。私たちの送っている人生は、絶えず何かを成就していく進行中のプロセスである。たとえ実際には、選択の余地がほとんどないか、まったくない状態に置かれていることが多く、私たちにできることは、何とかそれをやり過ごすことでしかないとしても、このプロセスに私たちは能動的に参加していかなければならないのである。メディアは私たちに、話すべき言葉、表明すべき考えを与えてきた。しかしそれは、私たちが日々の仕事に取り組んでいるときに、外側から抽象的な力として作用してきたのではない。メディアは私たちがそのなかに参加しているリアリティの一部であり、われわれはそうしたリアリティを共有し、またそれを日々の語らいや相互行為を基盤にして維持しているのである。

常識について考えるところから始めたい。それが単一のものでも論争の余地のないものでもないことは、もちろんである。しかし常識は、われわれの経験の表現であり、またその前提条件でもある。常識は、人々に共有されているか、少なくとも共有可能で、ほとんどの物事のしばしば目に見えない基準になっている。そしてメディアもまた、常識に依存している。メディアは常識を再生産し、常識に訴え、同時に常識から養分を吸い取り、これを誤った仕方で呈示しもする。実際、常識が単一のものではないために、私たちは日々、他者の常識や共通文化と遭遇し、それらと向き合わざるを得なくなるたびに、いやというほどの論争やとまどいを経験している。こうした遭遇は、たいがいはメディアを通じ、そしておそらくますますメディアだけを通じて引き起こされるようになっている。ここで生じているのは、差異への怖れだ。イエロー・ジャーナリズムやタブロイド新聞の紙面で報道されることがらについての中産階級の人々の恐怖。美的なものや知的なことがらから、性急で問題含みの仕方で実利主義的に背を向けてしまうこと。それぞれの国民やジェンダーの偏見。階級やエスニシティ、その他の差異によって異なる価値や態度、嗜好性、そして文化——これらは経験を反映し、また同時に経験を構成してもいる。このような意味での経験は、われわれのアイデンティティの定義や、われわれが現代世界のなかに自身を位置づけていく能力にとって中心的な場所である。われわれの人生が他者の人生と共生し、異質性が共存されていくことができるのなら、それも真の意味でそうすることができるのなら、それはまさにこうした場所で育まれる常識を通してのことなのだ。

このような意味での反省的な能力は、モダニティやポストモダニティの決定的な特徴を定義しようとする人々によって、まさしくその中心をなすものとして頻繁に論及されてきた。しかし、彼ら自身の反省的叙述は、多かれ少なかれ哲学や社会科学の専門家のテクストに対象を限定し、専らそうしたなかで再帰的な転回を探究しようとしがちである。私としては、再帰的な転回は、人々の常識においても、日常生活でも、そしてメディアにおいてすら、というかメディアにおいてこそ繰り返し現れているということを主張したい。こうした再帰的な投企にとって、メディアは中心的である。単にソープオペラや昼間のトークショー番組、あるいはラジオのディスクジョッキー番組における社会派的な意識を備えた語りばかりでなく、ニュースや報道番組、あるいは広告においても、書かれ、聴かれ、観られるテクストという多面的なレンズを通して、われわれについての世界が反復的かつ持続的にディスプレイされ、上演されているのである。

現代世界における経験とそこでのメディアの役割について、われわれはいかなる他の特質を見出すことができるであろうか。

このような問いに答えようとすると、私はどうしても空間論的なメタファーに引き寄せられてしまうことを、どうかお許しいただきたい。というのも、こうした問題に取り組んでいくとき、空間という視点が最も満足のいく分析枠を提供してくれるように思えるのである。もちろん、時間もまた有用な分析枠である。たしかに、今ではもうポストモダン理論の共通了解であるように、時間はかつてそう思われていたようなものではない。時間はもはや以前のように複数の点をつないだものではないし、過去と現在と未来の区別も画然とできるわけではない。それはもう単一の流れではないし、多くの人々に共有されているわけでも、あるいは変化に抗う力としてあるのでもない。こうしたことのすべてが言えるわけなのだが、それにもかかわらず、私たちは、時間性をこのような仕方で否定してしまうことが、まったく正しいわけではないこと、あるいは少なくとも時期尚早であることもわかっているのである。つまりこうだ。われわれの人生は時間のなかで送られていて、この人生の時は限られたものである。それに、時間の流れは今もなおシークエンスをなしていて、可逆的ではない（映画スクリーンの世界でない限り）。物語は、今なお語られることができるのである。私たちは、日を重ね、週を重ね、月を重ねることで人生を送っている。仕事と遊びの反復、暦の繰り返し、かろうじて見て取ることができ、ますます忘れられつつある歴史の「長期的持続 longues durées」のなかに私たちの人生は刻印されている。こうしたすべてのことも、私たちはわかっているのである。しかし、メディアは時間について、新たに多くの答えていかなければならない点を生じさせた。とりわけコンピュータを基礎にしたメディアのごく最近のジェネレーションの場合、放送が常に時間の流れに基礎を置いていたのとは事情が異なっている。番組の内容までがそうではないとしても、コンピュータ・ゲームそのものには終わりがなく、インターネットは瞬間的である。新しいメディアからのこのような打撃を受けて、時間はなお、そもそも生き残っていくことができるのでしょうか——ルイス・キャロルならば、きっとこう尋ねたことだろう。

少なくとも当面は、空間も同様の問題を抱えるに違いない。空間は多面的な次元を持ち、マニュエル・カステルが示唆したように、空間とはそれ自体、時間が同時並行的に存在しているのにすぎないのだという考えすら受け入れられる。これは私自身のオリジナルな考えではないのだが、私としては、日常生活を送っているわれわれ自身、メディアと共にあるわれわれの生活を、遊牧民（ノマド）の、放浪者の生活として捉えたい。私たちは、ある場所から別の場所へ、あるメディア環境から別のメディア環境へと移動し続け、そして時には、たとえばテレビを観たり、インターネットのウェブをネット・サーフィンしているときの自分たちを考えればわかるように、同時に複数の場所に存在することだってできる。ここにおいて、空間にいかなる区別をつけていくことが可能なのか。異なる空間の間でいかなる種類の動きが可能になっているのであろうか。

私たちは、私的な空間と公的な空間を行き来する。ローカルな空間とグローバルな空間を移動する。聖なる空間と俗なる空間の間を動き、現実の空間から虚構の空間へ、さらにヴァーチャルな空間へと動いていく。親しみのある場所と見知らぬ場所の間を動き、安全な空間から危険な空間へ、共同の空間から孤独な空間へと移動する。私たちは家にいるかもしれないし、家から遠く離れているかもしれない。敷居をまたぎ、地平線のかなたに目を向ける。私たちの誰もが、こうしたことを不断にしているし、これらのすべてが――どれか一つがというのではなく――、物質的ないしは象徴的な対象物としての、あるいは導きとしての、軌跡としての、経験としての、あるいは便覧（aides-mémoires）としてのメディアなしではやりきれない。

テレビをつける、居間の片隅のお気に入りの場所で新聞をひらく。こうしたことが、すべて空間的な超越（transcendence）という行為の次元を含んでいる。メディアとの関係を通じ、物理的な同一性をもった場所――家（ホーム）――が、地球全体のできごとに直面し、地球全体を包み込んでいくのである。しかし、このように新聞を読んだりテレビを観たりする行為には、他の空間的な広がりもある。この行為は、お互いに知っていようがいまいが、私たちをその隣人たちと、つまり同じ時間に同じことをしている他者たちと結びつけていく。テレビのチャンネルをパチパチ替え、新聞のページをパタパタめくる、そうした何でもない行為が、われわれを一時的にではあれ国民共同体に結びつけてきたのであり、この結びつきは少なくとも二〇世紀の間、きわめて重要であった。とはいえ、ある空間を共有することが、その空間を所有することであるとは限らない。われわれは、必ずしも空間を占有する権利を与えられているわけではないのである。メディア空間での私たちの経験は部分的なものであり、しばしば束の間のことだ。私たちは、自身の痕跡を残すことも、影を投げかけることもめったになく、メディアを通じてわれわれが聞いたり、読んだりする他者たちにかかわっている。

私たちは日々、異なるメディア空間をまたぎ、またそうした空間の中に入ったり、そこから出たりする航跡を描いて暮らしている。メディアによって、私たちには一日の構造が与えられ、言及すべきポイントや立ち止まるべきポイント、目を向けたり、凝視したりするポイント、かかわるべき相手ややり過ごす機会が与えられる。しかし、メディア表象の際限のないフローは、私たちがそれに参加することで中断される。それは、私たちが注意を向けたり、向けなかったりすることによって分割される。私たちがメディア空間に入っていくときに、日常的（quotidian）な次元から境界的（liminal）な次元への移行と、日常的な次元による境界的な次元の領有という二つのことが同時に生じている。

メディアは日常的なものであると同時に、そうした日常とは異なる次元のものなのである。

私がここで言おうとしているのは、マニュエル・カステルが「フローの空間」として論じたこととはいささか異なる。カステルにとって、フローの空間という概念が示唆しているのは、興隆しつつある情報社会のなかで、電子的であると同時に物理的でもあるネットワークに支えられて情報とモノ、人々が絶え間なく動いていくとき、この動きに沿って組織されるコミュニケーションのダイナミックな格子のことである。新しい社会はこの動きのなかで、つまりその無限の変化のなかに構築される。空間は、次第に不安定なものとなっていき、現実の場所に根づいて過ごされる諸々の生活から、一面ではなおそれに依存しながらも脱配置(dislocate)されていくのである。私の出発点はしかし、このような空間の抽象化を認識しつつも、カステルが「情報の時代」と呼んだものの流動する意識を、むしろわれわれの経験のなかに、あるいは経験の間に置き、そこで生じている諸々の変化を考えていくことである。なぜならば、このような経験の場こそ、諸変化が感じられるもの、知られるもの、そして時には怖れられるものとして生じている場所だからだ。われわれもまた、メディア空間のなかを、現実にも、また想像上でも、物質的にも、また象徴的にも動いている。メディアを研究することは、空間と時間のなかのこれらの動きについて研究し、それらの相互関係を調べることでもある。そうすることでおそらく私たちは、新時代の予言者の言うことも、またそうして喧伝される新時代の統一性や利益も、そう簡単には信じないようになっていくのではないか。

このように、メディアを研究することが、経験の総体的なテクスチュアにメディアがどのような貢献をしているのかを研究することであるのなら、さらにいくつかの論点が浮上する。第一は、経験のリアリティを認識する必要性である。経験は、たとえそれがメディアを通じたものであろうと、リアルなものだ。この点で、われわれは、われわれの棲まっている世界が、誘惑的で排他的な仕方でイメージやシミュレーションの世界になっていると主張する多くのポストモダン的思考には、少々異議を唱えなければならない。この観点からするならば、世界はひとつで、経験的なリアリティは、われわれに対しても、われわれ自身によっても、あるいは理論的にも、常識においても徐々に否認されていくことになっている。私たちは、象徴的でどこまでも自己言及的な空間で生を送っており、そこでは模造されたものやハイパーリアルなものが、ただ一般化していくから、いつまで経ってもすでにあったものが再生産されていくだけで、決してオリジナルなものが生み出されることはない。そのようにして、われわれの主体性や有意味な行為をする能力は、実のところ否定されてしまうのである。この観点からすると、われわれは、自分たちがリアリティとファンタジーを区別することに集団的に失敗し、その想像的な能力が、どんなに強化してもますます貧しくなっていくという攻撃を受けている。この見方では、メディアこそ、あらゆるものごとを適応させていく座標系の役割を果たすものになっている。

しかし、私たちは実のところ、これとは異なる事態を知っている。私たちは、ファンタジーとリアリティを区別できるし、また実際に区別してきた。私たちは、自身とメディアとの間に批判的な距離を維持できるし、またそうしてきた。私たちがメディアにどれほど影響されやすいか、またどれほど説得されやすいかということは、均等ではないし、予測できるものでもない。観ることと理解すること、受け入れること、信じること、そして実際に行動に移すことの間には違いがある。私たちは、見たことや聞いたことを、自分が知っていたり信じていたりすることに照らし合わせて検証する。しかもいずれにせよ、私たちはそうして見たり聞いたりしたことの大部分を無視するか、忘れてしまうのである。そして、私たちのメディアに対する反応は、個々を詳細に見ても、また全般的に見ても、個人によって異なっているし、社会集団によっても、そのジェンダーや年齢層、階級、エスニシティ、国籍などに応じて異なるし、また時間の経過とともに変化してくる。私たちは、こうしたすべてを知っているし、これがそもそも常識というものである。――しかしながら、もしもメディアを研究する者が、それでもなおこうした常識的な見解に的確かつ持続的に挑戦していこうとするのならば、他の人々が陥ったのと同じ落とし穴に陥らないようにしなければならない。さもないと、そうした挑戦は常識によって一蹴されてしまうことになろう。というのも、その種の挑戦は、経験をまじめに受けとめ、われわれの理論をそうした経験に照らして検証していくこと、すなわち、経験的な検証を行なうことに失敗していたのである。そうすると、私たちの理論も自己言及的になることを決して免れない。そうした理論はまた、際限がなく、再帰的で、非反省的なものとなってしまうであろう。

メディアを経験することだけでなく、メディアが経験に貢献する仕方にも目を向けていこうとすること。そしてまたそのことを、経験的であると同時に理論的でもある仕方で研究していくこと。

これらのことは、言うは易し、行なうは難しである。というのも、このようなわれわれの問いに答えていくには、第一には、経験がかたちづくられていくなかでのメディアの役割と、またちょうど逆にメディアにかたちが与えられていくなかでの経験の役割の両方を探究しなければならないからだ。そして第二に、私たちは、経験とその型がいかなるものであるのかを、より深く洞察していかなければならなくなってくる。

したがって、ここではまず、経験が実際にかたちづくられていくほうについて考えてみることにしよう。行為とできごと、言葉とイメージ、印象、喜び、痛み、それに混乱までもが、個人的であると同時に社会的でもあるいくつかの枠組みのなかで互いに関係づけられていくことで、すべて意味あるものになっている。つまり同じことだが、この枠組みが、これらの経験に意味を与えている。経験は、差異と同一性にかかわることがらである。それは、個別的であると同時に共有されるものである。物理的であると同時に心理的である。ここまでのことは、誰の目にも明らかで、疑う余地がなく、すでによく知られたことがらだ。しかし、それでは経験は、どのようにかたちづくられていき、またそのなかでメディアはいかなる役割を果たしているのであろうか。

経験は、枠づけられ、秩序立てられ、妨害もされる。それは先立つ争点や以前の経験によって枠づけられている。それはまた、時間の試練や社会的なもののなかで持ちこたえてきた規範や分類系に沿って秩序立てられている。さらにそれは、予期できない、突発的なできごとや破滅的な事件によって、また経験それ自体の脆弱さ、あるいはその不可避の、運命的ともいえる一貫性の欠如によって妨げられる。経験は行動に移され、行動によって働きかけられている。この意味で、経験は物質的なもので、身体とその感覚を基礎にしている。事実、とりわけ人類学者たちは、こうした身体的経験の文化横断的な共通性に注目して、他者を互いに理解するわれわれの能力の前提条件をなしているのではないかといった議論をしてきた。クリステン・ハストラップは、「想像力は、精神ばかりでなく身体からも生まれ出る」と示唆するのだが、実際には、このことはめったに認識されない。しかし、受肉した、生ける身体は、経験のマテリアルな基礎である。それは、私たちの経験の場所となる。身体とは、行為の非‐デカルト的な準拠点であり、私たちが無力でないならなくてはならない技《わざ》や腕前が発揮される場所である。メディアはわれわれの経験に、たしかに持続的で技術的な仕方で介入してきているから、身体についてのこの認識は、私たちがメディアにアプローチしていく仕方や、メディアがわれわれの身体的な経験に介入してくるやり方を考えるのに重要である。この点で、マルティン・ハイデッガーの「テクネー」の概念は、「技」としてのテクノロジーの次元をうまく捉えている。メディアとかかわる私たちの能力は、機械を操作する能力によって条件づけられている。しかし、すでに指摘したように、私たちはメディアを身体の拡張として、人工器官として見なしていくこともできる。その場合、人間的なものと技術的なもの、身体と機械の境界線が見分けのつかなくなってしまう方向へと足を一歩踏み入れることになる。たとえば、デジタルについて考えよう。メディアと身体については、今後、まだもっと語らなければならないことが出てくるであろう。

身体には、いわゆる体躯という以上のことが含まれている。経験は、常識だけにも、また身体的なパフォーマンスだけにも還元されない。秩序づけ、秩序づけられる経験の能力についてちょっと考えてみても、これら以上のことが含まれている。すなわち、経験の表面が泡立っている下には、無意識が、不穏な静寂さのうちに、また主観の裂け目のうちにたゆたっている。だから、いかなるメディアの分析も、この無意識の次元を無視することはできないし、メディアの理論はまさにこの次元にこそ目を向けていかなければならない。だから当然、メディアの精神分析が必要になってくるのだが、実はこの精神分析が、また大きな問いを生じさせるのである。

精神分析はいくつもの点で、大きな問題を含んでいる。精神分析は、心をかき乱す非理性的なものにアプローチしていく方法を、最も説得的な仕方で提供してくれた。精神分析が導入されて、われわれはファンタジーや異様なもの、欲望、倒錯、妄想などに正面から取り組むこととなった。これらの日常生活のなかで問題とされることがらは、各種のメディア・テクストで表象されると同時に抑圧され、近代社会のなかで合理的で正常なものを通用させていく意識の薄い膜をかき乱している。精神分析とは、こうした領域に向けられた言語であり、またある意味では映画の表現に近い。逆もまた真なりなのだが、しかし臨床的な理論や実践から文化批判へと移行するとき、しばしば特殊なケースと一般的な事態との差異を曖昧にされ、解釈や分析の（理論として偽装された）恣意性が安易に見落とされたりしがちになる。だが、無意識そのものと同じように、精神分析がなくなることはないだろう。精神分析は、日常の平凡な連続にきしみ音を生じさせ、傷あとをつける諸々の感情、たとえば恐怖や絶望、喜び、混乱などについて考える方法を示している。

精神分析はまた、認知的な志向を帯び、行動主義的な分析に熱心な同時代の多くのメディア理論に対し、その安易な合理性をかき乱す大きな問いを提起している。精神分析は、社会学的な還元主義に挑戦するのだが、ほとんどの場合、社会的なものをうまく認識できないでいる。だが、精神分析は、メディアと文化をいっしょくたにしてしまうのではなく、両者の複雑な関係についての鋭敏な感覚を強めるようなアプローチであり、またそうならなければならないだろう。また逆に、もし私たちがメディアを研究しようとしているのなら、経験が立ち向かうものというだけでなく、経験を成り立たせているものとして、無意識の役割について本気で考えていかなければならない。同じように、なぜメディアを研究するかという問いに、私たちは、それが精神や意味の隠された領域に至る道筋を、必ずしも楽な近道ではないとしても提供してくれるから、と答えることになろう。

メディアに媒介され、それ自体がメディアでもある経験は、身体と精神が相互作用する地点に立ち上がってくる。それはもちろん、日常生活のなかの社会的な場において、会話や物語などの言説的な形式をとって表出されているし、またそうしたなかで、社会的なものが絶え間なく再生産されている。再びハストラップを引用するならば、「経験がいつも集合性に根ざしているだけでなく、真に人間的なエージェンシーは、コミュニティにおける持続的な会話のなかからこそ生み出されてくることができる。また、そのような持続的な会話のなかから、諸々の行動を選択するのに必要な背景的な区別や評価も生まれ出てくるのである」(Hastrup, 1995: 84)。

われわれの物語、われわれの会話は、事実的な報道やフィクションの表象といったメディアの表向きの語りでも、ゴシップ、うわさ話、さりげないやりとりなど、ささいな日々の語りでも表明されている。そして、このような日々のさりげないやりとりのなかで、私たちは自分たちを空間と時間のなかに定着させ、何よりもお互いの関係性、結びついたり離れたり、分かち合ったり拒んだり、個人的であったり集団的であったり、友好的であったり敵対的であったり、平和の、あるいは戦争状態の、諸々の関係性のなかに定着させている。私が別の著作で論じたように、メディアの語りの構造や内容と、われわれが日々している会話やおしゃべりは相互依存的で、それらが一体となって経験を枠づけ、調整することを可能にしているのだ（Silverstone, 1981）。公的なことと私的なことは、語りを通して互いに絡まりあっている。たとえば、こんな場合である。ソープオペラやトークショーでは、数々の私的な意味あいのことがらが公的に放送され、公的な意味合いが私的な消費に供されていく。公的な人物の私生活は、日々放送されるソープオペラのいいネタとなる。その一方で、そうしたソープオペラを演じている俳優たちが、やがて公的な人物となり、その私生活が公的に消費される羽目に陥るのである。

ここでは何が起きているのであろうか。経験を包み込み、具現し、さらにメディアがそのために不可欠のものとなる社会的な言説の中核の部分にあるのは、分類、すなわち区分をし、判別をするプロセスと実践である。分類は、決して単に知的なだけのことがらなのでも、実際的なだけのことがらなのでもない。むしろ、バーリンの言葉を再度借りるなら、それは美的で倫理的なことがらなのである。一日を無事に送れるくらいの安全を提供できる最小限の秩序があるならば、私たちは自分たちの暮らしを立てていくことができる。しかし、私たちが得られるそうした秩序は、条件においても、結果においても、中立的なものではない。というのも、われわれの側の秩序は他者の秩序に影響を与えるし、そのようなこちらの秩序は、他者の秩序、あるいは無秩序にすら依存するのである。ここでも私たちは、美的ないし倫理的なことがら、つまりその本質において日常生活の政治学とでもいうべき事態に直面している。この政治学にとって、メディアは道具であり、また同時に問題である。メディアは、距離を構築し、防御する概念的な仕組みであり、範疇であり、技術である。換言するなら、結びつきを構築し、維持する概念、範疇、技術でもある。こうした道具は、その国民が戦争状態にあるか、またそうだと感じているようなときに、おそらく最も目立ち、それ故そのありようが激しく問われるものとなる。しかし、こうした一時的なメディアの顕在化に目を奪われてはならない。日々の繰り返しのなかで、われわれがメディアとひっきりなしに個人的にも集団的にも緊密に結びついているなかで作動しているものにこそ、問われるべき焦点が存在するのだ。

したがって、これまで論じてきたように、区分をし、判別をするプロセスにおいてメディアが中心的であるならば、そしてまた、経験をかたちづくる分類法と、そうした分類法を特色づける経験の相互関係を、メディアが弁証法的に媒介しているのならば、私たちはそのようなメディアの媒介過程がいったい何をもたらすかについて、詳しく調べていかなければならない。すなわち私たちは、メディアを研究「せねばならない」のである。

2――媒介作用

私はすでに前章で、われわれがメディアをプロセスとして考えていかなければならないことを示唆し始めていた。プロセスというのは、すなわち媒介作用(メディエーション)のことである。そのようにメディアを考えるには、私たちはこの媒介作用を、メディア・テクストと読者なり視聴者なりとの接触という観点を超えて、拡張した仕方で考えていかなければならない。つまり私たちは、さまざまな意味に関与したり、関与しなかったりする多かれ少なかれ連続的な活動のなかにメディアの生産者と消費者を含みこませ、そうした媒介作用を捉えていかなければならないのである。その場合、さまざまな意味の源泉や焦点は、まずは媒介されるテクストにあるのだが、しかしまたその意味は、無数に異なる層をなしながら人々の経験のなかで拡張され、またそうした経験に照らして評価される。

この媒介作用は、あるテクストから別のテクストへ、ある言説から別の言説へ、ある出来事から別の出来事への意味の移動を含んでいる。それは、大規模であろうと小規模であろうと、重要であろうとなかろうと、絶え間なく諸々の意味が変容していく過程である。書くことのなかで、話すことのなかで、あるいは視聴覚的な形式において、あるメディアのテクストとそのメディアについてのテクストが還流していく。私たちは、個人的であれ集団的であれ、直接的であれ間接的であれ、そのような輻輳する意味の産出に貢献しているのである。

こうした意味の還流こそが、ここでいう媒介作用なのだが、これは伝達された番組からオピニオンリーダーを経由して市井の人々に至るという、かつてカッツとラザースフェルドが彼らの影響力ある研究（1955）で論じた二段階の流れ以上のものである。たしかに、メディアの意味は段階づけられた流れをなしていく。しかし、媒介された諸々の意味は、一次テクストと二次テクストの間を還流し、パロディとパスティッシュ、常態化した再演、果てしない言説、スクリーンの中と外、そうした終わりなき相互テクスト性のなかを流れていく。そして、そのような相互テクスト性のなかで、私たちは生産者として、あるいは消費者として行為し、相互行為し、世界、メディアのなかの世界、メディアに媒介された世界、そして媒介作用のなかの世界を意味あるものにしようとしつこく求めているのである。しかし同時に、私たちはメディアの諸々の意味を、世界を避けるために、世界から距離をとるために、たとえば自分の責任や心配事についてさまざまな挑戦を受けることや、差異を認めていくことから逃れていくために使いもする。

われわれの関与を強めていくメディアのこうした包括性には、二重に問題がある。まず、それはたとえばメディアの権力といった問題を解明し、その源泉を見つけだし、何らかの単一の説明を構築することを難しくする。次に、このような包括性からするならば、われわれが、分析者としてわれわれのメディア文化から外に出ることは困難、いやおそらく不可能である。事実、メディアを分析しようとする本書もまた、媒介作用のプロセスの一部なのである。この点で、われわれは、自分自身の言語を分析しようとしている言語学者のようなものである。内側から、しかしまた外側から。

ジョージ・スタイナーは語った。「人間が自分の影から離れることができないのと同じように、言語学者は、実際の言語——彼自身の言語、彼がよく知っている諸言語——の融通のきく構造から外に出ることができない」(Steiner, 1975 : 111)。私が言いたいのは、これと同じことがメディアにも当てはまるということである。それゆえに、メディアの研究には困難がある。この困難は、まず認識論的なもので、私たちが媒介作用について理解していると主張する仕方にかかわっている。またそれは、私たちが媒介作用のプロセスにおける権力の行使についての判断を要求されるという意味で、倫理的なものでもある。メディアを研究することは、この両面でリスクを伴っている。それは不可避的に、すでに慣れ親しんでいるものから距離をとることを必要とする。われわれは、自明性に挑戦しなければならないのだ。それには、意味の表層を掘り返し、明白なこと、字義通りのこと、単一の答えを否定していかなければならない。そんなわけで、当然、本書ではしばしば単純なことは複雑になり、明白なことは曖昧になる。影に光をあてると、その影は消えてしまう。われわれが物事を見る角度というのは、すべからくそうしたものなのである。

媒介作用は、スタイナーの見方によるところの翻訳のようなものである。それは、決して完成することはなく、常に変容しており、おそらくいつまでたっても完全に満足のいくようなものにはならない。常に抗争しており、さらにそれは愛の行為でもある。こうしてスタイナーは、翻訳を解釈学的な身ぶりとして描き出し、このプロセスに、信任、攻撃、領有、返還という四つの局面を見出した。最初の局面を信任というのは、翻訳のプロセスの導入部で、われわれはまず、翻訳しようとするテクストのなかにある価値を見出すからである。その価値とは、私たちが理解し、公言し、他者にも、われわれ自身に対しても伝えたいと思う価値である。この最初の翻訳行為のなかで、取り上げようとしているテクストには意味が孕まれており、その意味は翻訳をしても失われないだろうという確信を表明する。もちろん、私たちはこの判断を誤ることもあるのだが——。第二の局面を攻撃というのは、あらゆる理解の行為は「本質的に横領的であり、したがって暴力的」（Steiner, 1975 : 227）だからである。翻訳において、われわれはテクストに入り込み、その意味の所有権を主張する（スタイナーは、隠喩の使い方では性差別主義を改めていない）。われわれが他者たちの諸々の意味に対して行使する「暴力」は、たとえ最もゆるやかな理解の試みにですら、ありふれているのである。したがって、メディアの表象が歪んでいて、イデオロギー的で、しばしば単純に誤っていると言われていることから、私たち自身の言説もまた免れているわけではないのである。三番目の領有とは、意味を我ものとしてなじみ深いものにすることである。それは、大なり小なり成功する。つまり、大なり小なり意味を完成させ、具現し、消費し、飼い慣らす（これらの言葉は、すべてスタイナーのものだ）。しかし、このプロセスは、もしも四番目の、最後の返還というふるまいを欠いたなら、不完全で不満足なものとなろう。返還は、再評価の契機である。相互的な関係のなかで、翻訳者が意味をテクストのほうに返してやるのであり、こうして意味が加わったプロセスのなかに翻訳者も組み込まれるのである。このようにして、もともとのオリジナルなテクストは、その汚れなき誉れのうちに消え去ることになろう。しかし、その同じ場所には、確実に何か新しいものが、ひょっとするとより良きものが、そして明らかに何か違ったものが立ち現れているのである。ルイス・ボルヘスは、その『ドン・キホーテ』の著者ピエール・メナール」のなかで、「いかなる翻訳も、完全なものとはなり得ない、たとえ仕上げられた場合でも」と論じた。翻訳に完成がないように、媒介作用にも完成はない。

スタイナーが言及したのは、翻訳者なり、翻訳されるテクストなりがいかなる感度のものであるかにはかかわりなく、翻訳というプロセスがそもそも双方的であること、つまりあるテクストから別のテクストへと動いていくこと、スタイナーにとっては何よりも時間を越えた動きであるという点であった。したがって翻訳は、過去のテクストと現在のテクストの間の移動を含んでいる。この移動には、意味や価値の移動も含まれており、だから翻訳は、美的であると同時に倫理的な活動でもあるのである。

媒介作用は、スタイナーが論じた翻訳以上のものでもあれば、以下のものでもある。以上のものであるというのは、媒介作用がテクスト的なものの限界を突き抜けて、テクスト的なものだけでなくリアリティについての判断を提供するからである。媒介作用では、三次元ないしは四次元の空間のなかで意味が絶えず移動していくから、このプロセスは垂直的であると同時に水平的である。媒介された意味は、確実にテクストの間を移動するし、時間を越えて移動している。しかし、それらはまた空間を越えても移動しているし、異なる諸空間の間を移動してもいる。すなわち意味は、公的な空間から私的な空間へと移動し、制度的な空間から個人的な空間へ、グローバル化する空間からローカルな、そしてパーソナルな空間へと移動する。そしてこの移動のルートは、反転しもする。テクストにあたかも固定されていた意味は、会話のなかでは流動していく。掲示板やウェブサイトでは露出している意味が、心や記憶に埋め込まれていく。しかし、媒介作用は翻訳以下でもある。というのも、それは翻訳の行為ほどには愛に満ちてはいない。媒介作用の担い手は、彼や彼女のテクストと愛で結びつく必要はないし、また彼らの対象と愛によって関係を持つ必要もない。たしかに、個々のケースではそうしたこともあろうが、媒介作用における出来事やイメージへの忠誠心は、少なくともかつてあった言葉への忠誠心ほどには、どうみても強くはないのである。

翻訳は、作者性をもった仕事として認知され、尊敬されている。これに対して媒介作用は、さまざまな制度や集団、テクノロジーが結びついた作業を含んでいる。それは、単一のテクストから始まりもしないし、そこで終わりもしない。媒介作用には締め切りがあり、たとえばあるイデオロギー的な生産物であれ、ニュースの語りであれ、それが引き渡されるときまでに妥協して調整がなされていく。作り手たちは、次のコミュニケーション、次の速報、次の物語やコメントや質問が、物事や意味をさらに先へ、別のところに運んでいくであろうことを知っているからだ。スタイナーの翻訳についての観点は、言語のなかでの彼自身の場所をはっきり認識しているのだが、テクストを超えては広がっていない。他方で、媒介作用にはそうした限界がない。ブロードキャスティングからナローキャスティングへの連続的な流れによって、テクストは日常生活の言葉やおこない、経験のなかへと解きほぐされていくのである。

こうしたことからするならば、媒介作用は、言葉やイメージを用いた制度的で技術的な作業の産物であり、出来事の未成形の意味や幻想と結びついて生み出されるものであるという限りにおいては、翻訳に及ぶものではない。媒介作用のなかで生成され、要求される意味は、暫定的と最終的という両方で(両方というのは、もちろん、ほとんどあらゆるコミュニケーションで同時にという意味なのだが)、言語に特定の、精密な強い注意を払うことを欠いており、ある程度まではオリジナルのテクストを再創造しなくてもいい。この意味で媒介作用は、翻訳ほどには決定されておらず、より開放的で、より単独的で、より共有されており、より脆弱であり、誤用に満ちている。

このような違いにもかかわらず、翻訳についてのスタイナーの議論は、本書のテーマと深い関連がある。とりわけ留意すべきなのは、ここに含意されているのが、直訳や意訳、スタイナー自身は不毛で恣意的だとした自由な翻案といった異なる種類の翻訳の区別ではない点である。むしろこの議論がわれわれの問いに結びつくのは、翻訳の重要性が、そのプロセスでなされる美的でも倫理的でもある「投資(investment)」と、そこに向けて、またそれを通じてなされる「要求(claims)」にあるという認識が含意されている点においてなのだ。翻訳は、意味が生産されるプロセスである。意味は時間的にも空間的にも境界線を乗り越えていく。そのようなプロセスを探究するには、さまざまな意味を不安定で流動的な状態において、それが変容しつつある状態おいて捉え、さらにまたそうしたなかで意味を固定させていく政治について探究していかなければならない。こうした探究は、私がここで媒介作用について語りたいいくつかのことがらのモデルを提供してくれる。

たとえば、ある若いテレビの調査員が、全体管理施設のなかでの生活についてドキュメンタリー番組のシリーズを制作したときのことを考えてみたい。ここで想定されている施設とは修道院なのだが、シリーズでは、そのような施設がいかにして新しいメンバーを新しい生活様式、新しい規則、新しい秩序に順応するよう社会化していくのかを取材しなければならなかった。アイデアを構想してから、エグゼクティヴ・プロデューサーに企画が可能であることを説得し、修道院長とソーホーのレストランで食事をした。修道院長は、彼らの共同体の仲間入りをしようと準備している修練士〔修道請願を立てる前の修道士見習のこと〕の一団の後を追って、番組制作チームが修道院の内部にまで入ることを許すであろうか。彼は、テレビというメディアが修道院内部までを表象する権利があると認めるであろうか。修道院長は、認めるかもしれない、と若い調査員には思えた。以前、そのネットワークでも別番組が修道院の内部を取材していたが、成功とはいえない出来であった。だが、この企画は院長の興味をそそるアイデアである。こうしてこの若い調査員は、修道院長との間に一定の信頼関係を築くことができたと見て、彼が修道院を訪れてこの企画についてさらに話し合うことを了解してもらった。

数週間後、調査員は、修道士たちが全的な共同体生活を送っている一室にいた。修道士たちの前で番組についての構想を提示すると、彼はまるで法廷で証人として反対尋問を受けているような状況になった。無知からかもしれなかったが、それ以上に職業的なプライドから、この調査員は、番組でどのようなことを描き出したいのかを概略説明し、それは修道士たちの生活を捩じ曲げたり、センセーショナルに描いたりするものではなく、彼らの生活様式を忠実に伝えようとしているのだと主張した。そうして彼は、この宗教共同体でしばらく生活をしてみることにした。フィルムは、注意深く、精密な調査に基づくものとなろう。修道士たち自身の声が聞かれるであろう。彼は、真実を人々に伝える信任を与えられるであろう。調査員は説得的であったので、話に折り合いがついた。調査員は、修道士たちに混ざって二週間を過ごし、彼らの日常のルーティーンに従った。彼は、修道士たちと話し、一緒に食事をし、彼らの礼拝にも同席した。彼は、修道士たちを本気で尊敬するようになったが、彼らの信心は理解できなかった。彼は、二人の修道士を選び、これから彼らがどんなことに巻き込まれていくであろうかについて語り合った。この調査員の計画は、これらの修練士が修道生活を深めていく過程を一年以上の歳月をかけてモニターし、フィルムを制作しようとするものであった。

調査員はロンドンに戻り、番組のディレクターやプロデューサーに状況を伝えた。番組の制作が始まり、予定された期間内に終了した。膨大な量の映像と言葉、音声が、切り貼りされ、一つの一貫性のあるテクストに編集されていった。この調査員は、それまでは多くのインタビューをカメラの前でしていたのだが、今やこの制作段階になると、それほど制作にかかわらなくなって、彼が観察した世界、たとえ未熟で不完全であれ彼が理解するようになった世界が、フレームごとに再構成されていくのを見ていた。彼は、ますます無力になりながら、意味が制度的に生産されていくのをじっと見ていた。そこでは、新しいナラティヴの構築、すなわち番組の期待に合わせたテクスト、放送スケジュールのなかで出番を待っているテクスト、視聴者を必要とし、意味を必要とするテクストが創造されていくプロセスが進んでいた。調査員は、古い、少なくとも彼が認識できるようになったリアリティの背後から、新しいリアリティが立ち現れ、修道士たち自身が知り、理解していると彼が信じた世界が、どんどん番組から取り除かれていくのを見ていた。

この翻訳は、それなりの誠実さで進められていた。しかし、生成する意味が媒介された生の世界と生けるメディアの間の敷居を越えたとき、アジェンダが変化していった。そして、この場合はテレビが、無邪気ながらも不可避的に、そのメディア自身の表現の諸形式や制作の方式を押しつけていくことになり、その結果、新しい、媒介されたリアリティが水平線上から浮上してきて、それまでの一群の経験の表面が破壊され、他の経験が生み出され、主張されるようになったのである。

番組は放送され、それどころか再放送もされた。しばらく後になって、この調査員は、共同体の一人と懐かしく再会した。彼、あるいは彼らは、番組をどのように受けとめたであろうか。遠慮がちで、話すのが痛々しそうな感じでもあったが、反応は十分に明白だった。失望した。残念だ。もう一つの失敗作だ。好機は生かされなかった。番組はドキュメンタリーであったかもしれないが、実際にはドキュメントしていなかった。修道士の生活や彼らの施設を、正確には反映も表象もしていなかった——これが、修道士たちからの反応であった。調査員は、この反応にとくに驚きもしなかったし、ショックも受けなかった。しかし、失敗作という認識には当惑させられた。彼の失敗だったのか。この失敗は不可避だったのか。他の結果もあり得たのであろうか。

だが、同じ時に数百万の人々がこの番組を見ていたであろう。そして、その多くが番組を楽しんだようにみえる。そして、多くが番組のなかの意味の何がしかを彼ら自身の世界理解に組み込んでいったことであろう。しかし、媒介作用についてのスタイナーの説明には、読者や読書行為が含まれてはいなかった。翻訳についての私の説明は、そうした次元を含むものでなければならない。というのも、メディアの意味形成に絶え間なく、無限に関与しているわれわれすべてに固有の権利を与えるのでなければ、またそのような意味への関与の有効性を気に留めなければ、われわれの読みが誤読にすぎないことになってしまいかねないからだ。われわれのすべてが媒介作用のプロセスに参加している。あるいはそうでないまでも、そのときの事情次第で参加をしているのだ。

私的な世界に分け入ったテレビ・ドキュメンタリーについてのこの種の挿話は、おそらく私たちにはなじみ深いものである。番組の主題とされ、媒介作用に参加するようアプローチされていく人々も、メディアが主張する真正性に限界があることを知り始めた視聴者や読者も、こうしたことをますますはっきり理解するようになってきている。だが、スタイナーが認識していたように、問題の核心にあるのは信頼の問題である。それも、一連のプロセスのなかの実に多くの異なる地点における信頼の問題である。フィルムの対象とされていく人々は、メディエーターとして自分を名乗る人々のことを信頼できなければならない。視聴者は、プロのメディエーターを信頼しなければならない。そして、これらのプロのメディエーターもまた、正直なテクストを提供できる彼ら自身のスキルと潜在能力を信頼していなければならない。

私たちは、そのような信頼があまりにも容易に裏切られてしまうのを眼にし、シニカルにであろうが、仕方がないのだと思わされているかもしれない。しかし、信頼はなお媒介作用のための前提条件であり、何かを表現しようとするとき、とりわけ報道的な表現をしようとするときのメディアの努力のすべてに必要な前提条件である。もちろん、この信頼の問題が、媒介作用のあらゆる形態を枠づけている唯一の条件でないのは明らかだ。しかしそれは、ユルゲン・ハーバーマスが、いかなる有効なコミュニケーションにとっても存在する前提条件として論じたのと同じ意味で前提なのである（Habermas, 1970）。本書では、媒介作用のプロセスの核心的な部分で何が信頼に生じているのか、という点が繰り返し問われていくであろう。この信頼という問題が、どれほど重要かをはっきり認識することは、それを確保し、保護していくための方法を見出していくことにもつながるのである。

私たちは、誰しもがメディエーターである。われわれが作り出すさまざまな意味は、それ自体ノマド的である。それらはまた、強力でもある。境界線は交差しており、ひとたび番組が放送され、ウェブサイトが構築され、メールが送られると、それらの意味は、そこから創出され、あるいは模造された言葉やイメージが、われわれの視界や記憶からすっかり消えてなくなるまで横断し、交差し続けるであろう。あらゆる意味の横断は、意味の変容のプロセスでもある。そしてあらゆる意味の変容は、それ自体、さらなる意味への、その有意な関連性や価値への要求でもあるのである。

したがって、プロセスとしての媒介作用についてのわれわれの関心は、私たちがなぜメディアを研究しなければならないかという問いの中心にある。私たちは、経験と表象の敷居を超えて意味が動いていくありように、注意を注いでいかなければならない。私たちはまた、そのような越境的な意味の動きに介入していくような場や源泉を立ち上げなければならない。公的な意味と私的な意味の間の関係や、テクストとテクノロジーの間の関係を理解していかなければならない。どこが最も強い圧力がかかっている場所なのかを明らかにしていかなければならない。そして私たちは、単に事実的な報道、情報のソースとしてのメディアについてだけ注意を向けるのであってはならない。メディアはわれわれを楽しませてもいるのである。そしてそのような場面でも、快楽は提供され、同時に否認されるのであって、さまざまな意味が、注意を引き、欲望が成就されたり不満が向けられたりするせり札としてかたちづくられ、変容していく。しかし、そうした意味の源泉は、常に語られるために、認知されるために、同一化され、取り込まれるためにあるのであり、私たちは自分たちのイメージや生を、そのようにしてスクリーンや画面で見るものに対して吟味し、あるいは吟味していかないのである。

私たちは、この媒介作用のプロセスを理解し、どこで、いかにして意味が立ち現れ、そのような結果を生じさせていくのかを解明していかなければならない。私たちは、この媒介作用が解体していくように見える瞬間を捉まえることができなければならない。いったいどこで、このプロセスは、テクノロジーや意思によって捩じ曲げられていくのか。要するに私たちは、この媒介作用をめぐる政治について、そこで権力が行使されるときの脆弱さについて、それが個人にばかりでなく制度的な仕組みに依存していることについて、そして読者やオーディエンスを説得し、その注意や反応を要求していく媒介作用そのものの権力性について理解していかなければならないのである。

3——テクノロジー

メディアについてさらに考えていくには、私たちはどうしてもテクノロジーについて考察を深めていかないわけにはいかない。テクノロジーこそ、私たちと世界とのインターフェイスだからだ。それはいわば、私たちのフェイスオフ（アイスホッケーなどで、向かい合った二人の間にパックを落として試合を開始させること）である。メディア・テクノロジーは、まさにそれらが技術であることにおいてハードウェアでもソフトウェアでもあり、さまざまに異なる形態や規模で登場し、その形態や規模は今日、急激な、まさに目の回るような速さで変化している。それは、私たちの多くを、いわゆる「情報時代」の解脱の境地へと駆り立て続ける。ところが他の人々は取り残されて、路傍の酔っ払いのようにゼイゼイとあえぎ、もう時代遅れになったソフトウェアやいらなくなったオペレーティング・システムが、がらくたのように散らばり、せいぜい昔ながらのダイヤル式の黒電話やアナログ地上波のテレビで間に合わせているというわけだ。

テクノロジーについて考えること、とりわけメディアにかかわるコンテクストで技術を問題にしていくことは、けっして単純なことではない。この複雑さは、単に変化のスピードの速さばかりに原因があるわけではないし、このスピードが含意すること自体、予測可能なものでも首尾一貫したものでもないのである。メディア・テクノロジーが、どれほど私たちが日々の仕事をこなしていく仕方や、世界のなかで私たちが活動していく能力が拡大したり制限されたりしていく仕方を決定しているかについては、すでに多くのことが書かれている。そうした議論によるならば、私たちはまさに計り知れない結果を生む技術的革命、情報を生成し、拡散させていくやり方の革命のまっただなかにいるのだとされる。たしかに世界の人口の、少なくともわずかな割合の人びとについてなら、これは真実であろう。新しいテクノロジー、新しいメディアが、次第にデジタル化の機構によって統合されていきながら、社会的ないしは文化的時間や空間を変容させている。新しい世界は決して眠らない。二四時間ニュースが流され、二四時間金融サービスは開いている。インターネットのウェブへのアクセスは一瞬で、グローバルだ。ヴァーチャル・エコノミーのなかでは取引きが、ヴァーチャル・コミュニティのなかでは社交が、インタラクティブになされている。チャンネルからチャンネルへ移り、選択に選択を重ね、オンラインで営まれていく人生。色とりどりのジェリービーン〔豆状の色つきの菓子〕のようなテレビ。

シリコンバレーやMITのメディアラボの連中が何を言っているか聞いてみよう。たとえば、ニコラス・ネグロポンテ（1995: 6）はこんなふうだ。

次の世紀の早い段階で、あなたの左右のカフスボタンやイヤリングが低周回軌道上の衛星を使って互いにコミュニケートするようになり、しかもそれらはコンピュータとして、あなたが今、持っているパソコン以上の性能を持つことになろう。あなたの電話はもう無差別に鳴ったりはしない。かかってきた電話を自動的に受け、分類し、さらにあなたが自分でかけると熟練した英国の執事のように答えてくれよう。マス・メディアは、パーソナル化した情報や娯楽を送受信するためのシステムによって再定義される。学校は、子供たちが世界中の他の子供たちとともに考えを集め、社会化していく博物館か遊び場のようなものに変わっていく。デジタル化した惑星たる地球は、針の尖端のような微小なものになり、そう感じられていく。

私の左右のカフスボタンは、いったい何をお互いに話すというのだろうか。私はそうした超小型のコンピュータを使って、いったい何をすればいいのか。もしも、すべての情報がパーソナルなものになっていったら、私はどうすれば何か新しいことを学ぶことができるのだろうか。新しいタイプの学校の費用を誰が負担し、誰が現在の学校教師たちの再教育をするというのか（もし、彼らが学校を去ることになるというのなら、新しい職を見つけてあげなければならない）。もしも地球がどんどん縮小していって、針の尖端のようなものになってしまったら、その針先で、私はいったいどのようにふるまうことができるだろうか。

テクノロジーはしかし、人間の介入を経ることなしに私たちにもたらされるわけでは決してない。

テクノロジーは、デザインと技術開発の複雑な過程のなかから生み出されているのであり、この過程はそれ自体、社会や歴史に制約され、また力を与えられてもいる諸組織や諸個人の多数の活動に埋め込まれている。このような認識をひとたび視野に入れたとき、すでに述べたようなことをいかに考えていけるのかが問題となろう。新しいメディアは、古いメディアの基礎の上に構築される。それらは最初から一人前の、完成された形態で登場してくるわけではない。それらがこれからどのように制度化され、人々に使われていくのかは明確ではないし、ましてやそれらが社会的、経済的、政治的生活にどのような結果をもたらしていくことになるかは全然はっきりしたものではないのである。技術的論理の確実性、たとえばスピードや超小型化という傾向における累積的発展の確実性は、経験の領域においても同様のものを生み出すというわけではないのである。

しかし、それでも技術的変化は、何らかの結果を生み出している。そのような結果は、たしかにこれまで甚大なものであったし、今度もそうなる可能性がある。技術は、目に見えるところでも見えないところでも、確実に私たちが住まう世界を変えてきたのだ。書くことと印刷、電信、ラジオ、電話、そしてテレビ、インターネット——これらそれぞれにおいて、情報を扱う新しい方法や、それらを互いにやり取りする新しい方法が生み出されてきた。それは、われわれの欲望を分節する新しい方式であり、影響を与えたり、人を喜ばせたりする新しいやり方でもある。そしてそれは、実際、意味を生み出し、伝達し、定着させる新しい方式でもある。

したがって、テクノロジーは単一的なものではない。しかし、それはいかなる意味で複数的なものといえるのであろうか。

マーシャル・マクルーハンに従うなら、私たちはテクノロジーを「身体器官（physique）」の一種として、つまり私たちが世界のなかで行為する人間的能力を物理的にも心理的にも拡張するものとして見ることができるだろう。とりわけわれわれの時代のメディアは、その範域と射程を拡張させ、私たちに無限の力を与えただけでなく、そのような力が行使される環境を変容させてしまった。テクノロジーは、こうした変化を自らの作用としてもたらし、われわれの心や体の人工器官となり、全体的な影響と強力で限界のない効果を発揮している。一九六〇年代、マクルーハンのアプローチは新奇さと包括性によって多くの人々を魅了した。彼は彼の時代の、そしてまた彼自身が生きた世界の預言者となった。そして彼は、いまなお預言者である。マクルーハンは、それまでメッセージによると考えられてきた影響力の場を、端的にメディアにとって代わらせたわけだが、現今のインタラクティブでネットワーク化したテクノロジーの誕生を、メディアとしての世界の完全なる具現化と見なす人々によっても、同じことがなされているのである。そうした人々にとっては、「インターネットは、われわれの存在の仕方のモデル」となる。それは、サイボーグであり、サイバー・スペースの航海者（cybernaut）である。ファンタジーをさらに先まで進ませてみよう。実際、これらのファンタジーは、少なくともそのいくつかはすでに実現しているのである。情報は無限に貯蔵可能で、どこからでも無限にアクセスしていくことができる。ＩＣカードと網膜移植。ユーザーたちはこれらのテクノロジーの使用によって変容していく。その結果、人間であることがいかなることであるのかということも、それに応じて確実に変容していくであろう。——クリックせよ。

こうした議論は、理論的には繊細さを欠いているのだが、一定の価値は有している。それは構造変動のなかの心の問題に焦点を当てて問題提起をする。しかしこの議論は、エージェンシーや意味の、あるいは権力や抵抗についての人間の経験の微妙なニュアンスを捉えそこなっている。この議論はまた、テクノロジーそのものの創出を促進していく諸要因や私たちのテクノロジーに対する反応を媒介していく諸要因、つまり社会や経済、政治、文化といった変化の他の諸要因を見落としている。いうなれば、テクノロジーは何かを決定するというわけではなく、何かを可能にしたり、また不可能にしたりしているのだ。テクノロジーは誕生し、存在し、失効するが、それはすべてがテクノロジー自体によって作り出されたわけではない世界においてなのである。

それでも、マクルーハンの議論がなぜ人々に魅力的なのかは理解可能である。彼が分析し、直感的に強調したことは、文化のなかではきわめて普遍的なことだった。すなわち、文化のなかでテクノロジーはある種の「魔法（enchantment）として」も見なされうる。この用語法は、大筋でアルフレッド・ゲルのものである。彼は、ある人間が「他の人間の思考や行動を操作する力を行使する」ために用いる諸々のテクノロジー、魔法のようなテクノロジーを描写するためにこうしたフレーズを使用した。ここで念頭に置かれていたのは、美術であり、音楽であり、ダンスであり、レトリックであり、贈与であった。そこには、人間の感情をあらゆる領域で表現することを可能にするために登場した知的ないし実践的な人工物、すなわちメディアのすべてが含まれていた。

しかし、魔法としてのテクノロジーは、より広い範囲の対象に関わっている。というのも、そうしたテクノロジーの概念は、われわれ自身の社会も含めてあらゆる社会が、テクノロジーのなかに魔術と神秘の両方の源泉でもあり現場でもあるようなものを見出していく仕方に目を向けていくからだ。ゲルもまたこの点を強調している。彼にとって、テクノロジーと魔術は離れがたく絡まりあっている。種が植えられるのと同時にまじないの呪文が大地にかけられる。未来の成功は、要求されるものであると同時にそれとして説明されるのでなければならない。実際、定義からして、テクノロジーを単なる装置として理解するべきではない。それは、技能や能力、それに知識や欲望を含み込んでおり、それらなしに装置だけでは作動することができないのである。そして「魔術は、技術的な戦略についての象徴的な〈註釈〉から構成されている」と、ゲルは言う（Gell, 1988: 8)。私たちが技術的な装置やメディアをめぐって作り上げてきた文化もまた、まさにそのようなものである。私たちの常識において、日常会話のなかで、それにアカデミックな叙述においてさえ、テクノロジーは魔術的な仕方で提示されるし、またときには魔術そのものとして登場し、白魔術であれ黒魔術であれ、とにかく魔術的な結果を生んでいくのである。そうしたテクノロジーは、ユートピア的ないしはディストピア的なファンタジーのなかで中心的な題材とされてきたのであり、そのようなイメージが投影されることで、ファンタジーがあたかも物理的、物質的な形態を備えているかのように信じられていくのである（この意味での一例は、シリコンバレーのハウス・ジャーナル『ワイヤード』である)。装置のさまざまな働きは謎だらけなので、結果的に私たちはそれらが何に由来し、何を意味しているのかを取り違えるのである。私たちがテクノロジーを使っていく仕方は、ある種のフォークロアに、つまり理解できないものをコントロールしていこうとする集団や社会の共有された知恵によって取り巻かれているのである。

このようなわけで、テクノロジーは魔術的であり、メディア・テクノロジーは実際にも魔法のテクノロジーである。こうした文化的な過剰決定性のために、私たちの想像力のなかではメディア・テクノロジーに、畏怖すべきというほどではないにせよ、かなりの大きな力が与えられている。それらのテクノロジーへのわれわれの思い入れは、不可侵の気分をたっぷりと含み、不安に媒介され、時折は喜びに圧倒される。その意味でのテクノロジーに対する私たちの依存は本質的なものである。私たちは、「ライフライン」としての電話や「世界への窓」として欠かせないテレビなどのメディアにアクセスができなくなると、もうすっかり絶望してしまうのだ。新しいものに遭遇するときの私たちの興奮というのは際限がないのである。

他の諸々の文脈においてだけでなく、まさにこのような文脈において、私たちは「文化としてのテクノロジー」について考え始めることができる。すなわちテクノロジーを、装置とその使用のどこがというばかりでなく、それがいかに、またなぜ、物質的であるのみならず象徴的でもあり、機能的であるのみならず美的でもある対象物や実践としてあるのかという点を捉えていくのである。そして私たちが、諸々のテクノロジーが作動し、それらに意味と力の両方を与えていくより幅広い文化的空間について探究し始めることができるのも、まさにこうした文脈においてのことなのである。

ヴァルター・ベンヤミンは、写真と映画の発明が、西洋文化の歴史のなかで決定的な転換点であると認識した。その際、たしかに彼の議論は両義性を残しているのだが、この転換を脱魔術化の契機として読み違えてもいる。機械的再生産（最初の契機はもちろん、印刷だった）は、メディア・テクノロジーの機軸的な特徴であり、芸術作品の排他性や親密さ、近づきがたさ、よそよそしさや神聖性といった要素を、マス・カルチャーの映像や音響に取って代わらせていく。ベンヤミンにとって、このことは新しい政治のひとつの可能性を意味していた。というのも、映画の新しい大衆的観客は、実際に彼らの経験に適合するようなリアリティの表象に向きあうことになったのである。ベンヤミンはこのことを、論文の註のなかで次のように書いている。

今日、人間は以前にもまして生命の危険にさらされながら生活しているが、映画は、そうした生命の危険に対応する芸術形式である。映画は、人間の統覚器官の徹底的な変化に対応するものである。この変化は、個人の生活というスケールでは、大都市の交通のなかを行くすべての人が体験しているものであり、世界史というスケールでは、今日の社会秩序に反対して闘っているすべての人が体験しているものである。（Benjamin, 1970 : 252, n.19 / 邦訳 640）

この場合、そしてベンヤミンの他の指摘でもそうなのだが、メディア・テクノロジーは、個人の必要というよりも、総体化された社会的な需要を背景に立ち現れてくると見なされている。レイモンド・ウィリアムズ（1974）も、ラジオに関してこれと似た議論を展開していた。そしてさらに、こうした観点を深めていくなら、メディアがより広範な文化の膨大なダイナミクスを表現し、屈折させる仕方を認識していくことができるようになるとも見込まれる。これについて、マックス・ウェーバーならば選択的な親和性と呼ぶかもしれない。もちろんこの場合は、プロテスタンティズムと資本主義の間の親和性ではなく、技術的な変化と社会変動の間の親和性が問題である。もしも私たちが、因果的な連鎖の道筋が不連続になることにそれほど気にしないなら、ウェーバーのこの概念に従ってみてもいいかもしれない。実際、今日の文化やエスニシティ、利益集団、嗜好性やスタイルが相互に無数の粒状に分解していくことや、ナローキャスティングの経済が出現しつつあることには、同じ社会 - 技術的な相互依存関係の異なる表現を見出していくことができる。

メディア・テクノロジーは、ここで述べてきたことと結びついてはいるが、対照的でもあるような意味においても文化として考察され得る。すなわち、文化産業による生産品として、多かれ少なかれ誘導され、また多かれ少なかれ決定されている、後期資本主義の構造の内部に、がっちりと嵌め込まれたテクノロジーによって刻印された文化としてである。これが、ベンヤミンのかつての同僚であったテオドール・アドルノとマックス・ホルクハイマー（1972）のよく知られた立場であった。そして、彼らの議論をたとえひどく非妥協的で耳障りなものに感じるとしても、私たちは彼らの語ったことを、文化を擁護すると主張しながらその裏で文化を裏切る資本の力能に対する熱烈で強力な批判として、改めて認識していかなければならない。私たちはまた彼らの議論を、メディア・

テクノロジー（彼らはまだ、ほとんどテレビは見ていなかった）によって解き放たれた文化的な力が、商品としての大衆、若いスターの巻き毛までも含めて、何もかも残すことなくとりこみ、全体化する産業の誘惑にひどく無防備な存在としての大衆を製造し、維持していく過程についての持続的な分析として認めていかなければならない。たとえアドルノとホルクハイマーの二人とは異なって、このプロセスに価値を置くにしろ、そうなのである。

だが、ここには逃げ道がない。勝利するのはテクノロジーである。独創性や真の価値は汚染され、かつてそれらがあった場所には通俗性や単調さが登場してくる。こうした彼らの批判は、個々の映画作品にではなく、映画そのものに向けられていた。個々の曲が批判されるのではなく、レコード音楽、とりわけジャズが全体として批判されたのだ。映画もレコード音楽も、すべてが文化の産業化を表象している。それは、すなわち模造されたものであり、画一的で、本来性を失ったものである。この議論はそして、根本的には文化としてのテクノロジーという観点に対する批判でもあった。すなわち、私たちは、文化としてのテクノロジーを、政治的なものや経済的なものの外側で考えることはできない。それはとりわけ構造としての経済のなかに包摂されており、この経済という鉄床の上で、その日々のありようが鍛え直されているのである。

しかし、私たちは「経済学としてのテクノロジー」を、こうした観点とは異なる仕方で考えていくこともできる。それは、単にメディア・テクノロジーの経済学というだけではなく、その反面で市場とその自由、競争、投資、それに生産や流通、調査や開発の費用などといった諸々の要因に留意していくことで成り立つ経済学でもある。このような経済への観点は、より広い領域の経済理論や経済実践を、メディアやテクノロジーの特定の領域に応用していくことを含んでいる。だが、ここにおいてもそもその初めから、経済学者たちは、テクノロジーの変化によってこれまでの経済的な原理や基本範疇について再検討せざるを得なくなっている。これはとりわけ、生産が世界市場規模でなされるようになったことの結果であり、さらにはもはや情報のグローバル化なしにはそうした市場が維持できなくなってしまったことによるのである。情報のマーケットは、これまでの実体的な財のマーケットとはきわめて異なっている。そこでは、再生産にまったく費用がかからないし、流通にもますます少ない費用しかかからなくなっている。こうして公共放送サービスの経済学、ユニバーサル・アクセスの経済学、周波数帯域の希少性（spectrum scarcity）をめぐる経済学、さらにポスト - デジタル時代にあっては豊かさの経済学などが、メディアと情報のテクノロジー自体と相即的に浮上してくる。そして、今度はこれらがすでに受け入れられている経済的な知に挑戦し、それを持続的に変容させていくのである。

こうしたことが最もよく当てはまるのは、インターネットの経済学という領域においてである。議論の余地はあるが、インターネットでは情報が、マネージメントの基本原理であると同時に商品としても流通している。新しい経済学は、このようなサイバー・スペースにおけるセキュリティやデータ保護、諸々の基準、知的財産権の強化といった諸課題に取り組まなければならない。同時にそれは、急激に拡張し、商取引きのため、この場合は電子商取引きが営まれるためにはなお相対的にオープンな情報環境によって規定されている経済空間にうまく適応していかなければならない。実際、この経済学自体、そうした情報環境に依存しているのである。ロビン・マーシャル（1996: 117）が指摘するように、「次第に企業は、インターネット上に多くの商業サービスを立ち上げているが、これらのサービスの多くは電子商取引きにおける情報的要素をサポートするものである」。インターネットの空間に、循環的なループが構築されている。情報から情報へ、また金融から金融へ。しかし、いったいどうすれば、その一部を外に取り出すことができるのだろう。

カリフォルニア大学で開かれたワークショップで、ヨーロッパの学者たちがシリコンバレーの代表者たちと一緒になった。彼らのなかには、企業家、法律家、経済学者、金融アナリスト、ジャーナリスト、クロニクラー（年代記作者）などが含まれていた。情報化を推進する立場の人々も、それに批判的な立場の人々もいたのだが、ワークショップの内側の人間だからというだけで結びつき、全世界のために饒舌をふるった。二日半の話し合いで浮上してきたのは、新しい経済への展望であった。この経済は、もちろんそれまでの古い経済と関係しないわけではないが、いまや新しい原理や実践によって動き始めている。これらの原理や実践は、多くの人々がインターネットで事業をしようとして、ある者は成功し、他の者は失敗しというように試行錯誤を繰り返すなかから浮上してきているように見える。このような世界では、未来がどうなるかはまだ不確かだ。しかし、過去はもうほとんど思い起こされることがないし、いずれにせよほとんど重要性を失ってきている。現在だけが、人々の配慮の対象になっているのである。そして、合衆国の文化においては進化論的なイデオロギーがなお支配的で、ダーウィンは、いまも生物学の分野ばかりでなく、経済的ないしは社会的な空間においても支配的な地位を保っている。そうしたなかでは個々人の行為者が、ルールが行為の前提ではなく、むしろ彼らの行為の結果としてのみ立ち現れてくるようなゲームのなかで——ここにもまたもうひとつの新しいフロンティアが存在するわけだ——、経済的な生き残りを賭けて戦っていくことになる。まさにこのようなイデオロギーが充満するなかで、議論はインターネットそれ自体が消費財となるであろうという方向に向かっていった。

消費者は、スフィンクスのような怪物に謎をかけられ続ける。一説によれば、われわれは摩擦のない経済のなかで力を与えられ、さまざまな製品を無限に選択していくことができ、それらの製品についての情報は近づきやすく明瞭であるとされる。製品の間で決定を下す私たちの能力は、(最後は)合理的で、私たちが何を買うかを決めるとき、個人的にであれ組織的にであれ、その支払能力以外には何によっても制約されていないというわけだ。だが、こうした一方で、企業はグローバルにもローカルにも、顧客の選択を調達し、また制約していく多様な戦略を開発しているわけだから、私たちに与えられた権能は折衷的なものである。われわれの購買決定は記録され、好みは確証され、嗜好は定義され、そして忠誠さが要求されていくのだ。私はここで、コンパク(compaks 製品の買戻しやアップグレードについてのサービス協約で、私たちはこれによって特定の製品から離れられない)、クリック(cliks 私たちのオンライン上での購買決定を整序した情報の束で、これによってわれわれの経済行動とサイトへのアクセスのパターンが結びつけられ、高度にパーソナル化したマーケティングが可能になる）、ザグ（zag「郵便番号や年齢、性別がわかって、あなたは彼（彼女）を獲得するでしょう」）といった企業の新種の戦略について話しているのだ。

もうひとつ、ここで語られるべきは、「タダに続く」（following the free）と呼ばれるもので、最初のソフトウェアを課金なしに与え、そのアップグレードやより精密な情報の提供、二次的な製品の販売などによって利益を得ていこうとする戦略である。ひげ剃りと替刃のセット。同様のことが、ネットスケープ、ブルムバーグ、マイクロソフトでも当てはまる。私たちは、製品のサイクルが年単位どころか月単位で測られる過熱したテクノロジー空間の挑戦についても語らなければならないし、最新のアップグレードをしたと思ったら、またすぐに次をしなければならなくなっている現実に、消費者が気づき始める（たぶん、もうすでに気づいている）ことのリスクも語らなければならない。このようにして、バンドワゴン的に増大し、加速しているテクノロジーのパワーやスピードがスローダウンしていくことはあるだろうか。消費者がもう飽き始めることはあるだろうか。——断じて、否である。そこでたとえば、「フォルクスコンピュータ volkscomputer」（フォルクスワーゲンのもじり）について、つまり複雑化したテクノロジーのミニマリスト的な解決法について話してみてはどうか。いったい誰が、次なるヘンリー・フォード（あるいはヘンリエッタ・フォード）として、コンピュータ産業の主人（女主人）になるのだろうか。

私たちは、市場について学んでいる。いまや、ビデオゲームのビジネスは、ハリウッドよりも規模が大きいし、日本の有線カラオケのマーケットは、二〇億ドル相当のマーケットを成している。

私たちはまた、広帯域ADSL回線への加入をめぐり、突然の市場が出現していることも学んでいる。私たちは、反トラストについて、著作権や知的財産権について議論している。しかし、サイバー・スペースにおける模写とは、厳密にはいかなることなのか。あるいは私たちは、いつだってブランドについて語りあっている。名前のもつ力、グローバルな製品の意味するもの、新しいアウラのロケーションがここにある。いまや神だって、ブランドなのだ。そしてブランドは、神となる。ナイキ〔Nike＝世界的なスポー用品メーカーであるだけでなく、ギリシャ神話の勝利の女神ニケーも意味する〕は、勝利のスピリットである。われわれが信憑を置くところに、神格が宿る。だから現代では、ベンヤミンが述べたのとはむしろ反対（contra）に、共同体の安寧や潜在力、成功の源泉は、大量の飽くなき再生産のなかでのみ存在することができるのである。量が質に転化するのだ。インテル内蔵（実際、こう書いている私のパソコンの辞書機能には、インテルは最初からインストールされていた。古き良きマイクロソフトよ）。おいで、おいで、私をお買い。

このゲームに参加できるのは、多国籍企業ばかりはでない。庶民もまた、ブランドを持つことができるのだ。「私がブランドだ」と、ある寄稿者が書いたとする。「シリコンバレーについての私の本は、すでに七〇万冊が世界中で売れている。私はPBSのウェブ・サイトに定期的にコラムを書いている。私は自分のコンサルタントとしてのサービスを売っている。私はテレビ番組のシリーズを持ち、始めたばかりのソフトウェア事業を発展させつつある」と語ったとしよう。彼の名刺の肩書きは「作家、放送業、コンピュータ業」となり、コンピュータを見せながら、テレビ画面からはおしゃべりな姿を現し、モニターの両面から大きく手を振ることになるだろう。

こうした現在の状態を、過去についてのあまり知られても、思い出されてもいないようなことと結びつけ、そこでの連続や非連続を明らかにしていこうとするならば、このメタファーは厚くもなり、速くもなろう。プロトコルとギャンブルはまだそこにあるが、今回はただソープオペラではなくウェブ・サイトのなかに姿を現わすのである。このことは、マイクロソフトについても当てはまる。マイクロソフトを駆動軸として、インターネットは大きく旋回しつつある。同社はグローバルなソフトウェア・インフラを提供しており、彼らによって設定されたプラットフォームの上で、より規模の小さいソフトウェア生産者は、自分たちが登録商標を持つことになる製品の開発を競い合っているのである。これはまるで、自然的独占(natural monopoly)が出現し始めているかのようだ。一個の世界企業が、いわば「不可抗力(force majeure)」としてあらゆる道路を建設し、他の者はただその道を通って旅をすることしかできなくなってしまったかのようだ。だが、話はおそらくこれほど単純ではない。少なくともここでは、市場が市場自身の手に残されているように、未来はそれ自身の手にも残されている。たとえばカリフォルニアでは、事業に失敗したとしてもその代価はそれほど高くはないと考えられている。失敗しても再出発できる見込みが現実にあり、もしも成功したなら膨大な利益を獲得できる。こうした状況は、大企業のためのものであると同時に小規模の、能力と狡猾さを兼ね備えたような小企業のためのものでもある。一方では、大企業が新しいアイデアを買うことができ、他方では、そうしたアイデアを保持する小規模の企業がある。そして両者の間に位置する者が、うまくやっていけなくなるのである。

もしもこれが事実ならば、私たちは同じことが他の領域でも、つまり経済空間ばかりでなく、政治空間でも起きてきているのを見ることができよう。そこでは一般に、新しいメディアが排除された中間層と結びついて社会を作り出していこうとする傾向を看取することができる。そしてそのなかで、経済組織と政治組織のどちらの世界でも、媒介の中心になっていた中間的な規模の企業や国民国家のような政治単位が、巨大な力と小さな力、グローバルなものとローカルなものとに挟撃されてはじき出されてしまう。

事実、インターネットの世界では、またより広いメディア空間でも、テクノロジーは「政治として」も見ることができる。そしてこれは、二つの次元においてなのだ。一方で、メディアをめぐって浮上し、議論される政治とは、アクセスと規制の政治である。他方、メディアにおいて実現されたりされなかったりする政治とは、参加と代表の政治である。政治という言葉のこの両方の意味において、新しい形態の民主主義が浮上しつつあるのかもしれないし、同時に実際、新しい形態の専制政治も姿を現しているかもしれない。

長い年月をかけて、テレビのとりわけ政治過程に対する効果については多くの研究がなされてきた。あるいは、メディアの商業化がもたらす複合的な効果や、ブルジョア国家の台頭によって純粋に民主的な談論がいかに可能になっていったのかについても多くの研究がなされてきた。これらのいずれの場合も、テクノロジーは変化の必要条件ではあるが、必ずしも十分条件ではない。テクノロジーは、一定の社会的文脈のなかでこそ作動するのである。しかし、今日の新しいメディア環境は、インタラクティブな無政府状態という稀有な始まり方をして、インターネットはいまなお比較的自由な状態にあり続けている。こうした点は、グローバルなコミュニティにとっても、またローカルなコミュニティにとっても重要な新しい応答的で参加的な政治形態が浮上しているのではないかという希望を抱かせる。オンライン・デモクラシーや電子タウンホール、住民投票などが基礎になって、実際にテクノロジーを政治として捉えていく新しい政治的レトリックが浮上しつつある。とはいえ、こうした未来への希望は、それ自体、人々の接近可能性についての諸々の政策を立案し、あるいは立案しないより慣習的な政治に依存している。それは、いくつかの普遍的なサービスを定義ないし保障し、プライバシーを保護し、言論の自由を守り、所有権の集中を調整し、電子空間がもたらす便益を一般的な社会的善のために担保していく。

メディアと情報のテクノロジーは、次第に至るところに遍在し、目に見えないものになってきている。事実、マイクロ・プロセッサーがあちこちの機械に埋め込まれていくなかで、これらのテクノロジーは、機械がどのように作動しているのか、また私たちのために何をしようとしているのかをモニターし、制御し、管理するようになった。そして、同じように不可視になっていったテクノロジーが相互に結びつけられ、そうした結びつきが維持されるようにもなっている。単体としてのコンピュータや、もちろん単体としてのテレビは、急速に過去のものになっていくかもしれない。「情報としてのテクノロジー」が出現する。われわれはネットのなかに捕らえられるのである。

ユーザーなり消費者なりとして、私たちがテクノロジーに抱く依存や欲望の感情は、このようなテクノロジーの不可視化や遍在化と共謀している。私たちはテクノロジーの使用方法を理解している。たぶん、それは必要なことでさえある。しかし、私たちは機械の内部を見る必要はないし、それがどのように動いているのかを理解する必要もない。ただ、機械が動くに任せておけばいいのである。それが私たちの役に立ってくれれば、もうそれで十分である。文化にとってとりわけ重要なのは、野生を飼い慣らすことである。かつて私たちは、こうした飼い慣らしを家畜や農作物によってしていたのだが、現代では機械を使って、あるいは情報を通して周囲の世界を飼い慣らしていく。私たちのこのような活動には、論理と魔術、セキュリティと危険、自信と恐怖が織りあわされている。

私たちは、テクノロジーを理解する必要がある。もしも技術変容の捉えがたさや力の働き、結果について把握したいと思うなら、とりわけここで述べたような文脈のなかでのメディアや情報のテクノロジーについて理解していかなければならない。テクノロジーは社会的な存在である。そこには象徴的なものが満ちていて、創造と使用のいずれの局面でも社会生活の果てることない逆説や矛盾によって左右されている。思うにメディアを研究するには、このような観点からテクノロジーについて問い返していく必要がある。

テクストの要求と分析の戦略

このセクションで焦点を当てていくのは、メディアが私たちに訴えかけてくる、その仕方についてである。その中心にはもちろん、効果と結果を伴うメディアの権力への関心がある。メディアの訴えかけとは、注目の要求であり、また反応の要求である。メディアに媒介された私たちの世界には、聞き手を求めるメッセージと呼びかけが氾濫している。過剰な情報、過剰な快楽、過剰な説得が、購入せよ、投票せよ、耳を傾けよと迫ってくる。看板、ラジオ、テレビ、雑誌、新聞、ワールドワイド・ウェブ。これらのすべてが、人々の瞬間をつかまえ、神経に触れ、思考や判断、あるいは微笑やドル紙幣を引き出そうとして、空間と時間とその可視性を求めて押し合いながら迫ってくるのである。

焦点となるのは、媒介作用の仕組み、すなわちテクノロジーとまではいえないかもしれないが、メディアを私たちの生活に押し込んでいくテクニックについてである。どのように視線を獲得し、どのように思考を惹きつけ、どのように精神を誘惑するのか。メディア・テクストは他のどのようなテクストとも同等である。分析手段やそれについて発するべき問いも、他の時代に他の種類のテクストについて行なわれてきたものと本質的には変わらない。メディア・テクストがある意味でポピュラーであり、どこにでも存在する短命なものだとしても、それはメディア・テクストがそうした分析に値しないということを意味するわけではない。まったく逆であり、違う場で役に立った分析の道具を私たちはメディア・テクストにも用いることができるのである。私たちはメディアがどのように作動しているのかを知る必要がある。メディアは私たちに何をどのように提供するのだろうか。そして、そうした探求の出発点が、テクストそれ自体とその要求なのである。

分析の方法は幾つもあるだろう。たとえば、登場人物や番組内容の一時間ごと、あるいは一日ごとの変化の細部を捉えること。あるいは、構造と形式の一貫性と主張とを捉えること。私は後者のほうに関心がある。メディアの分析においては、悪魔は細部にはいない。ソープオペラやニュース速報はやってきては消えていき、私たちは登場人物や状況についての細目をもっているにもかかわらず魅惑される。説明されなければならないのは、その魅惑が作り出すものについてである。例外的なもの、すなわち大事件や大災害、あるいは現代文化における独特で超越的なものは、様々な混乱を引き起こしながらも、それらを食い物にし、センセーショナルに扱うと同時に、一方でそれらを馴致してもいくような、おなじみの形式によって枠付けられ、提示される。

このセクションでは、テクストの関与の三つの主要なメカニズムに焦点を当てる。すなわち、レトリックとポエティックとエロティックなものについてである。この三つのそれぞれが、私たちを説得し、楽しませ、誘惑しようとするときの、メディアの特質に注意を向けさせてくれるだろう。レトリック、ポエティック、エロティック。これらは、テクスト的な戦略であり、また分析的な戦略でもある。すべてのテクストは、これらの戦略を色々な仕方で、また様々な程度において仕掛けている。しかしながら、もし私たちがテクストのアピールとメディアの権力の複雑さを理解しようとするならば、私たちは分析的に思考しなければならない。テクストは様々な要求を私たちの感覚につきつけながら、様々な仕方で私たちに関与してくるのである。感情は知性と同様に重要である。皮相的なものは深遠なものと同様に重要である。そして、そこには様々な種類の関与が存在する。私たちも、しばしばメディアを反省的に捉えることなしに、様々な形で消費している。ぼうっとしながら、また注意深く。リモコンを操作したり、マウスをクリックしたりするときのメディア空間をサーフする能力と欲望においてのみではあるが、能動的に。メディアは私たちにどのような空間を提供し、私たちはそこで何をしているのであろうか。それはどのように作用し、私たちはそれにどのように反応しているのであろうか。

4──レトリック

レトリックは実践であり、また批評でもある。ある目的に向かって巧く話すこと、そして、そのためにどうするのが最善なのかを理解し、教えること。レトリック、記憶、内容の選択。かつてこれらは不可分に結合しつつ、口承による公的な文化の基礎を構成していた。教え、感動させ、喜ばせるために表現を効果的にし、創造力を増し、思考を高尚にすること。レトリックは啓蒙とともに死んだように見える。それは、飾りに過ぎないものになったのだ。今や私たちは、うまい表現のフレーズや美しい比喩といった技巧を怪しみながら、単なるレトリックについて語る。しかし、一方で私たちは、政治家やその他の公的な人間の演説が、短くまとめられた所見や長々と続く議事妨害などによってますます貧しくなっていくのを見るにつけ、レトリックの喪失を嘆きもする。

レトリックが説得であるということが特に重要である。それは、行為とその方向性の変化、そしてその影響に向けられた言葉である。それはまた、態度や価値の変化へ向けられた言葉でもある。感動させることとは、屈曲させることでもある。レトリックは言語の本質的な機能に根ざしており、その機能は、完全に現実的で常に生まれ変わる。それは、その本質においてシンボルに反応する存在である人間から協力を引き出すための、言語のシンボリックな使用なのである（Burke, 1955: 43）。

この章で試みたいのは、レトリックをメディアのひとつの側面として、また、確実に議論含みではあるが、レトリックをメディアの分析手段として探っていくことである。メディアが公的領域、私的領域において、また私たちの目と耳と創造力において作り出す空間はレトリカルに構成されており、もしメディアが私たちに訴えかけてくるその仕方を理解しようとするのなら、盲目的にではなくとも、口承による公的文化の最初の表現における、パフォーマンスと分析を支えている原則に目を向けるのも悪くないように思われる。メディアの言語はレトリカルな言語だから、影響を与えることへの欲望を仮定し、メディア・コミュニケーションにおけるヒエラルキー構造の存在を受け入れておくことは、言語を平等と相互性の言語としてのみ想定するハーバーマス的な見解よりも適当であろう。

多くの論者が認めているように、説得には自由が包含されている。選択の余地のない人の説得、わずかな自由意志をも行使できない人の説得は意味をなさない。説得はまた差異を包含してもいる。イデオロギーの補充を除けば、既に同じ考えをしている誰かに影響を与えようとすることに意味はないからである。レトリックはヒエラルキーの上に、つまりそのような差異の認識の上に成立する。それは、説得だけではなく、分類と議論を内包している。レトリックは話し言葉であり、また書き言葉でもある。それはかつて、「手紙や請願書、訓戒や祈り、法律文書や弁論趣意書、詩や散文、法律や聖書の解釈規準、発見と証明の弁証法的装置」（McKeon, 1987: 166）などの構成にとって決定的に重要であった。そして、今でも重要であり続けている、ということも可能かもしれない。

それゆえ、レトリックと民主主義、レトリックと知識のあいだに矛盾はない。逆に、レトリックは民主主義を前提としており、それを要求している。そして、レトリックが実践であると同時に批評でもある限り、それは民主主義を支えてもいる。レトリックは権力の行使と権力の抵抗の両者の中枢なのである。また、レトリックが分類とコミュニケーションの中心にあり、それが、創作、配列、表現、記憶、論述の五つの支流を通じて定義され、遂行されるものである限り、レトリックはそれがどれだけ現代的な外観を取っていたとしても、コミュニケートされるべき何かが存在する、ということを仮定している。

だから、私は単なるレトリックだけを論じるわけにはいかないだろう。

キプロスのゼノンは、レトリックと論理学とを区別するなかで、レトリックを、握られた手としての論理学とはまったく違う、開かれた手として描写した。キケロは「雄弁とは開かれた掌のようなものである」と言いながら、自らを語った。マイケル・ビリングはこれを引用しながら、この比喩のなかに方法論的な真実を見出している。つまり、議論とは論理のきつく握られたこぶしとは違う何かであり、またレトリックとは、厳密な論理が時に陥る恣意的な終結に悩まされることなく、論争と討議の余地を残すものであるという点である。開かれた手とは、人間の世界において、たとえば法や政治や倫理をめぐる問題においては常に意見の違いが存在し、その解決は保証されていないということを示すものなのである。

しかしながら、ゼノンの比喩を探るにはもう一つの方法があり、それはメディアについて考える上でも、私自身の議論を進める上でも直接的な意味を持つ。それは、開かれた手に、要求、要請、注目への呼びかけを見ることである。それは、レトリックに成功の保証がないこと、演説者はオーディエンスの存在を想定はできるが主張はできないこと、議論や要求は無視されるかもしれないことを認識することである。開かれた手は決着をつけはしない。それは、誘うのである。レトリックはオーディエンスを要求するが、オーディエンスを創造することはできない。演説者は、あるいはテクストは、少なくとも耳を傾けてもらうだけでなく、聞き入れてもらわねばならない。

私たちはオーディエンスとその注意が貴重なものとされる公的な文化のなかに生きており、そこではメディアは絶え間なく、しつこく開かれた手を差し出してくる。メディアは商業的に、政治的に、美的に、私たちの注意を惹きつけ、要求し、懇願するのである。私たちの関心は、それが何によってなされるのか、そのメカニズムに向けられなければならない。つまり、広告主がその仕事を遂行する方法、政党政治を実施していく方法、さらには、事実に基づくメディアが自らの真実性と現実性を主張する方法などである。私たちはテクスト的な戦略とオーディエンスの反応の関係に関心を向け、公的文化のレトリック化に目を向けなければならない。そして、私たちはそれを分析的かつ批判的に行ないうる位置へたどりつかねばならない。

ハーバーマスが公共圏の再封建化を嘆くとき、すなわち一八世紀後半の英国ブルジョア男性が新聞とコーヒーハウスに作り出した議論と討議のための脆弱で一時的な（そして、ことによっては想像的な）空間の崩壊――それは、メディアと商品化と介入的な国家の結合の結果であった――を嘆くとき、彼は公的生活における支配的権力としてのメディア・レトリックの再生について理解し、また誤解していた。ジョン・リースがBBCの使命を、知らせ、教育し、楽しませることとして定式化したとき、おそらく彼はこの点についてより深く理解していただろう。スペクタクルの社会を批判したギー・ドゥボール（1977）についても同様である。

しかしながら、おそらく現代のメディア、まさしくすべてのメディア、特に事実に基づくメディアにおける、最も根本的なレトリック的達成について考えてみよ。それが現実に起きた出来事だと信じさせるメディアの力。ニュースとドキュメンタリーが真実との等価性を主張すること。こうしたことは、マイケル・レーノフが指摘するように「私を信じろ、私が世界だ」というフレーズで表現できる。ドキュメンタリーは、倫理的、感情的、そして明示的な証明を動因する能力のうちに存在している。議論の意義深さ、心の琴線への訴求、棒グラフの首尾一貫性。いったいどのような意味において、ボードリヤール（1995）が問うように、「湾岸戦争は起こらなかった」のだろうか。

そして湾岸戦争だけではない。ニール・アームストロングとバズ・オルドリンが月への一歩を記した一九六八年の運命的な夜のことを考えてもいいだろう。ロンドン北部のウェンブリーのスタジオで、忙しい何日間かを過ごしてきた若い研究者とプロデューサーのグループは、月面着陸の最初の映像を伝える生中継番組に最後の仕上げを施しており、そしてそれは国中の視聴者にとっても同じようにライブだった。この映像が到着する前に、番組では招待された専門家によるスタジオ討議が行なわれ、もちろん、おそらくイギリス初であった電話による視聴者参加も行なわれた。それは、外部の野生が呼び込まれ、そして家庭で消費されるために飼い馴らされていくプロセスだったと言えるかもしれない。衛星からのライブ映像が最後に届けられる前に、何時間もの待機と議論、背後での尽きることのない不安があったのである。完全に新奇でありながら、奇妙に慣れ親しんだ映像。映像だけでなく、言葉もあった。不明瞭であったが、読みとり、聞き取ることができた。シャドー・パペッツと、か弱くしかし不吉な声。歴史の主張。その光景と音。ナレーションの声が何が起きているのかを伝え、その重要性を主張し、ぼやけたものに解釈を与え、そして時々、私たちを管制センターへ連れ戻した。

出演者のマネジメントと殺到する電話の処理から解放されると、制作チームの人々は映像を見るためにサブスタジオに集まった。彼らは映像の粒子を拡大する巨大なスクリーンの恩恵を享受したが、それは同時にスタジオの空間を包み込んだのだった。そこには、実際に参加しているような感覚があり、彼らは何か神秘的な仕方でこの事件に貢献しているのだと感じていた。それは、まさにい、彼らが人を月に送り出したかのような感覚だった。

その晩遅くに、他の人たちが事件の報告の仕事を引き継ぐようになると、研究者たちは帰っていった。そのうちの一人が歩いて家に帰る途中、彼は通り沿いの家やアパートの表部屋に、テレビのちかちか光る青い光をまだ見ることができた。彼はそこで、今でもそうするように、このメディアに媒介された経験の性質について考え、テレビの力と当時の、またそれ以前のラジオの力、すなわち現実であることを主張し、そこに重要な意味を付与していく力について考えた。私たちはどのようにして、テレビで観ているものがハリウッドやフロリダの映画撮影所で撮られたものではなく、実際に起きた出来事だということを知るのだろうか。私たちはどのようにして、その重要性を判断するのだろうか。

もちろん部分的には、その答えは、私たちに物語をもたらす制度への信頼、すなわち近代の重要な構成要素である抽象的・技術的システムへの信頼の内にある。しかし部分的にはやはり、その答えは、表現上の約束事、表現の形式などの内に、慣れ親しんだものと新奇なもの、期待されるものと予想外のもののバランス、あるいは物語の安心感・安堵感と声の脆いながらも効果的なバランスなどの内にある。つまりは、現れたテクストの言葉とレトリックの内に、また、現実感の主張を繰り返し強調し、言明するその前後のテクストのサポートの内にその答えはある。この場合、レトリックはそれがいつもそう試みるように、経験と出来事の間の空間を埋め、両者の間に繋がりをもたらすことになる。私たちは、独立した証拠を持たないものを信じるように導かれているのである。私たちに呼びかけ、主張するのは時に、いや常にテクストである。「私を信じろ、私が世界だ」。そして、信頼に足らない映像は、そこに埋め込まれる声高な声のレトリックによって沈黙させられていく。

しかしながら、これは遠くで起きた何かを信じるということだけでなく、それが重要で意味あることだと説得されることでもある。月面着陸は新時代の始まりである。冷戦の最中での悪に対する善の勝利である。東洋のそれに対する西洋のテクノロジーと人々の勇気の勝利である、など。ここでもやはり、私たちは信じるように要求されていた。そして、さしあたり、おそらく私たちの多くはそう信じたのである。

過去においても現在においても、レトリックを操るものは、それが効果的であるために、レトリックが話者と聞き手の相当程度の同一化に基礎を置かねばならないことに気付いていた。あなたが誰かを説得できるのは、あなたが彼らの言葉を話す限りにおいてである。意見を変えるためには、他の誰かに屈服することが必要になる。説得の核心には、そしてレトリックの根底には、前提となる共通の場、すなわちトポスがあり、それなしではいかなる繋がりも、いかなる創造も、いかなる記憶も革新もあり得ない。この場とは、話し手と聞き手に共有可能な理想と価値、意味のフレームである。それは、新奇なものがその基盤を置く慣れ親しみの領域であり、その上で驚きが成立し、注目を要求するような、自明で当然視されたものである。それは、参加者に共有された理解と記憶に依拠するが、一方で、その記憶を問い直し可能な、再構成可能なものとしていく。この共通の場は、レトリックが常識と出会いそれを利用する場であり、時にはクリシェを通じて、またしばしばステレオタイプを通じて、それなしでは説得の試みが実りなく終わるような認識の枠組みが作られていく。この共通の場はどこから来るのだろうか。リチャード・マッケオンの答えはこうだ。「ローマ人のレトリックにおける共通の場は実用的技術と法律の知識に由来し、人文学のレトリックにおけるそれは芸術と文学から来ている。そして、私たち現代人のレトリックは、商業広告と計算機のテクノロジーの内にその共通の場を見出すのである」（Mckeon, 1987: 34）。この共通の場は共同体に共有されたシンボルである。共有されながらも、必ずしも満場一致で支持されているわけではないもの。議論含みでありながら、承認可能なのもの。それぞれの社会はそれ独自の共通の場を持ち、また、看板への塗りたくりや画面上の光が投げかける日常的なフレーズとイメージが明示する独自のリアリティを持ち、それらがいっしょになって、理解と偏見の枠組みを、経験の判断基準を、二〇世紀後半のメディア・レトリックの領域を提供している。この共通の場は、公的な意見として流通するかもしれないものを表現し、またそれに依存している。

レトリックはテクニックである。場合によっては、テクノロジーだと言えるかもしれない。リチャード・マッケオンはアリストテレスの『ニコマコス倫理学』を引きながら、それを「アーキテクトニック（architectonic）」と呼んでいる。「アーキテクトニックな技芸とは、行為の技芸である。それは下位の技芸の目的を整序するという目的を扱うものである」（ibid, 1987: 3）。そのメカニズムは比喩であり、また文彩である。比喩、それは主に、隠喩、換喩、提喩、そして反語からなる。文彩、それは曖昧でなくはない区分からなる比喩から離れて、古典的なレトリシャンがそれぞれに違う仕方で列挙し、分類したものである。

言説の文彩は、多かれ少なかれ目立ち、そして多かれ少なかれ適切な効果をもった表現法、形態、言い回しである。それらによって、観念、思想、感情表現における言説は、多かれ少なかれそれらの単純で共通的な表現だったものから遠ざかるのである。（Todorov, 1977: 99 / 邦訳 161）

レトリックが衰退するとき、最も重要なものとして焦点が当てられるのは、説得の次元ではなく、かたちの次元である。レトリックは、トドロフが示すように、知らず知らずのうちに、美に関わるものとなった。表現様式は装飾になり、レトリックは単なるレトリックになったのである。

しかし、かたち、すなわち「思考と言葉の輝き」は、雄弁と議論の素材であり続けている。そこで提示される表現の継続性と媒介作用の同時性についての思考を招くためにだけであっても、キケロがいくつか列挙している彼のリストについて考えてみるのが適当かもしれない。重要なのはもちろん、現代のメディアの作動を理解するのに、その分類と分析で十分であると主張することではない。そうではなく、現代の電子的な、二次的な声の文化に適したリテラシーをどのように定義するとしても、その一部は表現の古典的な形態、すなわちテクストという形式の一部であり、またそれを超えたものに、何かしらを負っているという点が重要なのである。したがって、スチュアート・ホールとその共著者が、個人の暴力行為がいかに「マギング」〔金銭の強奪を含む暴力行為。メディアの報道の影響もあり、七〇年代のイギリスで激しいモラル・パニックを引き起こした〕として取り上げられ、そのようなものとして国民的な重要性を持つに至ったのかを描いたとき、あるいはスタンレー・コーエンが、モッズとロッカーズの海辺の街での抗争によって起きたモラル・パニックを論じたとき、彼らはとりわけレトリック的な分析に関わっていたのである。私たちはそこに、メディアの中で、またメディアを横断して作動するレトリックの姿を見て取ることができる。中でも特に、増幅として知られている、レトリックの一側面を見て取れるのである。そして、その政治的重要性の理解に着手することもできる。

しかし、キケロに戻ろう。「弁論家について」の第三巻で彼は文体、隠喩、統語、リズム、文体が聞き手に与える無意識の効果（とその中断）、議論の道筋などについて論じている。

強い印象は、一点の力説、明快な説明、事件があたかもそこで起きているかのように思わせるほとんど視覚的な表現によって作られる。それは出来事の叙述にも、意見の説明と増幅にも非常に効果的であり、雄弁と同じ程度に、増幅しようとする事実が重要であるように聞き手に見せることもできる。説明は、しばしばすばやい再検討や、実際に言ったこと以上の理解を促す示唆、あるいは明快さを求める簡潔性、品位の格下げやからかいなどによって相殺され……（Cicero, 1942: 161-3）

キケロは、逸脱、反復、還元、誇張、控えめな表現、皮肉、レトリック的な質問、躊躇、区別、修正、話者がなすことのための聞き手の準備、聞き手との提携、擬人化、などについて論じている。彼は、演説のかたちにかかわることのリストを列挙している（再開、統一、前進、反復、上昇、循環、矛盾、反駁、回避、非難、宣言、強調、映像)。すべての例における「話し方は、威嚇し攻撃するために用いられる武器であるか、あるいは、見せびらかすために振りかざされるものである」(Cicero, 16742: 161-3)

トドロフがキケロ自身にとっても転回点であったと指摘しているように、ここには話者がレトリック家となり、レトリック家が表現のひねりや回転の強迫的な分類者、すなわち言葉のスタイルや装飾のマニアと化していくのが、いかに簡単であるかを見て取ることができる。レトリックが汚い世界になっても不思議はない。

実際に、レトリックは一九七〇年代のメディア研究における短い復活の後、見かけ上のことではあるが、汚い世界になった。当時は、構造主義者と記号論者が、最初は映画において、そして後にテレビにおいてメディアの言語を深く掘り下げ、その構造と形式を探り、意味の可能性の条件と(構造主義)その決定を(記号論)研究していた時代だった。そこには善きこともあり、そのひとつは、メディアの権力についての研究が効果研究に頼ることなしに続けられたことであった。しかしながら、それはまさにその権力についての前提によって失敗に終わっていく。それは、ある一地点における意味の分析を提示したが、意味の帰結を考えることはなかったし、複数的で、多様で、不安定で、争いを含んだ意味について探っていくこともなかった。それは、社会的なものや人間的なものを扱うこと、また、コミュニケーションの核心にある非決定性を扱うことを、自らの仕事として考えてはいなかった。逆に、この時代に、かつては創造の源泉として考えられていた人間、またメディアと経験の関係を探求するのにふさわしい領域として考えられていた人間は、メディアの権力が行使される場としての文学的構造、制度的構造の内へ解消されていったのである。

『映像の修辞学』でのロラン・バルトによるパンザーニの広告の古典的分析は最も早くになされた消費文化のレトリック分析のひとつであり（極端なレトリック家であるマクルーハンが、その著書『機械の花嫁』において、この試みを予想してはいたが）、そこではイデオロギーとしての映像という見解が提示され、それが繊細に、あるいは直截に意味を伝える仕方が説明された。レトリックはまさに「イデオロギーのシニフィアン的側面」として立ち現れたのである（Barthes, 1977: 49）。映像は常にあてにならないものと考えられ、言葉は確実なものと考えられてきた。しかし、大量消費の世界においては、どちらも見せかけ以上のものとはみなされない。だまされやすい者をひっかけるトリック、魅せられた消費者をテクストと商品のサイクルへ、また政治的に間違った世界へ閉じ込める場所。

メディア・テクストとその仕組み、またそのレトリックへのこうした見方は、現代の文化と社会におけるメディアに対するアプローチとしては、必要ではあるが不十分である。私が示唆したいのは、繰り返しになるが、この点である。メディア・リテラシー（この問題については、次の章でさらに述べる）は、他のリテラシー以上のものも以下のものも必要としない。必要なのは、解読し、評価し、批評し、構成する能力である。また、私の認識では、それはテクストの主張がなされている位置を歴史的に、社会学的に、人類学的に正しく理解することを必要とする。それは、神秘と神秘化の両方を評価することを必要とするのである。

「神秘のなかには、必ず未知のものが存在する。しかし、その未知のものもまたコミュニケーション可能なものと考えられなければならない」（Burke, 1955: 115)。現代の雄弁なメディア。レトリックの分析において、ケネス・バークとロラン・バルトを結びつけるのは、クラス（階級・象徴的分類）の問題の中心性である。レトリックの空間を作り出すのは、クラスを越えた、物質的な区分を超えたコミュニケーションである。バークの目からすれば、演説の形式とは、ヒエラルキーの不可避性が覆い隠されつつ、正当化される場である。レトリックは神秘を作り出す。資本はそれを利用する。説得は求愛である。クラスと性的差異の媚態。ここに社会的な生産物としてのレトリックがあり、それはテクスト的な分析と同時に社会的な分析を要求している。また、ここにポピュラー・カルチャーのレトリック、完璧な媚態の謎を解く鍵がある。

レトリックのルーツは、こうした種のあいだの根本的な差異と、その差異を超えてコミュニケートすることへの欲望の内にある。聞き手に届くこと、そして聞き手を同定すること。同時代の文化の共通の場を動員しつつ、また創造的にそれを超えていくこと。共通の場は、記憶と記念の場であると同時に創造と革新の場でもある。

メディア・テクストのレトリック的な分析とは、意味が、いかにしてもっともらしく、愛想よく、説得的に作られ、布置されていくのかを分析することである。それは慣れ親しんだものと新奇なものの関係を探ることであり、テクスト的な戦略を解読することである。しかしそれはまた、オーディエンスを研究することでもあり、オーディエンスがテクストにおいて、どこに、またいかに位置づけられていくのかを探ることである。そして、共通の場所がいかに常識と関係するのか、新しいものが慣れ親しんだものを基盤にどのように構築されるのか、テイストとスタイルの変容のなかで、トリックがいかに仕掛けられ、クリシェがいかに動員されるのかを探ることである。広告は中心的な重要性を担っている(ロンドンのヴィクトリア&アルバート博物館で最近行なわれたポスター・アートの展示は、そのPRに開かれた手のイメージを使っていた)。しかし、既に示唆したように、ニュースやドキュメンタリーも重要である。カメラ・アングルや声のトーンや、おなじみの表現の形式と再帰性を通じて構造化される、言葉と映像のパブリックなレトリック。議論のねじれ、論争、アピール。パブリックな文化の表明、決して無垢ではなく、欺くためにへつらうこと。神秘的で、神秘化するもの。リアリティの提示、主張、またリアリティへの挑戦。

重要なのは、レトリックの場が変移しているという点である。それはテクストの特殊性から文化の一般性へと移動し、どこにいてもしつこく見え、また聞こえてくる。次から次へと続くメディアのキャンペーンにおいて、映像と議論が構築され、統制されていくなかで、政治的キャンペーンの勝利と敗北がもたらされる。いまだ生き残っているキケロ的な軍事のメタファーは有効なのである。広告はレトリックの産業化であり、ブランドの創造はレトリックの商品化である。ニュースとドキュメンタリーは、その真実性と誠実さを説得しようとする声のトーンと形態と構造のなかで、私たちに現実世界の様々な物事を提供してくる。そして私たちは多くの場合、そこで語られることを受け容れるのに困難を感じていない。少なくとも、彼らのアジェンダを受け容れることに困難を感じていないのである。

こうした公的なレトリックは、後期資本主義、グローバルな資本主義において戦略的に支配的位置を占めており、それは私たちの日常と結びつかねばならない。公的なメタファーは私的なそれと共になければならない。オーディエンスが居なければ、いかなる結合もなく、共通の場がなければ、いかなる共同体も存在しないというわけである。しかし、そうであっても、そこには何の保証もない。

5――ポエティック

物語。私たちは互いに物語を語る。私たちは常にそうしてきた。慰め、驚かし、楽しませる物語。そして、そこには常に語り部がいた。暖炉の辺に、街から街を移動しながら。話し、書き、演じる人々。現代の物語、神話、民話は、画定され、保存され、更新される文化である。喪失と救済の物語、英雄の物語、失敗の物語。物語は、明示的にであれ、暗黙のうちにであれ、モデルとモラルを提示し、過去と未来への道筋を示し、困惑している人々への導きとなる。脅かし、悩ませ、むしばむ物語。始まりと中間と終わりを持つ物語。おなじみの構造とわかりやすい主題、また、その変化によって楽しませること。巧く歌われる歌、巧く語られる話、巧く作られたサスペンス。現代の物語は、公的なものであり、また私的なものである。それは神聖なもの、世俗的なものの内に現れ、リアリティを主張し、ファンタジーを遊び、想像力に訴えかけてくる。

物語はオーディエンスを必要としている。物語は、話され、書かれるだけでなく、聴かれ、読まれなければならない。語りのなかには、共同体への訴えかけ、参加への希望、誘い込み、不信の中断、そしてどんなに短いものであれ、別の世界へ行きそこを共有することへの招待が含まれている。そして、物語は、夢の中で、あるいは何度も繰り返される語りや囁きのなかで生き残っていく。物語は社会的現実の本質的な一部であり、それは私たちの人間性を理解する鍵であり、私たちの経験の拡張であり、また経験へのリンクなのである。もし、そこで語られる物語を理解できなければ、私たちはその文化を理解することはできない。また、私たち自身のストリーテーラーがいかに、なぜ、そして誰に向けてその物語を語るのかを知らなければ、私たちは自らの文化を理解することもできない。

ヴァルター・ベンヤミンは、近代における物語の衰退を嘆きつつ、その衰退の原因を、メディア――彼にとっては主に新聞――が押し付ける情報の過剰に見出している。それは、私たちを経験に結びつけるのではなく、むしろ経験から引き離す。

古い物語が情報に取って代わられ、情報がセンセーションに取って代わられたことは、経験がますますやせ衰えていることを反映している。コミュニケーションの最も古い形式である物語とこれらすべての形式の対照が存在する。出来事そのものの伝達は物語の目的ではなく、それは情報の目的とするところである。物語はむしろ、それを語り部の生に埋め込み、聞き手に対してそれを経験として引き渡そうとするのである。だから、物語は、陶器が焼物師の刻印を付けているように、語り部の痕跡を残すのである。(Benjamin, 1970: 161)

私の考えでは、ベンヤミンは間違っている。私たちは現代のメディア文化において、物語の不在ではなく、物語の増殖に直面しているのであり、それはメディア・テクストにおいても、それを取り囲むものにおいてもそうである。私たちはまた、情報と娯楽の境界、事実と物語の境界の揺らぎに直面している。それを悩ましく思うのは一部の人ではあるが、誰もがそれを無視することはできない。メディアに疎外への力があるとはいえ、私たちはまだ、メディアが作り出したものを経験へ関係付けていく力をもっている。私たちの文化には、深い魅惑の感覚が保持されている。メディアは魅惑する。私たちは、確かに魅惑される。物語は生き残っている。西部劇に、ソープオペラに、大きなメディア・イベントのレポートに、ティーンエイジャーの連続コメディ番組の物語に、スターへの没頭と自分たちの起源と未来への魅惑に、物語は残っている。実際にそれは、現代の電子の時代において、口承と印刷の両方の資源に依拠しながら、繁栄している。その資源は、ますますそうであるように、グローバルな文化から引き出されている。時間と注意への真剣な需要が作られ、ポピュラー・カルチャーの泡沫が提供されている。惹きつけ、関わり、飽きさせ、消費する。商業的な世界の商品。

物語は快楽を与え、そして物語は秩序を与える。物語は快楽や落胆を伴って聴き取られるために、ある種のリテラシーを要求し、物語を批評し、それがいかに作動しているのかを理解する上でもリテラシーが求められる。そして、メディアと経験の関係を正確に理解した上で、意図とアピール、関心と反応、テクストと行為の関係を理解し、私がここで論じている日常生活におけるメディアの関与のメカニズムを理解するのは、この後者のリテラシーである。私たちの物語は社会的なテクストである。草案、スケッチ、断片、枠組み。本質的に再帰的な文化の可視的で可聴的な形跡、経験と想像の両方における出来事と観念を大きな画面や小さな画面の上で日常的な物語に転換すること。こうした見かけにおいて、好もうと好むまいとこれが現代の文化であり、それは幻想と分類の一貫性と矛盾を表現し、オーディエンスである私たちにテクストを提供し、私たちはそこで自らを位置づけ、話の筋を追うためにキャラクターやトーンに同一化し、模倣のために物語の力のある部分を持ち出したり、持ち出さなかったりする。

物語は永遠に仮定法の世界にある。それは、as-ifの世界を作り出し、そこを占有するのである。希望と可能性と欲望を引き寄せ、疑問をつきつけ、答えを探すこと。ヴィクター・ターナーは、これを儀礼の機能とみなしている。すなわち、日常から自らを区別する敷居によって、多かれ少なかれ明確に区切られた境界的な空間を占有する活動の機能である。儀礼は日常の一部であり、またその外部である。それは、遊びの余地を残している。物語も同じような文化的空間を占めている。

だから、メディアの研究者として、ソープオペラや連続コメディ番組の快楽を探求するとき、私たちはそれらが共通の文化のある部分を表現する力を探求しているのである。私たちは物語のリズムを理解しようと試み、その性格描写や、世界の表象の仕方を理解しようと試みる。オーディエンスが自らを関係付けることができ、実際そうするようなキャラクターの提供――強い女性、恋に悩むティーンエイジャー、エイズ患者、虐待を受けた子供――、そして状況の提示――離婚、金銭をめぐる争い、死――。そして、こうした表象との関係付けを理解するのはいつも簡単なわけではない。とくに、その対象が常軌を逸しているように見える人や素養を欠いている人にとってはそうである。しかし、試みなければならない。

だが、いかにして。流行は変わるものであり、それは学問の分野においても同じである。そして、様々な種類の文学的な脱構築がその前提となっていた権威を侵食するなかで、メディアの物語研究の流行はこの二十年で大きく変わってきた。こうした変化は、ある世界の見方、ある美学的な世界の見方に帰結した。それは、意味を拡散したものとみなす見解であり、特に、読者・視聴者・消費者といった受容の局面における意味が、それを作り出す文化やアイデンティティと同じように拡散したものであるとする見解であった。

もちろん、私たちはこの世界における言説は、ポピュラーなものからエリート的なものまで、多元的であることを認めなければならない。それらは部分的に重なり合っている。それらは収斂し、分岐する。それらは不安定である。私たちは意味の軌跡について語り、ゆっくり進む銀の糸が庭囲いに残されたままになる。私たちは、テクストと読み手のインターフェースで対話的に作られる意味を見出し、インターネットのおしゃべりで会話的に作られる意味を見出す。私たちはポストモダンにおける断片化したアイデンティティについて語り、また、その周囲で文化が作られ、時宜に応じて供されるエスニシティ、階級、ジェンダー、セクシュアリティなどの非決定性について語る。ここで、そこで、すべてのところで、時間と空間をノマド的にさまよいながら。私たちは終わることのないカーニバルのダンサーと見なされている。ハイパーリアルの仮面舞踏家というわけだ。

こうした議論のすべてを否定することはできないが、その多くは空想的なものである。それは、皮肉っぽい、また思慮を欠いた推定であり、シンボルと社会の物質性を無視している。それは、信じさせ、意味を枠付け、快楽を与え、共同体を創るテクストの力を誤解しており、またそれは、階級や世代やジェンダーやエスニシティによって異なりながらも、すべての人にとってリアルなものである意味の創造の現実と、主張され維持される快楽を誤解している。

だから私は、テクストは重要であり、物語は生きており、メディアはそれ独自の詩学を要求する、ということを論じたいと思う。「個々の作品の解釈と対比するならば、詩学は意味に名前を与えようとするのではなく、個々の作品の誕生を横断的に統轄する一般的法則の知識を求めるのである」(Todorov, 1981: 6)。メディアの詩学はメディアの言説の構造、その組織化の原理、その創出過程を探るものである。しかし、それはまた、そうした言説が読み手やオーディエンスにいかに関わるのか、どのように意味を作り出すのかを探り、また、ラジオの横で、キーボードの前で、スクリーンの前で、少しでも自らの魅惑を許容する人々の快楽と感情の構造が、いかに意識的にあるいは無意識の内に生じていくのかを探る。

アリストテレスと共に議論を始めるのが良いだろう。

彼は、詩を可能にし、詩の基底となる原理について探求した。悲劇的なもの、喜劇的なもの、叙事詩的なもの。彼が主に扱ったのは、そのひとつめ、悲劇であった。彼の出発点は、模倣、すなわちミメーシスである。彼は、模倣が人間にとっての自然なものであることを示唆している。模倣は私たちを野蛮な獣から区別するものであり、すべての人間にとって、模倣に喜びを感じるのは当然のことなのである。高遠な詩句のうちに深刻な主題の模倣を含み、今日のそれよりも良き人々を描く悲劇は（喜劇は人間のより悪い過去を描く）、模倣の最も高位の形式である。悲劇は六つの部分から成る。スペクタクル、メロディ、発声、キャラクター、思考、プロットである。なかでも、プロットが最も重要である。

悲劇は人間の模倣ではなく、活動と生の模倣、幸福と苦痛の模倣である。そこでは、幸福と苦痛が活動の形を取る。劇作家の目標はある種の動きであり、性質ではない。私たちは役にしたがってある種の性質を取得するが、私たちが幸福であったりその逆であったりするのは、私たちの活動においてである。それゆえ、役者は役の性格を描写するために演じるのではなく、その動きのために役の性格を取り込むのである。（Aristole, 1963: 13）

プロットは悲劇のまさに魂である。プロットは統一性を持ち、必然的に関連する始まり、中間、終わりを持つ。詩人は何が起きたかを記述するのではなく、起こるかもしれないことを描き出し、その点で彼は歴史家とは異なる。そして、アリストテレスがそう信じるように、詩は結果として、歴史よりも重要な意味を持つ。悲劇は全くの活動だけを模倣するのではなく、哀れみや恐れを喚起する出来事をも模倣する。それは、予期せぬことと驚くべきことの呈示を通じて、最も強い衝撃を与える。複雑さがすべてである。事態の激変とその要素の発見。その狙いは、不信の宙吊りと呼べるかもしれないものである。「プロットは、物事が起きているのを見ることなしに、ただその説明を聞いた人がその出来事への恐怖や哀れみで満たされるような仕方で作られるべきである」（Aristole, 1963: 23）。

もちろん、世界はアリストテレスの時代から変化している。しかし、完全にではない。ミメーシスとリアリズムと迫真性は、現代の詩においてもその中心であり、たとえその詩が連続コメディ番組や長編映画の形をとっていても、現代の悲劇と喜劇が晩のスケジュールとチャンネルから奪われていても、それが新聞の連載と通俗小説とレンタルビデオにしか現れなくても、やはりそうなのである。これらすべては、成功の度合いに差があるにしても、そして明らかに価値の違いを前提にするとしても、分析を必要としている。それがいかに作動しているかを知る必要があるのである。

そして、私たちはそれを、詩学を文学理論の仕事と規定するような形式主義に陥らずにやらなければならない。現代の物語のなかに、文字以前の文化における神話や民話といった先行する形式の痕跡を見出すことは完全に正しい。また、物語の語り方に、時代や文化を越えた一貫性があることは否定できないし、そうした類の物語が、その文化における生活と信仰のあいだの大きなそして小さなジレンマを反映し、屈折し、解決する（少なくとも解決するようにみえたり）と主張することも可能である。しかし、そうした観点で現代のメディア文化を汲み尽くせると主張するのは間違いである。なぜなら、現代の物語はより広く、制御しがたい文化の一部であり、その文化を越えた流通、BBC放送会館からバーケンヘッドまで、あるいはハリウッドからテヘランまでの流通は、その帰結あるいはその意味において、決して中立的ではないからである。

メディアの詩学はテクストを越えて、テクストに鼓舞され、しかし決定付けられるわけではないディスコースの分析へ向かわなくてはならない。私たちの取るべき道は、厳格なテクスト決定主義と、読み手の自由な意味決定能力という同様に有り得ない主張とのあいだにある。そうした詩学は、日常生活において互いに語り合う物語において、その物語と改作された物語の関係、その増幅と歪曲の関係について探求する必要がある。つまり、ソープオペラや金をかけた大作の外皮にフジツボのように付着する二次的、三次的、四次的な物語についても探求せねばならないのである。たとえば、作品のキャラクターやそれを演じる男優や女優について語るタブロイド新聞の物語、あるいは、そうした物語を他の世界へ、すなわち政治やスポーツの世界、隣の家族などへ流用していく、メディアや私たちの会話における物語、である。

こうした流用は、流用されるテクストの理解しやすさ、透明性、自然さに依存する。ジョナサン・カラー（1975）は、物語や詩などのテクストにおいて、こうした真実らしさを作り出す五つの方法を区別している。ある種の親しみやすさを主張し、読み手の期待に合わせ、共通の知識と文化を呈示することなどに関わる五つの方法である。第一は、現実の世界や自然な態度を表象していると主張することである。これは、表象されるものが、単純で、首尾一貫しており、真実であることへの期待に基づいている。第二の方法は、共有された文化的知識の表象とそれへの依拠に基礎を置くことであり、この共有された文化的知識とは、他の社会ではなくその社会に独特の知識であり、変わることはあるものの、それでもその社会の成員に自明な仕方で自然だとみなされるような主題である。こうしたテクスト的アピールは、文化的に固有のものであり、たとえば、文化的ステレオタイプの存在などに依存している。真実らしさのこうした側面は、イデオロギー的なものと見ることができるかもしれない。

第三の方法は、ジャンル、あるいは、物語を特定の種類のものとしてその他の物語から区別するテクスト的慣習に依拠しており、それは、たとえば西部劇、フィルムノワール、推理物、連続コメディ番組といったものが、読み手やオーディエンスにそのようなものとして理解されることを可能にする。「ジャンルの慣習は本質的に、読み手と書き手の契約、すなわち、ある特定の有意味な期待を効力あるものとし、そして、受け容れられている理解可能性への追従とそこからの逸脱の両方を可能にする契約を成立させるためのものである」(Culler, 1975: 147)。第四の方法は、最も簡単には、セカンド・オーダーの自然化あるいは再帰性として表現されるものであり、そこでテクストは自らを人工的なものとして参照し、しかし結果的には、その自己知識において、自らのオーセンティシティを再主張するのである。聴き取ることができ、自己を意識しているナレーターの存在は、真実らしさのこうしたあり方の一例である。また、稼動中のニュース編集室を利用したニュース番組のセットなども、また別の例と言える。最後の方法は、相互テクスト性である。パロディ、アイロニー、模倣を通じて、あるいは他のテクストの内容や形式の単純な参照を通じて、テクストは互いに言及し合い、そうすることである種の自然さと親しみやすさを訴え、その上に、それぞれの差異と驚きを積み上げるのである。

これらすべてはテクスト的戦略である。しかしレトリックと同様に、それは主張であり、拘束ではない。私たちはよくできたプロットの誘惑に対してでさえ抵抗できるのである。私たちはそのメッセージを自分たち独自のものに転化できる。そして、もちろんそうしているし、いつもしている。近年のメディア研究のなかでは、ある単独のテクストに直面した読み手やオーディエンスが独自の意味を作り出す能力を持つことを主張する研究が数多くなされている。重要な焦点となったのは「ダラス」(世界各国でヒットしたアメリカのソープオペラ)であり、正当なことに、それは「ダラス」がアメリカで多くのオーディエンスを獲得したからだけではなく、日本という例外はあったものの、それがグローバルにアピールしたからである。それらの研究は、非現実的なプロットのリアリズムよりも、むしろシチュエーションに関与し、同一化していく視聴者の感情的付着の焦点としてダラスを捉えつつ、物語としてのダラスへのオーディエンスの関係の特徴を引き出し(Ang, 1986)、あるいは、人種的に別個のオーディエンスが、道徳的、政治的、経済的ジレンマへの同一化を通じて、自らの生活を物語に関係付けていく能力を見出した(Liebes and Katz, 1990)。他にも多くの研究があるが、これらの研究はそれぞれに、おそらくは経験それ自体について述べることなく、テクスト的な表象と経験、あるいは少なくとも経験のある側面を結びつけていった。

信頼は、他でもそうであるようにここでも、媒介作用のプロセスにおいて交渉される取引きの対象である。では、経験はどうだろうか。それを物象化するのは避けよう。私たちはまだ、メディアがいかに日常生活の世界に入り込んでくるのかを理解する必要があり、メディアの詩がいかに私たちに届き、触れ、私たちが了解し、うまくやり、取りかかることを可能にするのかを理解する必要がある。作品の発表を越えた場所での意味の創造を含みこむために、メディアの詩学が「個々の作品の誕生を横断的に統轄している一般的法則」を同定しなければならないのは、この点においてである。というのも、これらもまた、弱化しつつも、規則に支配されているからである（法則的なものではないが）。社会生活の構造化されたパターンへ向うときの主題。実のところ、アリストテレスの詩学は、構造ではなく構造化について語っているのであり、すでに述べたように、構造化は（あるいは私の言葉でいえば媒介作用は）読者あるいは視聴者の頭の中、あるいは生活の中でのみ完遂されるのである。

物語と実践的理解の間で結ばれなければならない繋がりがある。「もし実際に、人間の行為が物語られうるのであれば、それは人間の行為が常に既に、記号と規則と規範によって分節されているからである。それは常に既に象徴的に媒介されている。（……）象徴形式は経験を分節する文化的過程なのである」。このようにして、ポール・リクール（1984：57／邦訳 106-7）は、時間と物語の関係について論じ、オースティンとアリストテレスに（また、この引用においてはカッシーラーにも）依拠しながら、私がそうし始めていたように、経験と物語の繋がりの鍵として模倣を置くのである。そして、リクールにとって、時間は本質的である。それは物語の時間的な秩序化を追うことを可能にする経験の時間的な秩序化であり、この物語の時間的秩序こそが、私たちが経験を了解することを可能たらしめるのである。「時間は物語の様式で分節されるのに応じて人間的時間になり、そして物語はそれが時間的存在の条件となるときにその完全な意味に到達する」(Ricoeur, 1984: 52 / 邦訳 99)。

私が物語を追うことが出来るのは、私が時間を生きているからである。私は始まりと終わりを有しており、だが同時に、他者と共有する生活の時間、日、年において多層化している。その生活は、公的なそして私的な物語に満ちており、その物語が、私が誰であり、何であり、何処に居るのかについて、少なくとも何がしかの意味を了解させる。私が耳を傾ける物語、繰り返し、想像する物語は、私の時間の経験に基づいており、その経験はそれ自体が、それらの物語についての私の知識に依拠している。

メディアは時間において存在している。それ自身が時間のなかで語られる、大きな事件の一年間のカレンダーにおける時間。仕事の一週間の時間性を補強し、またそれによってかたどられる一日や一週間のスケジュールの時間。ニュースやソープオペラの中断される時間。お昼のトークショーで終わることなく繰り返される告白の時間。物語の上の物語、始まりと中間と終わり。繰り返され、記憶され、拒否され、抵抗される物語。こうした物語は説明をするのだ。それらは、どうなっているのかを私たちに語る。そして、物語の私たちへの語りかけは、仮定法の単なる主観的なファンタジーにおいてではなく、私たちがどこかで、あるときに、物語の内に自分たちを見出す能力を通じて行なわれるのである。そして、プロットを追うということには、異なる時間の質への関与が含みこまれている。その布置において、その全体性において、その終わりの感覚において、慣れ親しんだものの理解において、その繰り返しにおいて、非線形的なもの、非連続的なものの表現。時間は前進し、また逆戻りする。時間は繰り返す。時間は中断する。速く、遅く。線と円。枠付けるものと枠付けられるもの。私たちの読む力、聴く力を形成するのは、生物学的で社会的な時間であり、また議論含みではあるが、メディアの物語の力、その内の幾つかは文化の特殊性を無視するが、そうした物語の力の基底にあるのも、この生物学的で社会的な時間である。

レトリックの考察においても、神秘と神秘化を区別し、その両者とその相互関係、さらには両者の矛盾の含意を探求することを要求せねばならなかったように、ここでも同じことが求められる。エリン・ダイアモンドが気付かせてくれるように、私たちはミメーシスとミミクリを区別する必要があり、プラトンのイメージに関する説明がどれだけ強力に疑い深いものだったかを覚えておかねばならない。鏡は嘘をつくのである。だが、さらに悪いことに、鏡はそのイメージのなかにリアルなものの力を捕らえていると信じるように人を誘惑するのである。ダイアモンドにとって、鏡は力を与えてくれる道具であり、そのようなものとしてジェンダー化されたものである。それは正確さのためではなく、差異のためであり、反映のためではなく、屈折のためである。そして、ミメーシスは模倣の問題ではなく、表象の問題なのである。ミメーシスはパフォーマンスである。ミメーシスは、パフォーマンスと同じように、「事を為すことであり、また、為された事である」。そうなのだ。ミメーシスは力を与える。それは必ずしも正しくない。「ミメーシスは、一方では、普遍性、一貫性、統一性、伝統などへの私たちの欲望へ語りかけ、他方では、即興や体現されたリズム、主観性の強い裏づけ、そしてプラトンが最も恐れたミミクリを通じて、その統一性を解きほぐしていく」(Diamond, 1997: v)。

現代のメディアの詩学はそれゆえ、記述的なものを越えていかねばならない。それは額面を額面通りに受け取ることはできないのである。しかしそれは、批評が作動しているプロセスの理解に依拠していることを理解しなければならない。私たちが物語に感じる喜び、物語の傍らでくつろぐ能力、スピーカーの横で、スクリーンの前で、日常生活のプレッシャーとなる何かを放棄する能力。これらは、私たちを人間でいつづけさせる何かの一部をなしている。これは単なる感情ではない。不信を中断し、認知と認識の快楽を求めて、ほとんど境界付けられていない仮定法の領域に入っていく能力は、現代において、これまで以上というわけではないかもしれないが、これまでと同様に重要なのである。しかし、こうした関与、すなわちアイデンティティと文化、また世界において行為する能力に向けられた関与の帰結については、まだ全く理解されていないのである。

そして今度は、こうした議論が、それ独自の結論を有することになる。メディアの扉に現代の不道徳や犯罪性の災難を置くために恐るおそる駆けずり回る前に、このことは覚えておかねばならない。偶然を因果であるかのようにする前に、並置を説明であるかのようにする前に、非媒介的な影響の物語を鏡であるかのようにする前に、私たちの行為が理解への影響や枠組みではないかのようにする前に、物語の語り手がそこで彼女が語る世界から取り除かれているかのようにする前に。仮定法的に考えること。

6――エロティック

快楽はもちろん問題である。ただし、それはおそらく私たち個人にとってではない。私たちは自分が何を好み、何が自分を魅了するかを知っている。私たちの趣味は十分に明快である。私たちはセンセーションを求める。控えめな仕方で。共有される快楽、あるいはうしろめたい快楽。私たちは自分を楽しませてくれそうな番組やウェブサイトへ向かい、昨日の熱狂や、昨日の楽しみを発見しようとする。ゲーム、ジョーク、シチュエーション、ファンタジーにおける快楽。そこに間違いはない。罪はない。娯楽。誰にも無害な。

メディア産業は、快楽を簡単に永遠にもたらすように、ギアが入れられている。自然なことである。私たち自身のプライベートな桃源郷というわけだ。部屋の角に高く積み上げられたCD、戸棚の中のビデオ、クリック先のお気に入りのサイト。そして、動き出す快楽。家の中で、家の外で、テレビや映画を通じて、ウォークマンやステレオへ繋いで。

この章で私は、テクストの産物としてというよりも、視聴者、読者、オーディエンスと快楽を提供するテクストおよびメディア・イベントとの関係の産物としてのエロティックなものについて論じていきたい。快楽は参加を要求する。権力のバランスは消費者の方へシフトしている。身体の快楽と精神の快楽。体と脳のからみあい。快楽、興奮、センセーション。これらは常に提供されているが、本当に届けられるのはそうしばしばではない。未完成が普通のことなのである。

そう、快楽は様々な形で問題となる。私たちは自分が何を好むかを知っているが、なぜ自分のすることが自分の好みなのかを説明することには困難を感じる。私たちはお気に入りの番組を見ながら、多くの時間をテレビの前で過ごすが、しばしばそれが満足な結果に至らないと感じる。私たちは、左寄りそして右寄りの文化の警察官から、メディア文化から得られる快楽は有害であるか、偽物であると告げられている。それは矮小化し、歪曲する。それは私たちを現実世界から引き離す。そして私たちは、道徳的な少数派から、ある種類の快楽は完全に間違いであるとも告げられている。セックスと暴力から得られる快楽は、提供されるべきではなく、また受容されるべきでもない。しかし、個人の消費する権利というイデオロギーにますます基づきつつある世界において、あらゆる快楽と人々が欲しがるものを提供するメディアの権利を擁護し、正当化する声が数多くある。

しかし、メディアを研究するとき、私たちにとってより深い問題がある。というのも、ポスト・デカルト主義的な世界においてでさえも、私たちの思考は、精神と身体の区分という発想、また、合理的な生物としての人間という定義を優先する発想に制限されているからである。その結果、思考については十分考えることができるが、感情については全く別の話ということになってしまっている。センセーション、意味、欲望。これらは、日常生活においても理論においても、多くは議論されないことがらである。エロティックなものが逃げていく。恥と理性がエロティックなものの抑圧に共謀している。身体が精神のカーテンの背後に消えていく。

ペンギン・スペシャルの『大衆観察による英国』がイギリスの書店に現れたのは一九三九年のことだった。その初版のカバーには、こう書かれている。「大衆観察は、一九三七年に二人の青年によって始められた運動であり、今では国中に二〇〇〇人ほどのボランティアの観察者を持ち、イギリスにおける日常の行動を研究するために——自分達自身を研究する科学——存在している」。それは、ある種の自発的な社会学である。チャールズ・マッジとトム・ハリソンは、国民が本当は何を考えているのかを研究し、記録する作業に着手した。政治家が、支持を獲得し、自分の優柔不断を正当化するために、国民の欲求、信念、考えに言及しつづけているときに、この二人の青年は国民が本当は何を欲し、何を信じ、何を考えているのかを探ろうと決意したのである。これは、そういってよければ、この国における世論調査の始まりであった。しかしそれはまた、公的に発せられるイデオロギーと政策の背後へ回り、そうでなければ不可視のものとなり、当然視され、あまりにも簡単に搾取されてしまうであろう普通の人々の声を聞くという、私たちが今も行なっている試みの始まりでもあった。

それは、驚くべき、現実離れした著作である。彼らの研究では、来るべき嵐とそれを鎮めようとするチェンバレンの動きについて、民衆が何を信じ、何を理解しているのかが調査されている。危機。何の危機か。それは知識の試験であり、信念の試験であったが、政治だけについてのものではなかった。なぜなら、マッジとハリソンの炯眼は、日常の中にはそれ独自の文化があり、この民衆的で、美しい、ほぼ独占的に労働者階級の文化とそれを特徴づける価値は、その他の文化と同様に正当性を持つものであることを見抜いていたからである。そこには生活があった。それは様々であった。そして、それは身体的なものだった。

この研究が、ロレンス的な初期の労働者階級のロマン化に加担しているという非難は、その活力に対する彼らの記述を追っていくときには、いったん脇へ置いてもいいだろう。代わりに、回答者の声、著書の中での彼らの擁護、観察者と観察される者を分ける少々奇妙で、当惑させる距離に焦点をあてることにしよう。

ある調査は、当時人気を博し、すぐにグローバルに広がったランベスウォークというダンスの流行についてのものである（一九三八年の一〇月に、一人の「ブルネット」がムッソリーニにそれを教えるためにローマへ行き、七月二九日には、メイフェアの社交界のスポーツマン、ロシアン・プリンス・セルジ・オボロノスキーがそれをニューヨーク・カフェ・ソサイエティに紹介している）。ラベンスウォークの起源は、ロンドンにおける労働者階級の男の遊歩者の気取った歩き方にあった。それが、都市のダンスホールへ還流したのは、ヒット曲を出したミー・アンド・マイ・ガールを作ったケンブリッジ出の作曲家ノエル・ゲイ、スターになったミュージック・ホールの喜劇役者ルピノ・レイン、ロカルノ・ダンス・ホールのマネージング・ディレクターであったC・L・ハイマン、そのストリートハム・ブランチのプリンシパル・ダンサーであり、新しいダンスとステップを作り、実演したアデレ・イングランドといった人々の手によってであった。その曲を集中してかけたBBCについては言うまでもない。そのダンスの起源を追いながら、マッジとハリソンは労働者階級の文化の急所を発見した。自発的なパーティー、異性装、身体的過剰。ひとりの観察者が、ラベンスウォークの経験と南スーダンの原住民のダンスとを比較して述べているように、「それらは、期待通りにあからさまに終わる。私見では、エロティシズムがすべてのダンスの主要な魅力である」(退役軍人、Mass Observation, 1939: 171)。

二つ目の調査は、フリースタイルのレスリングについてのものである。フリースタイルのレスリングは、今ではケーブルテレビの周縁におしやられているが、少なくとも商業テレビの初期にはイギリスで流行していた。が、それは主に戦前のイギリス北部の労働者階級の街のライブ会場での流行であった。彼らは、興行主やレスラーと話をしているが、特に話を聞いているのは、ダフ屋である。彼らは、完全にスポーツではないスポーツについて語っている。それはプロフェッショナルなものであり、何よりもパフォーマンスであった。彼らは職業格闘家である。強行し、偽装し、観客のうけをねらう。テレビ以前のマスメディアだ。その快楽とは何なのだろう。それはエロティックである。二つの声を聞いてみよう。

ほとんどすべてのレスラーは個人主義者だ。彼らは、ボクシングの場合のように、たくさんのルールや細かい点に邪魔されることはない。だから、レスラーはそれぞれに、本質的に自分のものであるスタイルやトリックやジェスチャーを作り出す。こうした普通ではない二次的なことは、他のスポーツにはない。ドイツのレスラーがナチの敬礼をして、お返しに侮蔑を受けたり、アリ・ババが敷物を取り出してアラーに祈りを捧げたりといったことだ。レスラーは相手の爪が切り落とされて、背中のグリースが拭い取られるまでは、戦うのを拒否する。この後者の動作が、ファイトが始まる前のすごい興奮を起こすんだ。お互いの頭で皿をぶんなぐったり、椅子を壊してみたり、観客に挑戦的にふるまって、つばを吐きかけたり、踊ったり、リングのなかを狂ったように叫びながら走り回ったり、レフェリーのシャツを破ったり、それを踏みつけて、レフェリーをリングの外へ放り出したり……（常勤の職工、Mass Observation, 1939: 132-3)

最初はレスリングに嫌悪感を感じたけど、今はすごく気にいってる。あれほど素晴らしく空虚な勇ましさを見せてくれるのはレスリング以外にはないわ。こういう変化は、普通に出会う意気地のない、無味乾燥な男の後で本物の男に出会うようなものだと思うわ。（女性、Mass Observation, 1939: 133)

禁じられた快楽だろうか。完全にそうではない。が、ミドルクラスの文化では、特に一九三八年においては見出されえないものだろう。なぜなら、これは身体の語りだから。

だが、誰にでもこうした瞬間がある。つまり、スクリーン上のことであっても、生々しく身体的な生の興奮と力や技や美の爆発が、いつもの穏やかなルーティーンとなったメディア消費の快楽を超越し、予告もなく——だが、常に欲望され期待されている——私たちの知覚へ炸裂してくる瞬間である。たとえば、スコットランド人のフルバックのキャプテン、スコット・ハスティングが、パルク・デプランスで行なわれた負けかけているラグビーの試合の最後に、フランスのディフェンス・ラインを抜けて爆発し、タッチラインとその瞬間を撮るためだけに設置されたカメラに向って突進してくる瞬間。筋肉が脈打ち、頬は膨らみ、腱は張りつめ、他のことは考えられない。あるいは、ブルース・スプリンスティーンやトム・ジョーンズ。スポーツと音楽。パフォーマンスとプレイ。そうした瞬間は超越的であり、メディア媒介的な文化と非媒介的な文化の崇高なものである。しかし、両者はともに、ライブであることに、あるいはライブであることの表象に依拠している。そしてまた、音と映像と驚き、そして身体的な関与の結合に依拠している。リプレイはその代用にはならない。それはリアルでなければならない。

エロスは生である。この繋がりには議論の余地がない。ライブのものは、身体に触れたとき、生になるのである。認識のあえぎ、同一化、驚き、そして快楽のうめき声。フロイトは、彼の後期の著作で、エロスに文明化の基礎、生と死の拮抗、またその駆動力といったものを見出している。私たちもまた、社会と文化の理解のために、身体がいかに重要であるかを理解する地点に達している。そして、経験にとって、また経験を共有する能力にとって身体が中心的であることは、すでに示唆したとおりである。

しかしながら、メディア・テクストはいかにして身体に結びつくのだろうか。それはいかにして、エロティックな主体としての私たちに訴えかけてくるのだろうか。もちろん、それは多様な仕方である。たくさんの、たくさんの仕方によってである。大衆観察は、メディア媒介的な快楽の記述を、参加者の自己を意識しない観察を通じて、また、シュルレアリスムと精神分析に重要な影響を受けた枠組みを通じて構築している。その他の記述はより個人的で、心にとどまり、釘付けにする魅力を織り上げる糸を探っている。刺激。エロティックなものに関するこうした思考を続けていく上で、裏書きが欲しいからではなく、何を考えることができ、何を言うことができるのかを示すために、ある至高の理論家の考えに関わっていきたい。メディアを研究しようとする者のアジェンダには、このための余地があり、難しいかもしれないが、それはここで挙げられた論点とどのようにかかわっていくべきかを正しく知ることになるかもしれない。

ここで考えたいのは、偉大な文芸批評家であり、テクスト的な崇高さの至高の理論家であるロラン・バルトである。

> 体の中でももっともエロティックなのは、衣服が口を開けているところではないだろうか。倒錯（それはテクストの快楽のあり方である）においては、「性感帯」などは存在しない。精神分析学が正しく述べるように、エロティックなのは間歇なのだ。二つの衣服（ズボンとセーター）、二つの縁（開襟シャツ、手袋と袖）のあいだでちらちら見える肌の間歇。誘惑的なのはこのちらち

ら見えることそれ自体、あるいは、出現‐消滅の演出である。(Barthes, 1976: 9-10 / 邦訳 18)

バルトは、最上の快楽を、読書や視聴における、組み立てられた、快適な、期待通りの快楽からの脱却として定義しながら、物語の累加的なストリップの快楽を拒否する。この対比は、まさに快楽と享楽(フランス語では jouissance)の対比である。前者は、支えるものであるのに対して、後者は揺るがすものである。これは、エロティックなのはどちらか、という問いであり、答えではない。驚くことではなかろうが、バルトはマス・カルチャーの生産物に真にエロティックなものを見出していない。それを受け取ること。オーディエンスが探し、不可避的に見つける前提された快楽。新しいもののフェティッシュ化。テクストが主張し、実際に行なう読者の支配。これらのなかに、彼が求めるものはない。欲望を喚起し、来るべき快楽を構築し予期する本というものはあるが、それはすべての欲望が裏切られる運命にあるように、不可避的に失望させるものである。そして、享楽の瞬間を与えてくれる本もある。「私の肉体がそれ自身の考えに従おうとする瞬間だ。私の肉体は私と同じ考えを持っていないから」(Barthes, 1976: 17 / 邦訳 32)。

こうした議論は、主観的になることなく行なわれる個人的なものである。バルトは、彼自身の経験を通じて、また、このテクストや他のところで暗黙に、あるいは明白に語られている彼自身のセクシュアリティを通じて、自分が読み、また見るものとの関係において、私たちがどのような位置を占めているかを考えることを求めている。自分の快楽を求めて捜し求めるもの、そして、そこで予期されていた快楽を超越するもの。私たちは、自分たちのエロティックなものをバルトのそれに閉じ込める必要はない。私たち一人一人が自分自身の見解を持っている。そして、もしバルトの言説に居心地の悪さを感じるならば、エロティックなものの難しさゆえに、それはそうならざるをえなかったということである。私たちはエロティックなものに対する言葉を持っていない。それはまさにその本質において、言語からすり抜けるのである。

私はそれでも、もう少しバルトと共に行こうと思う。バルトは、彼の最後の主要な著作である『明るい部屋』において、今度は言葉ではなく写真のイメージにおいて、これらの問題を再度扱っているからだ。そしてこの作品は彼がそうであったように、私たちを電子メディアの世界により近づかせてくれる。

彼の写真への強い関心において、快楽と享楽という用語は、古典的な言葉と理論から引き出された二つの用語に置き換えられる。彼は写真を眺めている。彼は何を見ているのだろうか。彼は二つのものを見ている。彼はイメージを見ている。彼はそのイメージが捉えたものを見ている。つまり、写真家が、文化的な対象としてそれを撮り、フレーミングしようと意図していたかもしれないものである。そのイメージが彼の興味を引く。彼はそれに敬意を払う。彼は、以前に見たことのないものであっても、それがいかに馴染み深いものであるかに気付く。彼は実のところ、すべての写真に死を見ている。もはや存在しない、もはやそのようなものではないイメージ、瞬間、人。彼は、それが構築されたものであることを知っているにもかかわらず、イメージの忠実さを認める。彼は、写真はそれが写された時間と場所に、またその局部性によって糾弾されることを知っているにもかかわらず、写真が真実を告げると言う。これは、それがかつてそのようであったものなのだ。カメラは嘘を付けない。「かくして、カメラは奇怪なメディア、新しい形の幻覚となる。知覚のレベルでは偽りで、時間のレベルでは真のもの。時間的な幻覚……（一方では、「それはそこにはない」、しかし他方では、「それは確かにそこにあった」）（Barthes, 1981: 115/邦訳 140）。写真は自らの奇怪さを自然化する。そして私たちはその一般性に安心する。こうした見るということの一般的意味、こうした見られる写真の一般的な要求、これをバルトはストゥディウムと呼ぶ。

しかし、バルトは写真に、少なくとも幾つかの写真に別の何かを見ている。彼はそれをプンクトゥムと呼ぶ。それは、予期せぬものの一刺しである。イメージの中にあってそれを破砕するもの、彼独特の言葉でいえば「私を傷つけ、鋭く刺す」アクシデント、瞬間、点である（Barthes, 1981: 27/邦訳 39）。ストゥディウムがコード化されているのに対し――それは、フレーミングと期待に適合し、写真を読解可能なものとして、イメージを理解可能なものとして保証する――プンクトゥムはそうではない。そして再び、プンクトゥムは、少しのあいだであったとしても、言語をすり抜ける。私は最初はそれを見てさえいないかもしれない。しかし、プンクトゥムは私のなかに、その意味を認識する私のなかに生きており（私は、この時点ではバルトにならなければならない）、ウィニコットが彼の論じた移行対象を創造性の種とみなしたように、バルトはプンクトゥムを付加とみなす。「それは、私が写真に付け加えるものであり、それでも、すでにそこにあったものである」（Barthes, 1981: 55/邦訳 68　強調原文）。

では、彼は何を見ているのだろうか。ジョン・ブラウンを横にした馬上のヴィクトリア女王の写真におけるヴィクトリア朝らしさ。頭と胴体の一部のイメージにおける、伸ばされた腕の先の手（メープルソープの手）の柔らかさ。ロシアの子供の布製の帽子に見る、子供時代の私的世界。家族写真のなかの黒人女性が履いている革紐でくくられたパンプスが訴えてくる尊厳。細部、予期されないもの、含みのあるもの。それらが、見る者の上で爆発し、意味を付与するフレームを通じて爆発する。そしてそれは、彼が言うように「肉感的に作られている限りにおいて、意味なのである」（**Barthes, 1976: 61**　強調は原文）。バルトによれば、プンクトゥムはイメージをエロティックにし、見る者とイメージの関係をエロティックにする。書かれたテクストにおいては、彼に触れたのがその裂け目であったように、視覚的なものにおいてはその一刺しが彼に触れる。純粋な快楽の、異なる衝動が調和する瞬間。そしてそれは、言葉とイメージの両方において、書かれ、見られる身体と書き、見る身体とのすばらしい結合を含んでいる。

こうした議論を過剰に展開することには危険もある。だが、まだ言っておくべきことがある。というのも、テクストのあらゆる形式における予謀されたものについては疑念を持ちつつも、バルトはニュース写真、映画、ポルノグラフィなどについて、数々の所見を提示しており、私にとってそれは、エロティックなものについての彼の定式化の特質を越えていくことを可能にし、また同時に、エロティックなものの意味という問題を、現代のメディアの作動を理解する鍵としてくれるからである。だが、そうするためには、性に合わないが、バルトの控えめな読解が求められよう。

とにかく始めてみよう。まず、報道写真はエロティックではない。

これらの写真にはプンクトゥムはない。ある種の衝撃はある――字義通りのものは精神的ショックを与えることができる――だが、そこに乱れはない。こうした写真は「叫ぶ」ことはできても、傷を負わせることはできない。これらの報道写真は（いっぺんに）受け入れられ、了解されてしまう。私はそれらに一瞥をくれ、二度と思い出すことはない。そこでは、細部（どこか片隅にあるもの）が私の読みを中断させることはない。私は（世界に関心を寄せるのと同じ意味で）そうした写真に関心をもつが、それを愛することはないのだ。（Barthes, 1981: 41 / 邦訳 55）

バルトは以前の著作（Barthes, 1972）で報道写真の神話的・イデオロギー的な顕現について分析しているが、それはすべてストゥディウムである。報道写真に含まれるイメージはすべて一元的であり（彼はそれを単一な、と称する）、つまりそこでは、一つのメッセージ、一つの意味が主張され、それが要求されるものすべてである。皮肉も、攪乱もなく表象される現実。ここから、二つのことが導かれる。おそらくまず第一は、ニュース番組での暴力の映像がなぜ非難の対象とならないのかを理解する方法である。それはニュース番組の健全さゆえである。ニュースは挑発しない。それは非性的なのである。二つ目は全く異なるものである。それはバルト自身の好みとニュース映像の一般性への嫌悪にもかかわらず、そのような映像が他の読み手、バルトではない読み手において、エロティックなものになることを想像するのは完全に可能だということである。レトリックとポエティックが読み手や聴き手の存在を必要としたのと同じである。ここでも、他の場所でも、タンゴを踊るには二人必要なのだ。

そして、映画もまた同じである。バルトは映画にいわば否定的に引き寄せられており、そこにエロティックな接触の可能性の侵食を見ている。なぜなら映画は動きの内にあり、映像は決して静止しないからである。映画は常に前に進み、たった今通り過ぎたものと、これからやってくるものを即座に寄せ集めた流れである。映画的な視線は——

私に取り付くことはない。(……)映画の世界は現実の世界と同じく、次のような予測によって支えられている。すなわち、フッサールが言うように「経験の流れは絶えず同じ構成様式にしたがって過ぎ去っていくだろう」という予測である。ところが、写真はこの「構成様式」を断ち切ってしまう(これが写真の驚きである)。写真には未来がないのだ(これが写真の悲壮さやメランコリーである)(Barthes, 1981 : 90/邦訳 110)。

殺すのは流れである。これは私たちがテレビにおいても経験することである(ウェブでは必ずしもそうではないが)。だが、私たちはもっとよく知っている。おそらく一方で私たちは、多くの論者がそれをナルシスティックで自己愛的であると言うにもかかわらず、映画と映画的な視線が、すなわち私たちが自分たちを映画的なイメージの鏡において眺めているその仕方が、今尚意義深くエロティックであることを学んだのである。

そして最後に、ポルノグラフィについてである。メディアのエロティックな生とメディアと共に在る私たちのエロティックな生の裂け目。ポルノグラフィが純粋な商品であることは言うまでもない。それは搾取する。それはまさに人格化された搾取であり、最も強烈で剥き出しの資本主義の形である。しかし、バルトの見解では、それは必ずしも、いや、決してエロティックではない。ポルノグラフィにおける性的器官の表象は、それらを「動かない対象に変え（フェティッシュ）、壁龕を離れることのない偶像のようにそれを崇拝する。ポルノ写真の映像にプンクトゥムはない。（……）ポルノ写真の肉体はそれを見せびらかすが、それ自体を与えることはなく、そこにはいかなる寛容さもない」（Barthes, 1981: 59 / 邦訳 71）。

私たちはオーディエンスの方へ駆り立てられている。エロティックなものは、その始まりにおいても終わりにおいても、人の中に存在するのである。既に論じたように、テクストに出来るのは主張することだけである。そして、バルトもまた彼の主張を展開している。彼の主張は多くの声の内のひとつである。だが、彼が示したのは、テクストの強い力である。書かれた言葉やメディアに媒介されたイメージが、瞬間を捉え、触れ、喚起し、誘惑する力。もちろん、この分野の研究者は何年ものあいだ、読者や視聴者へのメディアの効果に夢中になっており、その効果は時には研究室のなかで性的な喚起をモニターするテクニックを通じて測定されたりした。他の者は、同様に夢中になりながら、メディアの権力の源泉を発見しようとする試みにおいて、より自然な方法論を論争的に要求してきた。インタビュー、観察、日常生活のエスノグラフィといったものである。そして、また他の者は、バルトが、そしてまたこの章で私がそうしてきたように、精神分析的な方法を利用しながら、人々とその情念、そのメディアの選好を結びつける方法として、欲望の中に隠されたものと語りえぬものを探求してきた。これらはそれぞれに様々な仕方で、メディアがどのように作動し、そしてもちろん、メディアと共にある私たちがどのように作動しているのかを理解する試みであった。そのどれもが、意味を理解する試みだったのである。

しかし、バルトは、バルトであるにもかかわらず、違うことを示唆してもいる。享楽はマス・カルチャーの中にも存在する。エロティックなものは経験の条件であり、その正当化である。私たちは超越への希望、すなわち何かが私たちに触れることへの希望と欲望によって、そうでなければ凡庸で瑣末なテクストとパフォーマンスに惹きつけられるのである。そして私たちは、単に連想的であるだけのものを超えた何かを目にし、時にはそれを発見する。私たちは、かつて発見し、またそうしたいと願うような番組やサイトへ戻ってもいく。ソープオペラ、フットボールの試合、残虐な映画、映画スター、ミュージック・ビデオなどへの執着は、そのチャンスを最大化する方法である。だが、こうしたものの本質において、その試みは多くの場合、完全に自滅的な試みに終わる。得点なしの引き分けである。

もちろん、個人の価値判断を排除して、また、自分の趣味や何をもってエロティックとするか、真正とするか、リアルとするかといった個人の判断を押し付けることなく、こうした議論をすることは難しい。また、私たちの文化が、その精巧さのなかで、どのようにエロティックなものを具現化し、どのようにそれを公的な生活領域にある壁やスクリーンやページの上に書きたてるのかを考えることをやめるのも難しい。エロティックはいかにしてセクシーとなるのか、セクシーはいかにして獲得すべきすべてのように見えるのか。個人への関係においても、社会全体への関係においても、病理学的な断言を避けることは難しい。

実際にすべてがセックスに還元できるという見解は広く共有されている。精神分析学者自身の強迫はその語りのなかで、また自らの機械的な再生産のなかで、矮小化され、歪められている。私がここで主張したいのは別のことである。私はここで、安易な認識からは逃れていってしまうような、生のある部分を同定するために苦心してきた。それは、不十分であっても、日常生活における、そしてメディア消費のある部分としての、非理性の力に向き合うためである。撹乱というものを認識し、それに場所を与えることができればよいと思う。私は、精神の、メディアの、そして経験の隠された意味における無意識の領域を探ってきた。この章では、その窓を開ける以上のことはできない。しかしそれは、決して閉じられてはいけない窓なのである。

経験の諸次元

一九五〇、六〇年代当時、メディアの調査研究に従事していた人々によって立てられていた新しい問いは、「メディアがわれわれに何をするかを問う」ことではなく、「われわれがメディアに何をするかを問う」ことであった。この問いは、今日では古典的なものになってしまったが、ここで私が問おうとしているのも同じ問いである。だが今、この問いは別の仕方で定式化され直さなければならない。このセクションでは、メディアのテクストと、それらのテクストを配信していくテクノロジー、そうして届けられたテクストを観、聴き、またそれらと相互行為をしていく私たちの反応が、相互に作用しあう仕方についてより深く探究していきたいと思う。これらを相互に結びつけ、関係づけておくメカニズムとはいったいいかなるものなのか。媒介作用の社会的、文化的次元を、われわれはどのように理解しようとしており、それらの次元は私たちがメディアと接触していくまさにその場所で、どのように立ち現れてくるものなのか。われわれのメディア環境を構成している映像や音声と交差しているのは、私たちの経験のいかなる側面なのだろうか。

メディアの意味する作用と私たち自身が意味をかたちづくる活動は相互に絡まりあっており、そうしたなかで、私たちは完全に自由ではないし、完全に縛りつけられているわけでもない。私たちは、メディアが生産する諸々のテクストと、合理的ないし機能的に結びついているわけではない。そもそもそうした結びつきが過去にあったのかどうかはともかく、もはやそのように結びついてはいないのである。私たちが生きている空間、われわれの内的世界と外的世界の両方を含めたその空間には、私たちの人生の営みとメディアが私たちの意識や心に残していく刻印が複雑に組み合わされている。そこでは境界線があっても突き破られていくし、音声は元の音から作り変えられ、映像も新しく撮り直されていく。しかしこの変幻する空間で、意味は、たとえ一瞬であっても固定され、受容され、所有されていくのだ。そしてそこに情報の圧力が加えられ、ノイズが発生し、新たな情報の侵入を受けていくのである。私たちは、どこまでも選び続けなければならず、解読し続けなければならず、識別し続けなければならない。このとき私たちは、いったいメディアで何をしているのか。いかにそれをしているのか。いかにこの過程を統御しているのか。

メディアの研究は、視聴経験（viewing experience）についての社会心理学や社会学の探究と、視ることとの経験（experience of viewing）についての探究の両方を含んでいる。この両者は同じことではない。というのも、〔後者の観点からすると――訳者〕眼球や鼓膜、スクリーンやスピーカーといったインターフェイスの器官や装置を近傍に、しかしそれらを超えて生み出されていく諸空間についての探究がなされていかなければならないのだ。これらの空間はディスカーシヴなものである。まさにこの空間で、意味がかたちづくられ、拒絶もされていくのだ。そこでは、（新聞の「読者」ばかりでなく）テレビ視聴者やラジオのリスナーが、ある意味で能動的な存在だと想定されている。観ることや聴くこと、読むことは、あるレベルの関与やある種の選択を必要とさせ、何らかの帰結をオーディエンスの側にも生んでいくからだ。またそこでは、私たちがメディアに繊細な感覚をもって接していると されている（私たちはテレビの前でソファーに寝そべり、夜更けまで缶ビールを飲み散らかして片づけもしないのだが）。さらに、私たちがメディアと結びつき、ときにはメディアに要求したり依存したりしながら形成していく意味は、あらゆる他の意味と連続的なものである。それらは、社会的存在としてのわれわれが、世界のなかに在るという能力によって作り出していくものなのである。

このセクションでは、こうした意味形成と経験の問題について、いくつかの仕方で考えていくことにしたい。この探究は、私たちがメディアとの間で織りなすいくつかの異なる種類の関係性について考察していくことを含んでいる。またそれは、メディアとオーディエンスの双方を、ゲームのプレーヤーとして理解することを含んでいる。つまりこの両者は、それぞれ相手にむけて自らを表象し、何かを要求したり要求されたりし、互いに質問を出しあって行動のための文脈を共有し、その文脈のなかでは、程度の差や方法の違い、時間的なずれを含んでなのだが、双方がエージェントをなしていくのである。行動のためのこうした文脈は、ありふれたレトリックや模倣された詩学をともなっている。ここにおいて、メディアは日常生活と出会うのである。

7 ── 遊び

すでに示唆していたように、メディアの経験は何かしら重要かつ一般的な意味で仮定法的な経験である。世界の内にありながら、その一部ではないという経験。世界の一部でありながら、その内にはいないという経験。経験の枠組みを与えてくれる存在であると同時に、経験によってそれ自体変容していく存在としてメディアをみなすこと。日常生活へ別の音階や色彩を加えるというメディアの役割を見出すこと。つまりは、日常生活の平凡さと独特さへ向けて、さらには、経験の一般性とその経験の強度へ向けて。個人と集団の両方へ向けられるメディアの発生的で構造的な出来事はアイデンティティと文化の定義において決定的に重要である。文化、私たちの文化、私たちのメディア文化の多くの部分がこうした世界の仮定法的な性質（as-if-ness）を受け入れることで存立していることを理解する必要がある。

日常生活の中には、様々な境界や敷居をまたぐ継続的な動きが含まれている。公と私の境界、聖と俗の境界、表舞台と裏舞台の境界、現実的なものと幻想的なものの境界、内的現実と外的現実の境界、個人的なものと社会的なものの境界。これらのうちのいくつかはまったく不明瞭であり、裸の眼には不可視で無意味なものに映る。そうでないものは、より明確に印し付けられている。印し付けるのは、メディアに媒介された、あるいは媒介されていないイベントであり、それは日常生活を支える間柱となり、異なる種類の社会的行動、典型的には激烈な社会的行動の機会を提供する。もちろん、次のように論じることも可能である。すなわち、この後期近代あるいはポストモダンの世界においては、メディアそれ自身の帰結として、さらには高度に儀礼化された前近代あるいは近代化途上の社会が新たな社会的・文化的秩序に道を譲った結果として、現実というものが揺らぎながら均質化し、それに伴ってそうした境界もますます不明瞭になっている、と。しかしながら、弱まっていようといまいと、そうした境界と敷居が未だに存在していると論じることも可能であり、しかもそれらの境界は都市と郊外の人々の活動と生活のなかで、さらにはポピュラーカルチャー、サブカルチャー、ハイカルチャーのなかで、あるいは、日常の忌避と関与の儀礼のなかで、日々再創造されているのである。

社会科学と人文科学の分野では、多くの論者がこうした問題について語り、遊びの概念がそうした問題を考えていく上で重要な道筋となることを発見してきた。この章では、この遊びをメディアの経験を分析する道具として検討し、メディア研究が遊びという活動に注意を向ける必要があることを示したいと思う。というのも、遊びは、謹厳な合理性と進展してゆく適切な世界の脱魔術化のみに価値をおく啓蒙、あるいは啓蒙以降の言説においてほとんど無視されてきたものの、実のところ日常生活における中核的な活動だからである。もちろん、遊びが非合理的であるとか、近代における遊びの制度化である様々なゲームが非合理的な活動のためにあると言いたいわけではない。全く逆に、遊びは完全に合理的なのであって、その合理性の形が、日常的なもの、世俗的なものにおけるそれとは異なるだけなのである。いや、より正確に言えば、遊びはそれが日常生活と分離されているのと同じように、日常生活の一部なのである。遊びの時空へ入るということは、何かを後にして——ある特定の種類の秩序を後にして——敷居を越えることであり、独自の規則、独自の交渉と行為の言葉に定義されたそれまでとは異なる現実と合理性の世界へ足を踏み入れることである。私たちは世界を離れるために遊ぶ。だが、それは世界ではない。そして私たちは帰還することになる。

遊びとはひとつの空間であり、共有され、構造化された場への参加を通じて意味が構築されるような空間である。その参加の場は、儀礼的に画定された場であり、日常生活の平凡さから切り離されている。またそれは、参加者が現実世界を安全の内に離れることができる場であり、ルールに則った過剰のなかにおいて有意味な活動に関わることができる場であり、その意味で適度な安全と信頼を備えている。ヨハン・ホイジンガ（1970）が定義するように——

遊びは自発的な活動である。命令のための遊びはもはや遊びではない。（……）二つ目の特徴はこれに密接に関連しているのだが、遊びは「普通の」あるいは「現実の」生活ではないという点である。それはむしろ「現実の」生活を越え出て、それ独自の性向をもつ活動の一時的な領域へ入っていくことなのである。（……）その形式的特徴については、すべての論者が遊びにおける利害関心のなさを強調している。遊びは、「普通の」生活ではないがゆえに、必要や本能的欲求の直接的な満足といったことの外部にある。（……）遊びは空間的にも時間的にも「普通の」生活からは切り分けられている。これが遊びの三つ目の特徴である。つまり、その隔離性、限定性である。（……）遊びは秩序を作り出す（……）。すべての遊びにはルールがある。それは、遊びによって境界付けられた一時的な世界のなかで、何が「通用する」のかを決定するのである（Huizinga, 1970: 26-30 / 邦訳 29-37）。

ホイジンガにとって、遊びは字義通りにそして象徴的に区切られた空間である。遊びは、競技をその特殊な具体化とするような一般的カテゴリーである。遊びの概念は、競技というものを含み、それを越えて広がるのである。遊びは儀礼を伴っており、その儀礼は次章で見るように、パフォーマンスにリンクしている。遊びには、「完全な幻想」（Huizinga, 1970: 40）ではないのだが、不信の保留という側面がある。遊びはすぐれて仮定法の文化なのである。

メディアをこうした遊びの場として見通していくやり方は幾つもあり、テクストについても、それが喚起する反応についてもこうした見方を適用することができる。それはテレビゲームのいつまでも続く音だけではない。テレビを観ること、ネットを漂うこと、クロスワードをすること、クイズの答えを考えること、くじ引きをやってみること、これらすべてのうちに遊びが含まれているのである。メディアには、日常生活の容赦のない混乱から切り分けられた時間と空間にオーディエンスを引き込む力があり、実際にメディアはそうした自らの力に全面的に依拠している。私たちは、メディアの媒介プロセスに参加するときにはいつも、ある敷居をまたいでいる。新しい自由と新しいルール。新しい快楽。驚きと安心。馴れ親しんだものの領域における新しいものの挑戦。管理されたリスク。終わることのない電気的な繰り返しのなかでのゲーム。生活のなかでのそれとは違う、決して本当に負けることはないゲーム。

ロジェ・カイヨワ（1962）はホイジンガの議論を批判しつつ、それを発展させている。彼もまた、遊びを本質的に自由で時間と空間に限定された領域として捉え、不確実で、非生産的で、通常の規則を中断するごっこ遊びの世界として描いている。遊びは「現実生活に相対するものとして、第二の現実あるいは自由な非現実への特別な意識を伴う」（Caillois, 1962: 10）。そして彼は、アゴン（競争）とアレア（偶然）から始まる、遊びの四つの次元の分類へ向かうのである。

> アゴンとアレアは相反するいわば対称的な態度を表わしているが、しかしどちらも同じ掟にしたがっている。それは現実にはありえない純粋な平等性を遊戯者間に作り出すという掟である。実生活においては明確なものは何一つなく（……）、それゆえ、アゴンであれ、アレアであれ、遊びは現実生活の常態である混乱に代えて完璧な状況を作り出す試みである。（Caillois, 1962: 19／邦訳 54）

そして次にくるのが、イリンクス（身体的な種類の眩暈、憑依、陥落）とミミクリ（偽装と同一化、他者として振る舞うことの楽しみ）である。

一つの例外をのぞけば、ミミクリは遊びのすべての特徴を備えている。自由、約束、現実の中断、空間的・時間的な限定。ひとつだけここにないのは、強制的で明確な規則への不断の服従である。現実の偽装のための規則と第二の現実の代用の規則。ミミクリとは絶え間ない創作である。この遊びの規則はただ一つである。つまり、見物人の呪縛を解くような間違いを犯すことなく、演技者が見る者を魅惑することである。見物人は道具立てや仮面や人為的な仕掛けにのっけから異議を申し立てるといったことをせずに、幻覚に委ねなければならない。現実以上に現実的なものとして、しばらくの間はそれらを信じなければならない（Caillois, 1958: 23 / 邦訳 60）。

ここには模倣的なパフォーマンスとしてのミミクリがあり、そして、遊び的なものと演劇的なもののつながりを見て取れる。劇こそまさにうってつけなのだ。

カイヨワはまた、自発性と即興性を強調する活動（paidia）と規則に強く規制される活動（ludus）を区別して、そこに遊びから（文明的な）競技に至るまでの連続を見ている。パイディア（paidia）はその名が示唆するように、子供の遊びや即興的なゲームと関連している。ルドゥス（ludus）は、「遊びにおいて最も際立っているように見える文化的な創造力と豊饒性を示す。ルドゥスはアゴン、アレア、ミミクリ、イリンクスほど明確な心理学的態度を表現するものではない。しかし、ルドゥスはパイディアに規律を与えることで、遊びの基本的なカテゴリーに純粋性と卓越性を与えるのである」（Caillois, 1962: 33 / 邦訳 77）。

こうしたアプローチは社会学的であると同時に規範的なものである。発生の人類学と遊びの歴史のなかで、カイヨワはミミクリとイリンクスの結合への彼独自の怖れを表明している。それは驚くべきことではなく、カイヨワは世界大戦とファシストの暴威の後で、公的な空間においてそうした結合が生じることの危険性とそれが近代社会において生き返るさまを見ていたのである。だが彼は賛意とともに、その建設的な分離について述べてもいる。カーニバルや移動式遊園地やサーカスにおけるそれである。今日の電子メディアについてもそのもう一つの形として考えられるだろう。

ポピュラーカルチャーはそれゆえいつも遊びを含んだ文化である。それは、国家、宗教、共同体からの厳しく抑圧的な規制をしばしば受けるが、それを逆手に取りもする。カーニバルに乱交パーティにどんちゃん騒ぎといったものだ。無秩序の主は支配的なものの裂け目に勢力を拡げ、抑圧されたものとルーティーン化されたものに、遊び、誇示することの束の間のライセンスを与えるのである。経験の敷居によって物理的に象徴的に印付けられたそのような時空間で、個人と集団は日常を中断し、快楽を得、超越的な仕方で、そうでなければ関わらなかったであろう世界におけるカテゴリーや概念と遊ぶのである。このテーマには11章でもう一度立ち返ろう。

そうした遊びは離脱であり、しかしまた結合でもあった。しばらくの間ではあるが日常生活は置き去りにされる。だがそれは心に銘記されたままであり、しかし一方でそれは、社会的軋轢と社会的抵抗の逆転のゲームのなかで変容させられていくのである。この変移こそが決定的に重要である。そこで生成された意味はその経験よりも長く生き延びる。暦はそうした出来事の規則性によって印し付けられる。それはいつでも脅威である。群集、暴徒、異端者、大衆。しかし、ピーター・バーク（1978）が見事に示したように、ポピュラーカルチャーとハイカルチャーの関係は決してそれほど明確ではなかった。エリートもまた、仮面の下でまた道化を通じて、彼ら自身の瞬間を持っていたのだ。それはそのままで上流社会とハイカルチャーに承認されたものだったが、それは他の承認の根拠を必要としていなかった。そしてまさに、この二つの社会的区分は何らかの仕方で互いに他から学び、互いに与えつつ、互いに依拠していたのである。

現代のメディアの世界にも同じような遊びの性質を見て取ることができる。最近では遊びと真面目の境界はより透過的、より不明瞭になっているが、それでもそこには同じように印付けられた楽しみのための空間がある。遊びは今なお私たちとともにある。そして私たちはメディアと遊び、メディアを通じて遊ぶ。フットボールの闘争的な代表選考試合、あるいはデートゲームの作られたロマンスといったテレビで放送される出来事。私たちが多かれ少なかれ何かしらの快楽を感じながらそれらを視聴し、それらに関与しているとき、私たちはメディアと遊び、メディアの周囲で遊んでいるのである。私たちはソープオペラの繰り返しの物語のなかに自分たちの社会のリプレイを見ている。私たちはネットの上でも遊ぶ。ゲームをダウンロードし、電子空間における敵味方のキャラクターとしての姿以外は知ることのない他のプレイヤーとロール・プレイングをする。仮想の地下牢における遊びの主人と女主人。下品で煽動的なものに対しても私たちは快楽を感じる。すなわち、皮肉の巧みさやタブロイド新聞に対して。ニュースの部分にではないし、新聞としてのそれに対してではない。もちろんそうではない。しかし、楽しいのだ。そして私たちは踊る。すくなくとも私たちの何人かは、恍惚とさせる儀礼のドラム・アンド・ベースに踊るのだ。クラビング、プレイング、もちろんパフォーミングもそうだ。

それらは控え目で限定的なものに見えるかもしれないが、そうした瞬間と遊びの領域はそうでなければ脱魔術化した私たちの生を少しだけ再魔術化することを承認し、許容するのである。こうした瞬間をどのように価値付け、その価値と帰結をどのように評価すべきかについてはまだ議論が必要であり、それについては後に論じることになるだろう。しかし、こうした再魔術化が存在しないふりをしたり、それが何の価値をも持たないと考えたり、遊びが建設的でミミクリが教育的でありうることを否定したり、ゲームがプレイヤーと観客の両方にとってカタルシスになりうることを否定したりするのは、私には社会生活のひとつの本質的な次元の見落としであるように思われる。

メディアの経験にとって、遊びは中心的である。あるいは中心的であるように見える。その根源はジャンルと番組の細目にも視聴の活動にも見つけることができる。遊びはレトリックがそうであったように、相互的な参加のプロセスを含むのである。プレイヤーと、少しの移動でプレイヤーにもなるオーディエンスは、メディアが主張し構築する言説へ一緒に巻き込まれ、それは私たちの日常生活を中断し、貫いてくる。

しかしながら、特にカイヨワがそうしていたように、遊びとゲームの中にある「自制的な自由」「安全な創造性」「能動的な受動性」「自発的な依存」といったものの区別を示しておくことは重要である。遊びの社会学、遊びの人類学、あるいはメディアの媒介作用の内に見出されるものに、単純なものはひとつもないのである。実際にさらに掘り下げていけば、私たちはより複雑な心理力学的な現実につきあたるのであり、それは活動としての遊びを、個人のアイデンティティ形成とプロセスとしての文化、そして達成としての文化の力学へ関係付けている。

遊びと現実の関係についての彼の議論において、D・W・ウィニコットはその不安定さを理解していた。

> 遊びは無限に感動的である。それは本能が含まれていないために感動的なのである。このことは理解しておかねばならない。遊ぶことに関しては常に、個人に特有な心的現実と実在する対象とを統制する体験との相互作用の不確かさがある。それはまた魔術自体の不確かさでもある。つまり、親密さの中で起こる、信頼しうるとわかっている関係の中で起こる、魔術の不確かさなのである。（Winnicott, 1974: 55 / 邦訳 66）

ウィニコットは遊びを彼の子どもの心理学の中心に位置付けている。彼のアプローチは言語発達前の子どもとその対象関係の分析に基づいている。それは主として、また最初のうちは母親との関係であり、その後、空想の場、幻想と幻滅のネゴシエーションの場となる移行対象との分離と個性化のプロセスへ移っていく。ここでも遊びは文字通りに、さらには象徴的にある空間を占めており、そこにおいて、子どもたちは対象の操作と空想の構築を通じて、信頼の下に世界を探索していくのである。遊びにおいて、そして信頼と安全を与えてくれる環境において、さらには遊びが刺激されまた抑制される環境において、子どもたちは文化における自らの場所を楽しみながら作り出していくのである。ウィニコットによれば、これこそが、対象の操作において子どもたちがやっていることである。遊ぶことは存在することであり、遊ぶことは行為することなのである。そこでは外的な現実がテストされている。そして、そうしたテストを通じて、また遊びが要求する幻覚に近い何かを通じて、内的現実が徐々に定義されていく。そうしたテスト、遊びを通じて子どもたちは象徴的な世界、意味の世界、安全の世界を作り上げる。つまりは、私的でありながら公的でもある文化である。

したがって、ウィニコットのいう遊びとは子どもたちが自己と他者の境界、内部と外部の境界を創造的な仕方で探索し始めるときの活動なのである。

遊ぶことという観念に到達するためには、小さな子どもの遊びを特徴付ける、夢中のことを考えるのが良い。遊びの内容は重要ではない。重要なのは、大人やより年長の子どもの集中に似た、引きこもりに近い状態なのである。遊んでいる子どもは容易には立ち去れない領域、容易には侵入を認められない領域に住んでいるのである。(……)この遊ぶことの領域は内的な心的現実ではない。

それは個人の外側にあるが、しかし、外的世界でもない。（WInnicott, 1974: 60 / 邦訳 72）

ここでは、カイヨワが人類学的に同定した緊張がその心理力学的な基盤において明らかにされている。遊びは子どもを大人にし、大人を子どもにする。遊びは空想と現実、現実的なものと想像的なもの、自己と他者などの折り重なった境界を探索することを可能にするのである。遊びにおいて私たちは自分自身と自分の社会を探索するライセンスを与えられる。遊びにおいて私たちは文化を吟味し、また文化を創造する。境界が常に保持されるとは限らず、また私たちが要求する信頼が常に与えられるわけではないから、そこには安全だけではなく危険もある。私たちは行動し、また演じる。私たちは間違いを犯す。私たちはサインを読み違える。そして、ときにそれは悲劇的にそうなのである。

しかしそこには喜びもある。うまくやれたゲーム、よくできた動き、よく活かされたチャンス、うまく逃れた危険、うまくいった挑戦、当たった推測、実現した夢といったものの喜びである。そこには参加の喜びがある。共同と競争における参加。観察による参加、同一化による参加、昇華における参加、退行における参加。遊ぶことと遊びの特質への参加。

電子メディアとその支配によって定義される時代については次のように言われてきた。つまり、それまでは神聖なものであった境界が侵犯されていると。子どもと大人、女性と男性の社会的境界、現実と空想、真面目なこととさほど真面目ではないことの象徴的な境界の侵犯である。ポストモダンの文化はまさにそうした侵犯とそれへの無関心によって定義される。建築において、文学において、だがとりわけ電子メディアのハイブリッドな形態において、世界はパロディとパスティッシュを通じてその反映においてのみリアルになる。だが、世界を映す鏡は遊園地の鏡である。それは、歪めるためだけに映すのだ。ジェームズ・スターリングがシュトゥットガルト国立美術館の舗道にかかる一区画を大理石のまま残しておくとき。デビッド・リンチやクエンティン・タランティーノがねじれた、終わりなく参照しつづける物語を作り上げるとき。マドンナがマドンナであるとき、ときにはそうではないとき。MTVにおいて、あるいはライブ中継において。これらすべての場で、そしてまた他の場所でメディアは遊んでいる。メディアは互いに遊び、また私たちと遊ぶ。そして今度は、私たちがメディアと遊ぶのである。この遊びにおける真面目さの欠如は真剣なものである。そしてその真剣さが警戒心を和らげる。だが、その警戒心の除去は皮肉なものであり、その皮肉は抑圧的であり、また解放的である。

ここには問われるべき大きな問いがある。その問いは、文化としてのメディア、そして個性と自由を可能にし、制限するものとしてのメディアの役割についてより深い理解を要求する。私たちは参加について語っているのだろうか、それとも逃避について語っているのだろうか。私たちは勝つためにプレイするのだろうか、それとも後期資本主義の社会において、私たちは負けるべく生まれてきたのだろうか。ゲームにはどのような価値があるのだろうか。勝利者にはどのような褒美が与えられるのだろうか。

もし、文化産業への第一級の批評家の声に耳を傾けるならば、答えは明白である。大衆文化のゲームからもたらされる快楽は私たちの批判的な判断力を奪うのである。「浮かれているということは現状を承認していることだ。（……）楽しみに耽るということはいずれにせよ何も考えず、苦しみがあってもそれは忘れようということを意味する。無力さがその基礎にある。しかしそれが主張するような悪しき現実からの逃避なのではなく、残されていた最後の抵抗への思想からの逃避なのである」（Horkheimer and Adorno, 1972: 144 / 邦訳 221）。

しかし、おそらくゲームは時に快楽以上の（以下の）ものを差し出すだろう。遊びは多分現実のリハーサルになりうる。それは一つの実践である。日常のフライトシミュレーターというわけだ。またそれは、破壊的なこともあるだろう。パロディは暴露し、だいなしにし、侵食するのである。しかし、それはいつも機能するわけではない。実のところ、遊びと快楽は別物なのである。私たちはときにはよくないゲームをプレイし、同じくらい頻繁に下手くそに遊んでしまう。しかしここには重要な何かがある。そして、ホルクハイマーとアドルノが文化産業の操作的な意図の焦点として偶然というものを取り上げているところにもうかがえるように、重要な何かがある。偶然に価値を置くこと、偶然を成功の主要な原則とみなすことは、努力と責任なしに成果が得られるということを示唆する。この点において、くじ引きは資本主義の最高の比喩である。究極のゲーム、パワー・プレイ。

こうした見解は魅力的ではあるが、おそらく一面的であり、矛盾や曖昧さといったものに対してあまりに不寛容であろう。とにかくそれは、大衆文化への批判によく見られるエリート主義的な禁欲におおわれている。私のゲームは問題ない、社会を破滅させるのは君たちのゲームなのだ、という議論である。

私は遊びそしてゲームというものをまだ保持しておきたい。その価値についての評価は先延ばしにするとしても、文化と社会における遊びの場所というものをここではまだ主張していたい。私は、遊びのルールと遊びの中での役割を通じて、人々がアイデンティティを構築しながら、個性を主張でき、実際に主張していくその仕方についてまだ考えたいのである。私たちは今や、そのある部分、あるいはその多くをメディアが作り出すゲームのプレイヤーである。それは気を散らせ、しかしまた焦点を与える。それは境界を揺るがし、また境界を維持する。というのも、おそらく子どもでもいつが遊びで、いつが遊びでないかを知っているのだから。日常における平凡な空間と高揚した空間の敷居は越えられるべきものとしてそこにあり、それはラジオやテレビのスイッチを入れるたびに、WWWにログオンするたびに越えられているのである。遊ぶことは逃避であり、また参加である。それは画面上の守られた空間を占有し、それを取り囲み、遠くへ移り行く。メディア空間へ他の目的、たとえば仕事のためや、情報を求めて入っていくことは可能だし、またメディアは説得や教育のためにも存在しているのではあるが、それでもメディアは人々がそれを通じて、またそこにおいて遊ぶ主要な場である。そしてその遊びは、メディアが世界の視聴者へ提供する安全と刺激のなかでなされるのである。仮定法的に、そして自由に快楽を求めて。

そして、そうした遊びは現実の内的世界と外的世界を架橋するだけでなく、オフラインの世界とオンラインの世界と現実とを架橋する。この章を終えるにあたって、私の同僚ソニア・リビングストーンが語ってくれた話を紹介しておこう。彼女が最近行なったメディアと思春期の子どもに関する調査からのものである。

二人の八歳になる男の子は大好きなマルチメディアのアドベンチャー・ゲームを家族のコンピュータでやっていた。彼らが、同じゲームを見知らぬ誰かとできるインターネットのサイトを見つけたとき、それは家庭のなかで大きな興奮をよんだ。子供たちは自分のペルソナを選択し、協力したり競争したりしながらゲームの異なる戦略を試し、同時に他の参加者とオンラインで「会話」（すなわち、筆談）するのだった。しかし、費用の問題でインターネットへのアクセスが制限されると、ゲームは「リアルの世界」に落ちてきた。つまり、少年たちは妹たちも引き連れて、ゲームのキャラクターに扮し、戦闘服にドレスアップし、家のいたるところで「ゲーム」を始めたのである。階段を下りることが地獄、火山、迷宮への道になり、階段を上ればそこは町といった具合に、遊びの過程でゲームを「発展」させながらである。この新しいゲームは「インターネットごっこ」という、見ている大人たちを混乱させる名で呼ばれるようになった。

8――パフォーマンス

一九五八年、アグネスという名で知られる女性が、カリフォルニア大学ロサンゼルス校の精神医学部に現れた。彼女は、精神医のロバート・ストラーと社会学者のハロルド・ガーフィンケルに面会した。男性として生まれた彼女は、女性への生理学的な性転換の手術を受けようとしていた。すでに彼女は、外見上はどこから見ても女性になっていたし、より完璧に、すべてにおいて女性になりたいと本気で熱望していた。彼女の事例は詳細に報告されたが、なかでも最も綿密に検討したのがガーフィンケルだった。彼はこの事例のなかに、社会生活が現在進行形でものごとが遂行されていくことから成り立っているその仕方を解明していく方途を見出したのだ。ガーフィンケルは、この例外的な事例の分析を用いることで、アグネスのような人物が、自分がそのようには社会化されていない役割、もしもそれを演じることに失敗すると、仮面が剥がされて破滅的なことになりかねない役割を、いかにして日々、あるいは時間ごとに基礎づけながら習得し、領有し、操作してきたのかを示すことができたのである。彼女がいつも取り組んでこなければならなかったのは、たとえば次のようなことがらを確かなものにし、保証を与えていく作業であった。

一人前の女性の有する権利や義務を、自らの手で守り保証するという課題を示す。彼女はそうした課題を、さまざまな技術や能力の修得やその使用、それに女らしい外見や振舞いを効率的に相手に示したり、適切な感情や目的をうまく動員することで達成した。正常人のケースと同様に、そのような状況操作の作業に対するテストは、他の正常な男性や女性の視線にさらされながら、その眼前でなされたのである。（Garfinkel, 1967: 134 / 邦訳 244）

この活動は、ガーフィンケルが「通過作業（passing）」と呼んだものである。パッシングは、ゲーム的な要素を含んではいるものの、ゲームでやりとりするという以上のことである。それがゲームと異なる最も重要な点は、ゲームの空間を定義するような境界（それがためにゲームのプレイヤーは、必要ならばゲームの場から離れることができる）が、パッシングでは存在しないことである。アグネスのパフォーマンスは、いやがおうでも持続的で、発達していくものでなければならなかった。それはまた、まさしく生活上のことがらでもあった。彼女が演じていくリアリティは、男性の愛人との間でも、彼女自身にとっても、さらに社会全体との関係においても調整されていかなければならなかった。社会のリアリティは、どれほど自明化されていても、日々の細かな一つ一つ細部に支えられることで維持されているのである。アグネスは、ごく当たりまえの個人、どこにでもいるようなごく普通の女になることを欲していた。このことはしかし、ガーフィンケルが論じるように、印象操作をうまくするだけで話がすむようなことではなかった。彼の考えでは、アグネスは彼女を彼女に作り上げていく実践的な作業を通じ、他に選択の余地がない仕方で、実質的な意味での社会学者となり、社会生活は実際のところ徹頭徹尾、遂行的なことがらなのだということを、深く、個人の経験として理解したのである。ガーフィンケルによれば、「われわれは、性別をもった人間を、成員が生み出す文化的出来事として扱っていたアグネスから次のことを学んだ。すなわち、成員の実践それのみが、人々の〈観察することができ、互いに話すことのできる〉正常なセクシュアリティーを作り出すのである。そして、現実の個々の特定の機会ただそこにおいてのみ、あたりまえの話や行動の現実に目に見える呈示を通して、そうした正常なセクシュアリティーは生み出されているのである」（Garfinkel, 1967／邦訳 293）。それでは、このアグネスのような「事例」から、われわれの方は何を学んでいくことができるのだろうか。それは、社会生活や経験におけるメディアの役割を考察していく上で、いったいどんなことを示唆しているのであろうか。

アグネスの事例は、社会的なものやそのなかでの私たちが存在している場所、あるいはそこで私たちが請け負っていることがらについての特有の見解を差し出している。この観点からすると、社会はある種のモノであるかのように見なされる。しかしまた、社会生活は単に客体的な環境の戯れ、構造的ないし歴史的な諸条件や条件づけに依存して営まれているのではなく、複雑で微妙な仕方でわれわれ自身の能動的な参加を必要としている。さらにまた、この観点からすると、社会はわれわれなしに形作られることがない。つまり分刻みの、まさにその瞬間ごとの相互行為を通して社会的なものの形成と再生産が可能になり、また演じられていくことによって、私たちは、日々の暮らしの繰り返しのなかで私たち自身や私たちの同時代人が持っている一定の正常さや日常性や安全さの感覚、アイデンティティを認識し、主張していくことができるのである。

社会学や人類学において、このような捉え方は強力な脈絡をなしてきた。たしかにこうした捉え方は、それが歴史(世界は変動すること)、権力(私たちが意味を形作るのはしばしば私たちが制御できないような状況のなかにおいてであること)、相容れない差異(社会生活は、調整や理解の共有といった以上のことがらであり、決定的な意味で抗争に満ちていること)などの諸々の作用を認識できていないというまさにその点で、しばしば正当にも批判されてきた。だが、それにもかかわらず、この種のアプローチは、パフォーマティヴなものに、つまり社会が作品となり、制作物が社会的なものになる方法に注意を促すことによって社会生活のダイナミクスを注意深く焦点化することを可能にするのである。

こうした方向からの著述のなかでも、アーヴィング・ゴッフマンの仕事は卓越したものである。ゴッフマンによれば、社会生活は印象操作の積み重ねから成り立っているものと見なされる。われわれの世界は、可視的な外見の世界である。私たちは、外見こそがリアリティとなるような自己呈示的な文化を生きている。さまざまな個人や集団は、舞台としてセットされた世界にむけて彼らの外面を呈示し、多かれ少なかれ確信をもってそのパフォーマンスを演じていく。表舞台で私たちのしていることは、他者に見せるためにしていることなのだ。私たちは、相手に特定の印象を与え、自分たちの意味やアイデンティティの感覚を定義し、維持しようとしている。しかし反面で、この表舞台は舞台裏に依存しており、私たちはそこで自分たちが想定している観客の目から離れ、外面を整えたり、せりふや演技についての準備をしたりすることができるのである。

社会的なものについてのこの種の洞察は、いくつもの帰結と困難を呼び起こす。こうした考え方からするなら、あらゆる呈示は、ある程度までは誤表象（misrepresentation）であるということになり、真実と虚偽の間には何ら存在論的な差異がないことになってしまう。その一方で、この考え方は、そうでなければ単に礼儀正しさの粉飾にすぎないと見なされたかもしれぬふるまいを物象化し、容易に表面的なものにすぎないと見られたであろうことに実体を与えてしまう。それはさらに、道義的な価値判断から撤退してしまう。そして、単にわれわれの社会のみならず、あらゆる社会が上演された出来事の産物なのだと主張していくのである。

このような困難にもかかわらず、この種のパフォーマティヴな視座には実に多くの特筆すべき利点や価値ある認識が含まれている。それはまず、あらゆる社会的行為がコミュニケーションにほかならないことを示している。第二に、パフォーマンスがほとんど常に理想化の契機を含んでいることを明らかにする。第三に、日常生活のなかのパフォーマンスが成功したかどうかの判断は、舞台やスクリーンのような仕切られた空間で演じられる場合と同じく、観客がそれをどう受け入れ、いかなる判断を下したかに依存している。そして最後は、ゴッフマン自身が示したものではなく、彼の議論を批判的に受けとめながら提起された点なのだが、このパフォーマンスを通じ、近代性が導入されていく。つまり近代は、人々の私生活がより公共的な仕方で立ち現れてくること、そしてそのようなパフォーマティヴな行動が強力なものになっていくことを可能にし、またそれを促してきた。そうしたパフォーマンスは社会的なものと個人的なものを同時に作り出す。それはまた、人々が他者の前で自己を演じるだけではなく、自分の前で自分を立ち現せることも可能にしている。したがってこのパフォーマンスは、本質的に再帰的な行為である。

近代は、公的な儀式の個人的な領有をもたらした。実際、この観点からするならば、私がここで示唆していくように、メディアは決定的な役割を果たしてきた。近代はまた、私たち自身が異なる舞台装置の異なる観客にむけてデザインされた、一定の幅をもったアイデンティティを構築していくことを可能にしてきた。さらに近代は、そのようなアイデンティティの根本的な次元ですら、ジェンダーについて考えても、パフォーマティヴなものとして見なせると論じることを可能にしてきた。たとえばジュディス・バトラーは、「すること」としてのジェンダーについて次のようにいう。

換言すれば、行為や身ぶりや欲望によって内なる核とか実体という結果が生みだされるが、生みだされる場所は、身体の表面のうえであり、しかもそれがなされるのは、アイデンティティを原因とみなす組織化原理を暗示しつつも顕在化させない意味作用の非在の戯れをつうじてである。一般的に解釈すれば、そのような行為や身ぶりや演技は、それらが表出しているはずの本質やアイデンティティが、じつは身体的記号といった言説手段によって捏造され保持されている偽造物にすぎないという意味で、パフォーマティヴなものである。ジェンダー化された身体がパフォーマティヴだということは、身体が、身体の現実をつくりだしている多様な行為と無関係な存在論的な位置をもつものではないということである。(Butler, 1990 : 136 / 邦訳 239-240 強調原文)

これらのパフォーマンスは単なるゲームではない。バトラーは、アグネスの事例については知らなかったようだが、彼女がここで論じるパフォーマティヴな身体は断固として真剣なものである。われわれの生とアイデンティティのすべてがそれらに依存している。それらは演じられることで現実的になり、現実の実体をなすのである。このような観点からするならば、社会的なものとは意味の網目であり、この網目は、それを織り成す意味が共通のものとして保持される限りにおいて、つまり繰り返され、共有され、コミュニケートされ、それにもちろん押しつけられる限りにおいて維持されているのである。経験は、これらの意味の網目を通して、つまり日常のテクストや言説を通して構築される。経験はまた逆に、私たちの参与に依存しており、パフォーマティヴなことやパフォーマンスによって強化されたりされなかったりする。

ところで、私がこれまで本論で用いてきた「達成」「呈示」「パフォーマンス」「パフォーマティヴ」といった用語は、それぞれに強調点の違いはあるものの、すべてが同じ論点に向けられている。この中心的な論点が何かということは、これまでのところはまだ明瞭ではないかもしれない。しかし、これらはともに社会生活について、行為や意味、象徴的なものの力といったことに強調点を置いた仕方で考える方法を提供しているのだ。このような方法で社会的なものについて考えることは、メディアやそれが意味するところを考えるためにも重要な方途を提供してくれる。

したがって、日常生活におけるメディアの役割についての説明は、私たちの生きている世界、部分的には私たちが構築し、私たちの経験やその経験についての私たちの理解、そうした経験を表象（あるいは誤表象）しようとする私たちの試みに基礎づけられている世界が、ある強力でパフォーマティヴな意味ですでに媒介されていることを認識することによってこそ可能となるのである。この観点からするならば、行為はそれ自体、ある種の媒介作用である。ここにはすでに、現実なるものを問題化する視点や、物質的なものと象徴的なものとの区分を――消し去るわけではないが――問題化する視点が含まれている。それはまた、経験は行動以上のことであり、ある瞬間のパッシングという以上のことであるという認識を含んでいる。さらに私たちは、パフォーマンスが（常に）歴史的に状況づけられ、かつ（時として）歴史的に意味づけられていることを認識する。私たちのしていることがら、演じている役割、参加しているゲーム、そして私たちの営んでいる人生が、私たちのコントロールが制限された仕方でしか及ばないような社会的状況の意味や利害、影響に、決定はされないまでも依存しながら、最も広い意味での文化の複雑さのなかから生産されてきたものであることを理解するのである。

したがって、社会生活を上演されてきたものと見なすこと、そのようなパフォーマンスが持続的で、すべてではないにしろほとんどの場合、自明化された営みになっていると考えることは、社会的なもののさらにもうひとつの仮定法的な次元を承認することでもあるのである。実際、このような営みなしには、日々の生活のなかで共有され、作動している象徴的現実は粉々に砕け散ってしまう。バスの車内や銀行の窓口、あるいは酒場などで上演される日々の自明化された儀礼から、現実の、あるいは仮想的な空間での高位の者や権力者の並外れた公的儀礼までが、こうしたパフォーマンスの次元として、すべらかに移行可能な、おそらくますます切れ目すらないものになっている。私たちは一方で、日ごろからいつもパフォーマンスをしているので、いわば直感的にこうした次元に気づいている。私たちは他方で、いつもメディアが伝えるパフォーマンスに接しているので、いわば無邪気にこれに気づいてもいる。また、私的な空間と公的な空間の境界も、媒介された現実と経験された現実の区別もわかっている。こうした境界は、結びつけるよりも切り離すものであり、架橋するよりも遮断するものなのだ。さらに私が示唆したいのは、私たちがますます楽々と、さまざまなレベルのパフォーマンスの境界を越えて、そしてもちろん演者と観客の境界線を越えて動いていることである。

一方には、コール・ポーター〔一九三〇年代から五〇年代にかけて活躍した米国のポピュラー音楽作曲家、フランク・シナトラの歌などをはじめ、多くの楽曲、ミュージカルを手がけた。一九六四年没〕の歌を風呂のなかで歌い、ベッドルームでタンゴをひとりで踊るといったまったく私的なパフォーマンスがある。他方には、ファッションや投票行動、あるいはウェールズの皇太子妃ダイアナの葬儀のような公的イベントに参加することによって共通のアイデンティティを表現するといったパフォーマンスがある。メディアはこうした活動の両面にわたって必要な資源、つまり上演の道具立てとファンタジーを提供している。それは実物によるレッスンであり、パフォーマンスに適した場面を提供しているのだ。世界は毎日のように私たちのメディアで上演される。そして私たちは、オーディエンスとしてそうしたメディアのパフォーマンスに寄り添い、またプレイヤーとして、あるいは参加者として、メディアのパフォーマンスを模倣したり、領有したり、その真実と虚偽について反省を加えたりもしているのである。もしも私たちがメディアを理解することに努力しているのなら、このことについて、つまりメディアのパフォーマティヴな次元について洞察していく必要がある。すなわちそれは、あらゆるものが外面化されていくような文化を促進し、強化する。私たちは、このパフォーマンスの次元を日常生活のなかで領有している。そしてこの次元は、スクリーンや画面、話し手を通して維持されているのである。

そこで次に、ダイアナの葬儀がテレビにどう媒介されていったかを考えてみよう。そして、もしもお望みとあれば、以下のようなことについて考えてみたい。

私はロンドンの中心部に住んでいる。葬儀の日の朝、私は葬列がハイドパークを通って進み始めたあたりからテレビを観始めた。まもなく葬列は、私がよく知っている通りを通っていった。私にとってたぶん最も印象的だったのは、予想通りの沈黙の群衆でもなければ、地面を打ち鳴らしていく馬の蹄や衛兵たちの足音でもなく、毎分ごとにリズミカルに鳴らされる大修道院の鐘の音だった。

それは、朝の儀式のための一種のパッサカリア〔古いイタリアやスペインの三拍子の舞曲〕のようなものであった。だいたい一〇時一五分頃だったろうか、葬列がホワイトホールに近づいたとき、ジェニファーと私は大修道院に向けて歩き始めることにした。実際に、何かを見ようとしていたのではない。ましてや「彼女」を実際に見ようと期待していたわけではなかった。むしろ私たちは、その場の雰囲気を、人々の沈黙を、街のなかの空虚を、それらすべての奇妙さを理解したいと思っていた。そしてもちろん、おそらく他の人々に比べればより自覚的にではあるが、そのような場の雰囲気に何らかの仕方で参加し、それを共有し、自分のものとして語り、またその断片を自分のものにしていきたいと思っていた。

私たちは、テレビをつけたままにして出かけた。家族の残りの者たちが、部屋から出てき始めていた。私たちは階段を下りて玄関から日光が降り注ぐなかへ出ていったが、大修道院の鐘の音は、その間もずっと鳴り続けているのが聞こえていた。家の門のところでもその音は聞こえ続けたのだが、いまやもうテレビから聞こえてくる音ではなかった。その音は、大修道院そのものから聞こえてきていたのである。それは、現実の音だった。しかしそれは、同じ鐘の、まったく同じ音だった。同じであるにもかかわらず、いま聞こえているのが現実の音だった。私たちは、ある単純ではあるが不思議な方法で、メディア空間に穴を穿っていたのだった。そしてその穴を通り、私たちは媒介された反映性の世界、表象の世界から経験の世界へと移動していた。まさにその瞬間、私たちはまったく境目のないような仕方で、葬儀の前や最中の特別な何日かの間、メディアの表象が演じられる安全で曖昧さのない家の中から外に出て、ロンドンの街中へと巡礼に出かけていった膨大な数の人々の行動を模倣していたのである。

私がここで省察したいのは、まさにこの通過、メディア空間からの脱出、あるいはそうしたメディア空間の領有についてである。私はとりわけこの点に、この章で論じてきたような観点から、つまりパフォーマンスという観点から光を当てていきたい。すなわち、ここでの問いはこうである。ウェールズの皇太子妃ダイアナの死に際し、世界のメディアはなぜ、どのようにして痙攣状態に陥ったのか。とてつもない数のごく普通の人々が（そしてもちろん、私もそのなかの一人だったわけだが）、テレビの前の肘掛け椅子から立ち上がって、リビングルームを離れることにし、電車に乗って都心に向かい、公共の空間を、そして実際のところ公共の時間までを埋め尽くしていった。というのも、葬儀の日は公共の休日と宣言されたわけではなかったのに、実際にはそのようなものになっていった。そして葬儀そのものも、誰に聞いても、路上に出て、彼女の傍らで時を過ごしたいと願い、またそうする必要もあった人々の心情の発露として創出されていた。

ダイアナの葬儀の際に人々がとった行動については、すでにいくつもの説明が示されてきた。それらの説明のキーワードは、大衆ヒステリーであり、宗教的熱情であり、メディアの操作であった。これらの説明は、いずれも私たちの（しばしばジェンダー化された）影響されやすさという次元を特に強調している。観察された行動（マックス・ウェーバーには気の毒だが、ここで捉えられているのは動機づけられた行為というより行動である）は、精神分析的、宗教的、あるいは社会学的に定義され、そうした説明の枠組みからすると、人々が感じたこと、信じたこと、行なったことについて自ら責任を持つ個人の能力には、ほとんど、あるいはまったく信用が与えられていない。もちろん、これとは正反対の立場に引きつけられていくこともあり、その場合は、同時代の文化の集合的な力からの私たちの自由がロマン主義的に理想化され、大衆社会のなかでの自分たちの立場を自ら定義し、決定する個人の能力が過大評価されることになる。これらの立場は、たしかにどちらも一定の真実を含んでいる。しかし、いずれも一方だけでは不十分なものでしかない。いまや問題とされねばならないのは、これらの反応や、それらが表明し生じさせる結びつきが、いかに一般的なものであるかではなく、むしろいかに特殊なものであるかという点である。

議論の余地が残るところではあるが、ダイアナの人生をおとぎ話に見立てた場合、それもアンデルセン的なものというよりもグリム的なおとぎ話に見立てた場合、分水嶺となった出来事は、一九九五年に行なわれたBBCの「パノラマ（Panorama）」でのインタビューであった。このテレビ番組のインタビューで、またこれに続くメディアの反応で、彼女の話の内容はさらに強調され、膨まされて電波に乗せられていったことにより、ダイアナは境界線を破り、やがて彼女の名において公共空間を占有していく人々と同様、王権についてのメディア表象の諸々の慣習的な取り決めに穴を穿っていったのである。

英国の王権をめぐるメディア表象のこうした慣習的なパターンは、かつてデヴィッド・チェイニー（1983）によって巧みに分析されたところである。すでにそこでは、パブリックとプライベートの間の、またシンボルとリアリティの間の増大しつつある緊張が姿を現しつつあった。王室をメディアの登場人物として構築し、二〇世紀における国民国家建設という英国の頼りない試みのなかで、王室が象徴的な中心となるようにしていくためには、一方では王室を近づきやすく、人間味のあるものにしながら、他方では彼らの特別の地位を守るという用心深い計略が必要であった。もちろん、ここにおいてハリウッドのスター・システムとの並行関係が指摘されてきたし、また両者には、ダイアナの葬儀に際してもエルトン・ジョンが贈った音楽的な墓碑銘〔葬儀での追悼歌「キャンドル・イン・ザ・ウィンド」のこと。一九九七年に世界的な大ヒットとなり、エルトン・ジョンは翌年、英国王室から長年の功績を認められてナイトに勲せられた〕が透き通った明瞭さで示したように、きわめて深い関係がある。そして、このような王室のメディア表象をめぐり、テレビは鍵となる役割を果たしてきたし、そうしたテレビと王室に緊密な結びつきは、すでに一九五三年のエリザベス女王戴冠式のときから始まっていたことも間違いない。だが、まさにチャールズ皇太子とダイアナの結婚あたりから、この両者を結ぶ歯車は大きく組み替わり、意図していたにしろしていなかったにしろ、宮廷はテレビとの間で共謀関係を結んでいくようになるのである。

ところが、パノラマでのインタビューは、新しい空間を生み出した。もちろん、この空間はまだなお本質的にはメディアに包み込まれていたのだが、それまでの王室をめぐるメディアの枠組みからすれば外側にいた。シンボルとリアリティのバランスは、ひょっとすると果てしなく変化してきたようだ。変化の原因は、ダイアナが宮廷を攻撃したからではない〔たしかに彼女の攻撃は、取るに足らないものでは到底なかったけれども)。しかし、このバランスの変化は、ダイアナが、彼女に許されていた以上の人間味を表出していったことによるものである。もちろん、彼女のふるまいのすべては最初からメディアに媒介されていた。その多くは、誰かの指導を受けていた。そしてたぶん、そのいくつかは不誠実であった。しかし、(「平民のプリンセス(People's Princess)」になることを達成しただけでなく)人々の「心のなかの女王(Queen of Hearts)」になろうとした彼女の願望は、その生命が断ち切られた後も、なおシンボルとしてダイアナが超越的な空間を占めることを可能にしていったのである。聖人伝が始まるのは、まさにこの地点である。このように述べてきたことが意味しているのは、境界を突破する可能性である。この可能性を、人々はひとつの教訓としてヴィヴィッドに学んだ。そして、膨大な数の人々が、それを彼ら自身の行動によって再生産していったのである。彼らはやがて、彼ら自身のメディアの境界線を壊し、しかしなおメディアに包み込まれ、ますますメディアに食いものにされながら、ロンドンの街路を占拠していった。

私たちは、メディアの時代には、シミュラークルの遍在から何ら逃げる道がないといわれてきた。私たちが接触するあらゆるものは、すでにメディアに媒介されており、メディアによって変換され、毒されてしまっている。リアリティとファンタジー、真実と虚偽、事実と虚構の境目を、私たちはもはや決定することができないし、そうした区別を何かに役立てていくこともできないというのである。これこそが実際、私たちが言われてきたことである。しかし、このような立場は、経験の意味をごくつまらないものに格下げしてしまう。つまりそれは、経験を空っぽにしてしまうのだ。それは、驚くほどに道徳的基準を持たないのである。たとえ、メディアに媒介された大衆的デモンストレーションの力（大衆的反乱からはほど遠いものであったが）を誇張するのが容易であり、また新聞が書きたてたように、これが君主制の終焉を示すシグナルで、実際、私たちの知る英国の生活の終わりでもあることを暗示しており、しかし共和国にはまだ手が届かないのだとしても、あれほど多くの人々の行動や感情をメディアの媒介作用によってもたらされた結果としてだけ扱うのは、とんでもない間違いである。

ダイアナの葬儀の間、あるいはその前から街に集まってきていた人々と一緒に歩くことは、多くの家族や世代、多様なエスニシティ、中産階級を多く含み、しばしば郊外生活者でイングランド在住といった特徴までを含め、ごく普通の人々（これは、ロマン化しているのではない）と一緒に歩くことであった。彼らは、単にメディアから送られてくるものを受け入れているのでは飽き足らず、積極的に、彼らなしでは意味がなくなってしまうような出来事に参加していた。そこにはもちろん観光気分もあったし、野次馬的な気分もあった（私自身、いくぶん観光客であり野次馬であった）。しかし、人々の間には、強力な求める気持ちと結びつきの感覚（set of claims and connection）があった。女たちはダイアナ自身に自分を同一化し、子どもたちは彼女の子のほうに自分を同一化させ、親たちは親として、恋人たちは恋人のほうに、夢見がちの人は彼女の切断された夢に自分を同一化させていった。そして、このような他者への同一化と結びつきが、集まってきた人々自身によって演じられていったのである。つまりそれらは、上演されたのだ。現実の時間のなかで、儀礼が創出されようとしていた。そのために公共空間が占拠された。そこには百合の花の匂いが充満していた。

こうしたことの反面で、これらのパフォーマンスのすべてはメディア自体によって領有され、またもちろん促進され、維持もされてきた。同時に、パフォーマンスはそれ自体、大衆による領有行為であり、それを通じて意味が共有され、共通の経験が鋳造され、それらが記憶されていた。実際、パフォーマンスは、過去にそうあったものであり、「いまやっていることとすでにされてしまったこと、過去と現在、存在と非在、意識と記憶の間を漂流」していた（Diamond, 1996: 5）。このようなパフォーマンスにおいて自己が演じられ、また他者が演じられていたのである。参加者たちは、出来事が自分のものであると主張し、メディアの掌中からものごとの意味を掴み返していった。こうしたパフォーマンスは、日々、テレビカメラやジャーナリストが目を行き届かせる圏内でも、またそれを越えても演じられており、そうしたなかで私たちは自分たちの刻印をものごとに残しているのである。

私たちのすべてが、ダイアナを上演した。われわれのなかの膨大な数、国民規模の、数えきれないほどの人々が、メディアとともに、あるいはメディアの外で、メディアに寄り添い、あるいはメディアに逆らい、ダイアナを演じていったのだ。そうしてダイアナのパフォーマンスは、公共空間を占拠し、私的空間を充填し、境界線をぼやけさせ、鏡に反射されていた。人々は個人的な経験を集合的な経験と統合し、彼女の生活の演じられたイメージを通してこの両者を蒸留させていった。再び、例外的なものがありきたりのものの輪郭を照らし出すのである。私たちには、集合的なものに参加する無限の能力がある。そうして共有され、果てしなく媒介された日常生活のドラマを通じ、集合的なものを創り出しているのである。このプロセスにおいて、またこれらのパフォーマンスを通じて、いつも直線的にではないし、明白な仕方ででもないが、メディアが意味を生んでいく。実際のところ、メディアに媒介された経験と、あたかも媒介されていないかのように思われる経験の間に境界線を引くことは不可能である。メディアを研究するためには、私たちはこのことに注意を払い、それがもたらす結果を解明していかなければならない。

しかし、おそらくこれが話のすべてではない。ダイアナの葬儀で出現したようなパフォーマティヴな集合的熱狂は、おそらく異なる仕方でも見ていくことができ、ここで述べたような表面の手触りに対抗する読みをしていくこともできる。何かほかのことが、この場所で起きていたのではないだろうか。何かおそらくもっと複雑なこと、ひょっとしたら侵害的ですらあるようなことが起きていたのではないだろうか。

たとえばここで、モダニティの現代における展開が、ユルゲン・ハーバーマスが「公共圏の再封建化」(1989)として描写したことを生み出してきたと想定してみよう。また、ギー・ドゥボールが、彼が「スペクタクルの社会」(1977)と呼んだものに対してした痛烈な批判を少なくとも部分的には受け入れてみよう。この両者はいずれも、パフォーマティヴな文化がさまざまに結びついた資本主義や国家の暗い力によって領有されることにより、自由や想像力が収縮させられてしまうと考えている。もしも私たちが本当に、パブリックな文化がメディアへの関心によってプライベート化させられてきたと考えるのなら、またその反対に、そのようなメディアを通してプライベートな文化が公共化されてきたと考えるなら、良かれ悪しかれ日常生活におけるパフォーマンスの位置や性格が、近代を通じて根底から変化してきたことを認識しなければならない。

ダイアナの葬儀は、誇張され、意気揚々とした仕方で、メディアのなかで、またその届く範囲を超えて（だがもちろん、メディアの射程が完全に超えられることはない）、公共的なステージの上で観客と演者の境界線が曖昧にさせられていくという一つの事例を提供した。また、この葬儀が演じられたステージは、メディアによる媒介作用を介することで、葬儀を個人的な領域から移し出して、そのそれぞれの瞬間を、ナショナルな、あるいはグローバルですらある出来事の断片へと変容させていく役割も果たしていた。

結果として、私たちはダイアナの葬儀をきわめて違った仕方で考えてみたくなるかもしれない。すなわち、葬儀への参加は、皆が一緒にのめり込んでいくような共有された瞬間なのではなく、無責任なパフォーマンス、公的な喪がないまま私的な悲しみが共有される瞬間であったと考えてみることにしよう。それは、時節はずれの儀式、神は消え、デュルケームにはお気の毒だが社会も消えてしまった聖餐式の最後のあえぎであった。実際、葬儀から月日が過ぎてゆき、ダイアナの姿がタブロイド新聞や週刊誌の表紙から少しずつ消えていくにしたがい、葬儀のときの興奮は消散していった。一年後、英国のメディアは前年の葬儀の瞬間の熱情や結びつきを復活させようとしたのだが、ものの見事に失敗してしまった。葬儀の一年後まで残ったものはわずかだったし、再び創出できるようなものはほとんどなかったのである。残ったのは、ただ漠然とした感情の幻影であり、漠然とした影のようなものだった。葬儀のあの瞬間には共有されていた意味、公共的な行動のなかで純粋に感じられ、劇的に聖化されていったダイアナの死の意味は、一年後になると私的なことや個人的なことに回帰する経験の一部としてしかみることができなくなっていた。メディアは自分が与えたものを、取り去ってもいくのである。

ダイアナの葬儀におけるオーディエンスは、匿名的な存在であった。私たちはその場にいる人々のことを知らなかった。つまり、私たちは自分たちがいったい誰と一緒にプレイしているのかを知らなかった。そのために、そうした他のプレイヤーはあまり重要な存在ではなくなってしまった。私たち自身のパフォーマンスは、唯我論的に、あるいはナルシスティックに自己の内部を屈折させたものとして語られる。社会的なものとして通用していくのは、公共的なステージの上で、見知らぬ人々の間から創り出されたものである。そしてこの社会的なものは、私たちの想像力に、また私たちが参加したりしなかったりした出来事の記憶に委ねられる。

このような関係性のなかで見失われているのは、ぞっとするような結びつきや注意、あるいは命令である。社会的なものを求めてメディア空間のなかに入ることは、危険をはらんでおり、傷つきやすくもある。

ホームページを考えてみよう。私は恣意的に、たとえば「ドナ・チュン」とでもいうような名前をタイプしてみる。そうすると私は、「お友達のホームページ」と呼ばれるサイトにたどりつくのだが、そこには三八もの名前がリストアップされている。そして、そのうちの一つが実際にドナ・チュンである。そこにリストアップされていた人の多くはイエール大学の学生であったが、全員がというわけではなかった。ドナ・チュンは彼女の写真と住所、電話番号、それにセル・グループへのリンクをホームページに載せていた。クリストファー・パンという哲学を主専攻とする一九九八年のクラスの学生の名が、ここからさらに検出されてきた。彼のホームページには、次のように書かれている。

Wow ... my very own slice of 'cyber-' real estate. Great.

'Nothing much to say, i guess, just the same as all the rest ...'

I appreciate your visit, and hope that you bear with me as I continue to figure out how all this stuff works. I would appreciate it even more if you let me know that you indeed did visit, so that I can take comfort in the realization that people DO actually look at this stuff. I've got some grand plans for this little bit of of realty. We'll see how it turns out.

Some basic facts about me, as I stall for interesting things to say:

Christopher Pan
born: November 4, 1976 in New Haven, CT
Yele University
Davenport College
Class of 1998
Philosophy major
e-mail: christopher.pan@yale.edu
real mail: p.o.box 201704, New Haven, CT 06520
telephone: (203)436 0291

ここには彼や彼の家族の写真へのリンクがつけてあり、スタンフォード大学にいる彼の妹のものには、Eメールを送ってくれるように招待する文面がつけられていた。

このような世界で、いったい何が進行しているのであろうか。これはいったいいかなる種類のパフォーマンスなのか。サイバースペースのなかの身体は、電子的なエーテルの海のなかのホコリの粒のように漂っている。個人がディスプレイされ、注目してくれるように募集がかけられる（彼がレスポンスを乞うていたことの意味）。私的なステージが個別に立ち上がり、ヴァーチャルな空間で孤独なパフォーマンスが繰り広げられる。オーディエンスはここにはいない。誰かが注意を払ってくれるという保証はない。ここでのパフォーマンスは、何ら責任を持ったり請け合ったりするような関係を担ってはいない。サイバースペースにおけるコミュニケーションの恣意性は、公共的なイベントでの群衆の恣意的な関係に照応しているように見える。しかし、こうした電子的なコミュニケーションのなかで、ある同種の社会が形成されている。諸々の電子的なリンクは、目に見えない、瞬間的に重要な意味を持つ結合のネットワークを、他の人々、他の場所、他のサイトに向けて構築している。そして私は、そのようなリンクを何の障害もなしにたどっていくことができる。私はまた、何らダメージを受けることなくこうしたネットワークを作り出すことができる。私はまた、その世界のなかで自分が誰であるかを、あるいは誰になりたいかを告げることができるし（それをチャット・ラインやユーズネットで維持していく）、それでも私は誰の注意もひかないかもしれない。私がこのネットの世界で何を達成するかは、何らかのイメージを作り上げていく私の能力や技能に規定されている。しかし、このネットの世界には、単に遊びの楽しさというだけでなく、創造性やエネルギーがある。テクノロジーは私にステージを与えてくれた。私はその上でパフォーマンスをする。たとえ何人かが聞いてくれるだけでも、私はここで、ある空間を要求することができる。

私たちは本章で長い道のりをたどりながら、最初はパフォーマンスが社会生活のなかの重大事、生死を賭すようなものであったアグネスの話から議論を出発させた。その後、ダイアナについて論じるなかで、彼女の公的人物としての最後のパフォーマンス（としての死）が、いかにして人々の自発的な、重層的に媒介され、意識を共有した聖餐の儀礼を生み出していったかを考えた。さらにこのダイアナの先で、私たちのアイデンティティがより徹底して電子メディアの遊戯に依存するようになってきている状況、私たちの経験のなかにメディアがより深く埋め込まれてきていること、そしてヴァーチャルな社会（そもそものようなものが存在するのなら）が、オーディエンスなきパフォーマンス、何の結果ももたらさないパフォーマティヴィティを可能にし、ますます促進していることについて論じていった。このようなことからするならば、私たちは自分たちがますます孤独になっているのを発見するかもしれない。これは、私たちがいまここでしていること以上に理解していかなければならないことではないのだろうか。

9――消費

私たちがメディアを研究しなければならないのは、それが経験の中心になっているからである。そのことを繰り返し論議してきた。メディアは、経験を、われわれの経験を伝達し、反映し、表現する。従って、そうした研究は、一連の制度、生産物、そして技術としてのメディアではなく、あるいはそうしたものとしてのメディアだけでなく、むしろプロセス、媒介作用としてのプロセスとしてのメディアについて思考することを内包しなければならないのである。私はそのことを示唆してきたつもりだ。メディアは媒介作用のなかにあり、私たちはそのなかにいる。メディアは私たちにとってそのように作用しているのだ。そこで、メディアが遊びとパフォーマンスに巻き込まれているあり方を分析することを通じて、こうした考え方の有効性を論議してきたのである。この遊びとパフォーマンスの両者は、社会的な存在として私たちが世界にかかわる際の鍵となる活動である。そうすることで世界に貢献し、世界の内部にわれわれ自身の場所を規定し、世界に対する要求を規定する遊びとパフォーマンス。

この章で、私は経験のもうひとつの次元を加えることにしよう。それは遊びやパフォーマンスと当然のことながら重なりあい、遊びとパフォーマンスがわれわれの経済生活への参与に動員されるような次元である。すなわちこの章で私は消費について、消費とメディアとの関係について議論しよう。ペイ、プレイ、ディスプレー、というわけだ。

消費は相反する二つの側面を同時に持っている、しかもそれはどこにでもある、ありふれた行為である。たとえば、それは、個人的なものと集合的なもの、プライベートとパブリック、その双方にかかわる活動である。また消費のプロセスとは、意味の生産とともに商品の破棄に依存した活動でもある。それはまた倹約と過剰、節約と浪費を媒介する。消費は、生存のための能力、最低限の生活と地位の両方で成功していくための能力についての私たちの不安を和らげるものでもある。しかし消費は一度も、この不安や欲望を、あるいは要求も鎮めることなく、そのことを成し遂げ成功をおさめる。つまり消費は相反することを同時になしとげるのだ。小売りというセラピー（**Retail therapy**）は、治療することでもあり、病気になることでもある。

消費は労働と余暇の間で作用する。実際、それは、産業社会の圧倒的なリズムから解き放たれた時間と空間のなかで企てられる。そして禁欲的なプロテスタンティズムからも、資本主義からも愛される契約と自由の境界線を曖昧なものとする際限のない熱意とともに遂行される労働であり、そして余暇なのである。

日曜日の取引。そう、消費はきつい労働である。それは生産の労働である。個人としてグローバルな消費者‐市民によって企てられるこの消費という労働は、諸個人が消費のなかに自己の個人的な意味とローカルな文化にかかわろうとする要求の双方を構成する。それは、趣味や地位あるいは欲望によって規定され、かつそれらを規定し、共有化しながら、諸個人と諸集団を結合する労働でもある。リーバイ・ストラウスやカンゴールやソニーの均質化した商品からスタイルの特性が引き出されているわけだが、実のところその特性は、グループごと、若者向け、エスニックな特徴などといった具合に、細かく念入りに作られたファッションとアイデンティティの要素から構成されている。したがってフォーマルな経済におけるそのパワーやグローバルな社会への関与は、例外的に独創性の要素がある場合を除いて、限定的であるか、ほとんど存在しない。消費は画一化の恐怖を媒介し、中和化する方法なのである。そしてショッピングはそのまさに出発点である。商品のライフサイクルのなかのひとつのステージ、このショッピングというステージは始まりも終わりもないが、そこは資源の採掘や商品の製造にまつわる苦労ではなく、商品とそのイメージそしてそのイメージが使用の際に適応される過程に対して繰り返し弁証法的に注意が振り向けられる、商品と意味の継続的な、不断の遊び（play）のステージなのである。

開発の中心的グループや市場調査者は消費の新たな地理学をつくり出す。それは、グローバルな分配のネットワークと高感度の消費決定との間の地理学でもあり、コーナーショップとグローバルな分配ネットワークとを繋ぐ地理学でもあり、モールとデパートの地理学でもあり、テレフォンショッピングと電子商取引きの地理学でもあるだろう。あるいは、時間が生産サイクルの微細な動きに規定され、陳腐化したものを処理することになるような地理学、市場占有率や顧客満足度といった些末なことがらに拘束された時空間の地理学でもある。イメージとアイデンティティの調和をはかる地理学、ジャスト・イン・タイムの生産と、注文が間に合わないほどの流行のファッションの分配を節合する地理学。そしてこの節合はローカルな要求とグローバルな満足を節合するものでもあるだろう。そしてもちろん逆も真であるのだが。

買うべきか、買わざるべきか、それが問題なのだ。

アルジュン・アパデュライはこう述べている。

時間構造がラディカルに多律動的（polyrhythmic＝一曲のなかで対照的なリズムが同時に生じること）になった風景のなかで、購買の原理を実践すべく日々苦労しながら、今日われわれは誰もがみな労働する家政婦となった。これらの多元的なリズム（身体、商品、ファッション、利子率、ギフト、そしてスタイルのリズム）を学ぶこと、さらにそれらをどう統合するのかは、単なる労働などではない。それは、もっとも困難な種類の労働、想像力に満ちた労働なのである。（Appadurai, 1996）

もちろん、ここでのポイントは、消費というものが、日常生活をベースにしたわれわれの時代の文化に私たち自身が参画するひとつの単純な、だが中心的な活動なのだ、ということである。消費は購買の決断あるいは行為に制限された活動などではないし、単一の事柄などでもない。私たちは継続的に消費し、そうすることで経験のテクスチュアに少なからぬ効果を及ぼし、またそれを再生産もしている。ここに私たちはメディアを加えるべきだろう。実際に数多くの側面で、消費とメディアは相互に依存しあっている。私たちはメディアを消費している。私たちはメディアを通じて消費している。私たちはメディアを媒介にしてどう消費するか、なにを消費するか、を学ぶ。また私たちはメディアを通じて消費するように説得される。メディアが私たちを消費する、そう示唆することはけっして的外れではない。これまで指摘してきたように、また以下でも続けて議論するつもりだが、消費とはそれ自身、対象やサービスの既存の価値や意味がプライベートで、パーソナルで、しかも特殊な言語へと翻訳され、変型されることにみられるように、媒介作用の形態なのである。対象の消費。商品の消費。情報の消費。イメージの消費。しかし、この消費という日々当然のこととみなされていることのなかで、私たちは自分自身の意味を作り出し、自分自身の価値を調整し、そうするなかで世界を自分にとって意味あるものへと構成しているのだ。私は、私が購買したもの、である。つまり、私が作り上げたもの、ではない。あるいは私自身が考えているもの、ではない。たぶん、あなたも、そうなのでは。

それゆえ、消費はまったく普通の自明のことである。たぶん大きな決断が必要な時には苦悩するかもしれないが。しかし、小さな決断の積み重なったおびただしい数の消費は日常的なありふれたことがらである。だが、これほど多くの消費を前にしても、文学では少なくとももつい最近まで消費は完全に無視されてきたし、議論された場合でも、消費など実際のビジネスにとって取るに足らない問題か、不道徳な問題として非難されてきた。それは女性の仕事とみなされており、したがってその重要性が否定されてきたのである。だから注意を集めたのはそれが過剰な場合に限られていた。突出した時だけだった。しかしながら、いまや消費が世界を回転させる。そして、その回転は、疑わしさを増しながら、ますます増大し、その力を強化している。「消費は活発な関係（対象との関係のみならず、集団や世界との関係）のモードであり、体系的な活動のモードであるとともに、われわれの文化システムが基礎付けられているグローバルな応答なのだ」（Baudrillard, 1988）。

ボードリヤールの主張は誤りではない。社会における私たちの位置はますます生産関係におけるわれわれの位置に規定されなくなっている。それは、製造業の下降とそれに見合ったサービス産業とホワイトカラーの上昇によって階級間の境界が曖昧になったことからもわかる。私たちのアイデンティティは、階級の代わりに、微妙なことがらを通じて、時にはそうした微妙なものでさえなく、ディスプレーのポジショニングから要求されることになったのである。富と権力のヒエラルキーを通じて私たちの進むべき道を指し示す差異の地図は、自らを位置づけ、消費の記号を読みとる、私たちの能力に応じて規定されているのである。ハンチング帽はもはや階級の指標ではない。それは状況、しかも季節によって変化してしまうような、ひとつの指標あるいは状況でしかないのだ。

こうしたファッションを通じた主張や私たちのアイデンティティを構成し担保するわれわれの能力は、もちろん日常生活の永続的なレトリックのひとつでもある。消費はその行動の現れである。

ファンタジーの遊び、アイデンティティの呈示。私たちは絶えず過剰生産の危機のなかにある資本主義システムによって商品を提供される。私たちは市場の場における王や女王たる顧客として自己を見るように招かれた存在なのである。しかしこれは錯覚であり、経済的権力の現実というよりも、消費決定にかんする必要なコントロールへの要求を不可能にしているシステムへの不安を表明しているのである。しかしそこに緊張も存在する。市場における操作を通じて、ファンタジーは広告のイメージのなかで表現され体現されねばならないが、しかしそれらはけっして満たされることはないし、満たされるはずもない。反対である。それは永遠に持続されねばならないのだ。提供された商品は私たちが完全に依存する疎外された生産システムの生産物である。しかしそれはまた同時にわれわれの感覚自身をも作り出す生の物的素材でもある。このように、パラドックスがある。アパデュライが注目したように（1996）、「今や消費というものが、ファンタジーを構成する働きに私たちを引き込んでいく社会的実践となった。それが現実なのだ。それは、商品化された対象の世界のなかで、ノスタルジーとファンタジーが描かれる日々の実践なのである」。

アパデュライは、彼の魅力に富んだ、多くの示唆に溢れる論考のなかで、消費の文化をモダニティにとって特異なものとしてではなく、モダニティの中心にあるものとして論議している。現在の私たちの消費実践とわれわれの祖先のそれとを結び付けているのは、時間に対する消費の関係にある。私はここで彼の議論に従ってみようと思う。というのも、それが、消費にかかわるメディアの役割を論議するための有力な出発点を提供しているからであり、これまで明らかにされてこなかった消費の経験の諸相を説明してくれているからである。それは時間性（temporality）にかかわる問題である。

消費は本質的に反復的である、という観察から彼は出発する。身体的な欲求は不断の注意を要求する。社会的かつ歴史的に特異な存在としての身体は関心の焦点、規律の焦点、ディスプレーの焦点である。こうして消費は習慣となるか、習慣となるよう要請される。そして逆に習慣は統制を求める。社会は、消費を規制するために、適切なロケーション、適切なリズムをもつメカニズムを創造するのである。それぞれの日々は食事をとる場所と時間によって徴づけられる。それぞれの季節は、どんな収穫であろうと、それを祝い消費するわれわれの意志によって徴づけられる。カレンダーもイベントや儀礼によって徴づけられている。種まきや収穫をドラマ化すること、節制や飽食あるいは断食や祝祭の時期をつくること、こうしたことを通じて一年に節目を入れるような、消費のプロセスを強調することを通じてである。そしてこのような徴は今日でもわれわれの周りに数多くある。しかしアパデュライが指摘するように、自然の営みが消費へと達する時、文化や時間は自然によって規定されることはなくなる。むしろ逆転が生じる。彼の見解によれば、消費が生活を組織するようになる。私たちが消費の周りに構築してきた儀礼が、単に時間を反映するよりも、実際に時間を創造するようになる。その準備や調整から織り成された複雑な時間のパタンを考慮するとしたら、クリスマスはこの点で典型例とみなされることだろう。もちろん、ショッピング、しかもベストなショッピングをどうするのかといったことや、いつそれを行なうかなど、すべてのことがかかわってくる（理念的には時間はたっぷりある。またもっと理念的に言えば、経済的観点からクリスマス以降のバーゲンセールも検討の範囲となる）。この視点からすれば、クリスマスはその季節の単純な出来事ではなく、一年を通じた祝祭なのである。

社会は「消費革命」と回想的に呼び習わされる変化をさまざまなかたちで経験してきた。エリアスが消費と文明化のインターフェイスとして描いた、贅沢禁止令の時代から、節約のための規制の時代、そして流行の時代への一連の移行は一般的なものであるが、しかしそれは、異なるさまざまな力の結果として生まれ、その移行の場所、移行のあり方に応じて、大いに異なる結果をもつに至ったといえる。消費は、アメリカで、ヨーロッパで、インドで、異なる歴史を経験してきたのだ。この歴史は、これらの地域に共通した全般的な社会変化の産物でありながら、趣味と社会的権力さらに社会や個人にこれまでとは決定的に異なるあり方で影響を与えた市場の出現という特殊な動的過程の産物でもあった。

今私たちが価値あると考え購買する商品は、権威と古き良き趣味と新しさといった複雑で対立する要素を一時的に媒介する。過去が未来を隠し、ノスタルジーが願望を隠す。広告はわれわれが一度たりとも失わなかったことを見失うように教える。大量消費は時間管理の実践なのだ。ファンタジーの規則化、儚さ（ephemeral）の構造化。ファッションはそのもっとも端的な表現だろう。

時間の経験に関心が寄せられているかぎり、現代の消費の中心にある喜びは実用性とファンタジーとの間の緊張の喜びでも、個人的な願望と集合的な規律との間の緊張の快楽でもない。現代的な消費者として行為する主体に叩き込まれてきた快楽はノスタルジーとファンタジーとの間の緊張に発見されるのである。そこで、現代は、すでに過ぎ去ったかのように表象される。こうした一瞬の快楽の教化は現代消費の規律化の核心部分である。それは、社会的、文化的なレベルのいたるところに現れている。生産物やライフスタイルの短命さ、ファッションの変化のスピード、出費の早さ、クレジットや取得や贈与の多律動性、テレビ番組の映像の瞬時性、マスメディアのイメージのなかにおける製品やライフスタイルの両方を覆う周期性（periodization）のアウラ。（Appadurai, 1996: 83-84）

こうした議論を通じて、アパデュライは儚さの美学のアウトラインを描いていく。彼の議論によれば、合理性と一貫性という根拠から賞賛されたグローバル文化の効果やグローバルな経済体制の帰結を媒介し和らげることにおいて、この儚さの美学は、その現代的な形態という点で、文明化のもっとも基礎にある土台でもある。「現代の消費は持続（duration）の美学を儚さの美学に置き換えたのだ」。たぶん、そうだろう。でも違うところはないか。

願望すること、思い起こすこと、購買すること、といった強力な混在物のなかに見失われたなにかがある。それはリズムと周期性の感覚である。そして構造としての時間の感覚である。儚さ（ephemeral）の上に自己の感覚を固定すること、それは持続性や予測可能性そしてカレンダーのリズムに儚さ自体が依存していることを理解することなく、大量消費の市場のイデオロギーのなかで購買することである。私たちは、儚さを願望し、それを処理しているだけなのだ。その理由は、この儚さ自体が永遠であることを知っているからである。また私たちは自発的であって、新しいものを持つ時にのみ幸福なのだ。その理由はこうしたことが連続的に持続すると確信しているからである。そしてメディアは私たちをこうした状況のなかに向かわせつづけているのだ。

グローバル化とポストモダン社会における時間の性格に関して多くのことが書かれてきた。それはもはや強制的なものではない。それは限界をもたない。それは圧縮されている等々のことが。商品化の圧力、まさにこれまで通りであるためにはより高速化せねばならない世界経済のなかの資本主義の要求、そしてグローバルで、軽量で透明な産物であり資源である情報の特殊な性格、こうした要素は、もはや後戻りできないくらい、時間の性格を大きく変化させた。時間は、経験から、メトロノームつまり時計の規則性から、人間から、身体から、季節から、引き離されたのである。労働は現在連続的なものであり、生産もそうだ。8：54、8：55、8：56といった形で、デジタル時計は連続的なプロセスとして時間を明示する。そこで時刻は点の連続から成り立つ。それは、9時まであと5分、8時15分過ぎ、といった具合に、アナログ時計の針が示してきたごとく一組の関係や位置の組み合わせとして時刻を表示することはない。時間はもはや読まれる必要はないのだ。

商品化した時間、消費を規制する時間は、これまでの議論で示したように、連続性と儚さの双方を兼ね備えている。この二つは密接に関連しあっている。メディアは消費活動のレベルと強度を高めるように導く手段である。ホームショッピングのテレビチャンネル、電子売買を提供するウェブサイト、これらは時計板の自然のリズムに従う奴隷ではない。それらは限界をもたず、永遠である。時間は意味を失い、個人的な問題に解消された。時間、消費、媒介作用は一緒になって脱社会化され、一瞬一瞬を愛する常軌を逸した行為以外のなにものでもなくなったのである。

この時間のあり方が、少なくとも巨大な大都市文化の地点から読解される限りでは、明らかにひとつの趨勢であることは間違いないように思う。しかしそれは全体を包括する物語ではない。私たち大部分の者にとって、日常世界はいまださまざまに異なる時間や時間的圧力の複雑さのなかにある。仕事とレジャー、ウィークデーとウィークエンドの連続した流れによる標識は、その境界が溶解しつつあるとはいえ、それぞれの時間と諸活動を一致させるように促している。日常のルーティーン化したものへの参加の要求の標識は、それらが機械時代に起源をもつにもかかわらず、いまだに管理の側面と同時に、人々に慰めも提供している。規制のない消費の時間はまだ、おしなべて、優越したものとはなっていない。日々の生活はいまだに日常性に支えられた生活なのだ。そしてそのリズムを構成しているのは消費と媒介作用の文化への私たちのかかわりあいに基づいているのである。時間はまだ有限の資源である。しかしながら、無限の消費、果てしない媒介作用の時代に、時間はどうなるのだろう。問題の核心にもうひとつ別の問題がある。

パディ・スキャンネルは、メディアがわれわれの時間の知覚と時間の組織化にいかに中心的な働きをなしてきたのか、を検証している。定期的に行なわれるナショナルなイベントやグローバルなイベントを通じて、カレンダーのなかの秩序をメディアがどう提供してきたのか。持続的な日常生活のリズムを補強すると同時に、それを折り重ねていくようにデザインされた、一貫した番組のスケジュールを通して、メディアが週のリズム、一日のリズムを、いかに明示化してきたのか。それは、他の場合と同様に、時間が闘争の側面を抱えていることを示している。メディアの時間とは、修辞学的な仕掛けの決定的な次元をなしている。われわれへの呼び掛け、妥当性の規定を受け入れるように促すこと、さらに今行なっていることを止めて、プライムタイムのニュースを視聴し、人気のソープオペラを視聴することを促すこと。そしてメディアを、消費の促進媒体としても、また消費の対象としても注意を振り向けるようにすること。

これまで指摘したように、私たちはメディアを買う。そしてメディアを通じて、メディアで見たモノや聞いたモノを買う。ブロードキャストのリズム、スポンサーのついたナローキャストのリズム、インターネットのなかの点滅するバーナー広告のリズム、これらはいずれも消費のリズムである。メディアに媒介された一年の大きな出来事は、消費者として贈り物を交換することや記念品を買うことで、そうしたイベントに参加するように促す。ラジオやテレビあるいはウェブ上の周辺的な要素も、たとえば時間を中断して流される広告や広告主提供の情報なども、われわれに同様の効果を促すだろう。そこには無知なテクストよりずっと劣悪な商業広告の一部すらある。さらにテレビのなかでは、広告の時空間の圧縮は――36秒の内容を30のスロットに技術的に圧搾するという――別の意味ももっている（Jhally, 1990）。

消費は、たぶん今でもそうであるように、必要不可欠な、社会的活動であり続けてきた。私たちは有能な消費者として、われわれの優れた技能の生産物を表示したいという能力に関心をもつだけではなく、なにほどか孤独な生活のなかで他者とかかわる社会性を提供し、なにかを他者と共有したいと願うことにおいて、消費の過程に関心を寄せる存在でもある。24時間ショッピング、24時間ニュース、これらは処理されるべき資源、ここで必要という概念を使うのは適切ではないと思うのだが、私たちの大部分が必要としてはいない資源である。しかし、それは十分なほどの融通性を提供する。つまりそれは、パタン化された、差異化された時間の水没の始まりを知らせるものだ。地球規模の温暖化の別の帰結である、縞模様のついた砂浜が海のさざなみに水没するように。

実際、インターネット上の広告の市場は数年先には数十億円規模に達すると期待されている。電子商取引、個人の消費活動になったこの電子商取引の占める割合の増加はますます急速な伸びを示している。こうした新しいメディア、とりわけインターネットは継続的な消費へとわれわれを導くだろう。それは、儀礼によって強制されることもなく、カレンダーにも関係のない、人の手に触れることもない拝金主義への従属の行為だろうか。初期の研究は電子取引がインターネットの均質な仮想空間のなかの信用の欠如によって妨げられていることを指示している。取引が行なわれる場所、それは秩序が乱されやすく、侵入に脆弱な場所であることを知っているのだ。

だからこそ、信頼は重要なのである。その問題には後に立ち返ろう。

その間に、議論をもう少し続けよう。多くの議論はある意味で、そしてこれまでの私の議論もまた同様に、消費の地点と消費者のコントロールの双方で、時間の無限性を前提している。グローバル化する時間、圧縮された時間、均質的な、一瞬の、しかし連続した時間、これらはすべて希少な資源として時間に敬意を表するようなものではない。社会学者のピエール・ブルデューが消費者の国としてのフランスに注意をはらった時、そして自分の研究を消費において、階級に特有な、国土の社会的な地理形態学に現れている趣味と地位のごくわずかな差異がいかに可能となったか、を説明するために活用した時、彼は時間とメディアの両方をほとんど考慮しなかった。そのために、独創性と細部におよぶ厳格な注意力にもかかわらず、社会学的に独自であると同時にそれ自身歴史的でもあるプロセスとしての消費についてほとんどなにも語らない、スタティックでぎこちない分析に終始する結果となった。彼によれば、フランス人は経済資本と文化資本の所有によって区別されるという。象徴的な資源と同じく物質的な資源において貧富がある。この二つは一致してはいない。成金はお金を持っているが、階級ではない。芸術家や大学人はお金はないが階級である（少なくともフランスでは）。しかし、彼らはどれほど時間を持っているのだろうか。彼らは、何かを行なう必要がある際の時間を、どう活用しているのだろうか。

二〇世紀後半、消費は契約されたものでもないし、自由なものでもない。時間はこの消費のために配置されねばならない。そして私たちのだれもそれを十分もっているわけではなく、うまく処理しているわけでもないのだ。したがって、私たちは、ブルデューが指摘した、私たちが用意できる経済資本あるいは文化資本の量に応じて区別されるだけでなく、時間資本の量という観点からも区別可能なのだ。時間資本はジェンダーによって異なる。中産階級、家庭にいる、あるいは育児にあたる女性は少ない。夫はずっと多い。失業者や金持ちはもっている。しかし時間資本は量の問題だけではなく、質の問題でもある。所有しているものを利用し、うまく活用する私たちの能力は物質的で文化的な資源の双方への運用能力に依存している。時間は多くの人にとって高価で希少のものである。他方より多くの者にとっては時間はたっぷりとあって、むだに過ぎてしまうものでもある。こうした差異は均質なものとして時間を考える議論を意味のないものにする。それは時間をきわめて興味深いものにし、時間の規定、配置、そしてその消費におけるメディアの役割をより複雑なものとして考えさせることだろう。消費のなかで私たちは時間を消費しているのである。そして時間のなかで、私たちは消費し、私たち自身が消費されているのである。

メディアは時間と消費を媒介する。メディアはその枠組みと誘惑を提供するのである。またメディアは時間のなかでそれ自身消費される。ファッションが創り出され、年ごとに更新される。新しさが要求され、また否定される。購買が行なわれ、またなされないこともある。広告は見られ、また無視される。リズムは維持され、拒絶されることもある。消費。利便さ。法外さ。浪費。アイデンティティ。ディスプレー。ファンタジー。切望。欲望。すべてがメディアのスクリーンに、ページに、そしてサウンドに反映され、屈折される。それが、私たちの時代の文化なのだ。

行為と経験のロケーション

このセクションでは関心の焦点を移していく。つまり、メディアの地理学の方へ、そしてもう一度、媒介者としてのメディアという問いへ焦点を当てていく。この関心は、文脈と結果の両方へ向けられている。私たちは社会的な存在として、それぞれに異なる仕方で、それぞれに異なる場所でメディアに関与している。私たちが何かを観たり、聞いたりするとき、あるいは熟考したり、記憶を辿ったりするとき、それらはある程度、私たちが世界の何処にいるか、私たちが自分を誰だと思っているか、そしてときには、私たちが何処にいたいと望むかといったことに枠付けられている。

メディアに関与する空間、メディアを経験する空間。それはどちらも、現実の空間であり、また象徴的な空間でもある。そうした空間のあり方は、そのロケーションによって、また、時空間における私たちの位置を規定する日常の決まりきった仕事によって変わってくる。日常生活の移動と静止のリアリティを跡付けるルーティーン。メディアを消費する場所、そのための場所を確定するルーティーン。スクリーンの前に座っているのか、それともキーボードのそばに居るのか。個人的、私的な空間のなかで、また既に見てきたように、公的な空間のなかで。ロケーションは映画だけのことではない。

こうした空間的なコーディネートはメディアの経験にどのように作用するのだろうか。メディアの経験は私たちが世界のなかで私たち自身を認識する、その認識にどのような影響を与えるのだろうか。どのようにすれば私たちは空間とロケーションを客観的なもの（居間、住所、一時的なもの、永続的なもの）として、また主観的なもの、つまり切望され、夢見られるものとして理解することができるのだろうか。そして、この両方の次元で、メディアはどのように私たちに関わってくるのだろうか。メディアは私たちを社会的そして物理的な空間のなかに固定していくことができるのだろうか。どこで観るのか、どこで聴くのかといったことは重要な問題なのだろうか。メディアはどのような種類の空間を私たちに提供し、また私たちから奪っていくのだろうか。

こうした問題が重要なのは、空間というものが、かつてそうであっただろうと私たちが想像するものよりもずっと複雑な何かになっているからに他ならない。モダニティは地理的そして社会的な移動性の高まりをもたらした。それは発展的なことも破壊的なこともあったが、つまりは、継続していく産業的・政治的刺激によって促進された「根こぎ」の状態であった。そうした人々は益々増えているが、私たちの多くは、もはや場所の安全性と安定性に依存することはできない。メディアはこの喪失を埋め合わせてくれるのだろうか。それとも、メディアはこうした喪失を一層押し進めていくのだろうか。

自分たちが何処に居るかを知ることは、自分たちが誰であるかを知ることと同じくらい重要であり、もちろんこの二つは密接に関連している。しかし、この何処にという問いと誰がという問いは複雑に入り組んでいる。それは、実在としての場所が世界の中での私たちの行為に制約を課すからでもあるが、それだけではなく、メディアが私たちの到達範囲を拡大する力を持っているからである。メディアは世界への窓を提供してくれるが、それは次第に単なる窓ではなくなっている。つまり、メディアは直接的・物理的な世界を越えたところで行為する私たちの能力の拡張への招待状になっているのである。すなわち、仮想空間への招待である。

以下の各章では、行為と媒介作用の相互に絡み合った三つの次元、あるいは水準を確定することで、これらの問いをさらに深めていきたい。すなわち、家庭、コミュニティ、グローバルという三つの次元である。この三つはそれぞれに、社会空間、メディア空間における生活とコミュニケーションの客観的特質を考察する機会、また世帯や近隣あるいはグローバルなシステムにおける政治と文化について問う機会を与えてくれる。だが、それだけではなく、この三つの次元のそれぞれを想像的なものとして探察していく機会も得られるだろう。つまり、メディアと日常生活の夢や物語における文化の一部として、その意味や重要性が構築される領域としてである。空間と場所を定義し接合するメディア、私たちを安心させまた混乱させるメディア、アイデンティティを維持しまた保留するメディア、私たちを中心にあるいは周縁に位置付けるメディア、そして直接的な社会空間の制限を越える能力を与えるメディア。そうした一連のメディアの役割について私たちが考えていくべき点はそこにある。少なくとも、私にはそう思われる。継ぎ目なく、しかし同時に矛盾を含みながら相互連関している家庭、コミュニティ、グローバル。それは、所属の感覚を与える、あるいは奪っていくメディアの役割を問う契機を与えてくれるはずである。

10 —— 住居とホーム

夏の午後、五歳か六歳くらいの少女が学校から帰ってくる。少女は彼女の家である郊外住宅の居間に駆け込み、空のランチボックスをソファに放り出してテレビのスイッチを入れる。そして少女はテレビの前に身を投げ出し、ラグの上にひざまずく。数分もすると、少女は庭の方に気を引かれて外へ出て行く。下に降りてブランコに乗る。テレビはついたままだ。すべてを見渡せるキッチンにいた母親は、娘がもうテレビを観ていないことに気付き、スイッチを切る。少女は即座に反応し、母親が居間から出て行くや否やそこに駆け戻り、またスイッチを入れ、かろうじて音が聞こえるぐらいのところにあるブランコに戻っていく。

このような日常生活の断片から私たちは何を引き出すことができるだろうか。この断片はメディアの役割について何を語ってくれるだろうか。そこには、どのような問いが提示されているのだろうか。

これは住居と家庭をめぐる子供の世界である。庭、キッチン、母親、安全、安心。そして今ではそのなかに、メディアがある。テレビ。スイッチ・オンそしてオフ。それは常にそこにある。常に手が届くところにある。それは家庭の文化に埋め込まれている。それは争いのもとになることもあるが、頼りになる存在でもある。テレビの親密性、テレビの継続性、テレビの永続性。

住居と家庭、そしてそれらを定義し、可能にし、また同時に侵食していくメディアの役割。これについては言うべきことがたくさんある。そしてここで考えたいのは、このような対立や矛盾をふくんだ経験とメディアのロケーションの諸次元、また、私たち自身の家庭生活の物理的そして心的な空間におけるメディアの基盤といった事柄である。というのも、メディアの存在を考えることなしには、家庭で生活することはできても、家庭について考えることはもはやできなくなっているからである。

家庭という概念は、特にそれが最も傷つきやすくなったように見える二〇世紀においてはきわめて意味喚起的な概念である。こうしたノスタルジーをはらんだ概念は、それが現実世界ではもはや確実ではないとみなされたときに、最も執拗に現れてくる。家族という概念にも、コミュニティという概念にも、あるいは社会という概念にさえ、これと同じ運命が降りかかった。こうした概念は、それが社会構造あるいは社会制度としての実効性を失いかけたときに、アカデミックな言説と日常的な言説の両方のなかで突如として復活するのである。実際に多くの学問分野、特に社会学の分野は、この死に向かいつつあるとされる世界のなかで、灰からの不死鳥のように現れた。より最近では、多くの政治的イデオロギーが同じような出自を持っている。

英語には、家庭に関して強い感情を喚起し、またその感情に依存するようなフレーズが数多くある。くつろぐ（feel at home）、帰郷（homecoming）、よるべなさ（homelessnee）、なつかしのわが家（Home sweet home）などなど。空想と欲望のなかでの家庭はすべてのための場所、すべてのものがそこにある場所である。そしてメディアもまた、ソープオペラや連続コメディ番組のなかで、直接的そして間接的に、《at home》であるということが何なのかを強力かつ執拗に表象し、また少なくとも放送メディアの時代には、メディアが家と家庭を維持する役割を担っていると考えてきた。だから、こうした議論は心にまで至らなくてはならない。そう、まさに家の中心にある暖炉にまで。

それゆえ、家庭について語ることは、たんなる物理的空間について語ることではない。それは、深い心理的負荷を帯びた空間について語ることである。記憶と欲望がときに共謀し、ときに矛盾する空間。空間というより、むしろ場所。避難所になる場所。助けになると同時に、抑圧的でもある場所。自らを定義し、また防衛するための境界線を持つ場所。帰るべき場所。そこから世界を見通していく場所。私的。人間的。内部。慣れ親しみ。私のもの。これらすべての言葉には対義語がある。そして、家とはその対義語との区別によって生まれてくる概念である。つまり、それは常に相対的なものなのだ。それは常に、公的なもの、非人間的なもの、外部、不慣れなもの、あなたのもの、といった概念に対峙する形で設定される。世帯や家族という言葉がそれぞれに異なる家庭性の一側面を表す言葉であるのに対して、家という言葉は絶対的な生を宿していたように思われる。つまり、希望を与えるにとどまらず、切望の対象になるような存在。

フランスの哲学者ガストン・バシュラールは、空間の詩学をめぐる著作のなかで、内と外の往来の領域としての家について書いている。私たちはこれを、公と私の、また意識的なものと無意識的なものの弁証法として考えることができるだろう。この意味において、彼にとっての家とは、この弁証法の産物であると同時に、日常生活の文脈においては、その前提条件をなしている。ここで提示したいのは、この内と外の弁証法において、メディアが中心的な役割を果たす存在として巻き込まれているということである。

まずはバシュラールの批判的な思考をしばらく追いかけてみよう。

それゆえ、一切の生の弁証法にしたがいながら、私たちがいかに生の空間に住み、いかに「世界の片隅」に日々根を張っていくのかを言い当てねばならない。というのも、家は世界の中の私たちの片隅だからである。しばしば語られてきたように、それは私たちの最初の宇宙であり、言葉のすべての意味においてコスモスである。近くで見れば、最もつつましい住まいでも何かしらの美を有している。（……）現実に人が住んでいる空間にはすべて、家の概念の本質が含まれている。（……）家はイメージの統合体を構成し、人はそれによって安定の根拠あるいは幻想を獲得する。私たちは、その存在を絶えず再 - 想像する。これらのイメージのすべてを弁別することは、家のたましいを語ることである。これは家の真の心理学を展開することを意味するだろう。（Bachelard, 1964: 4, 17 / 邦訳 4-6, 65）

バシュラールの関心、すなわち現象学的な関心は、家としての住居の地位に向けられている。それは彼がいうように、絶え間なく困難が続く世界のなかで、現実としてもメタファーとしても、安全を与えてくれる存在である。私たちは自分の最初の住まいを忘れることは決してない。住居は、そこから私たちが自分自身の世界、自分自身の宇宙を作り出す空間である。だが、住居は精神のモデル、あるいは鏡にもなる。無意識としての地下室。それはその隠れた力において、暗く湿気を帯びており、原始的でぞっとさせる。屋根裏部屋は脳の不安の源泉であり、より簡単に合理化できるものの、それでもやはり奇怪なものである。バシュラールが言うように、「経験された家は生気のない単なる箱ではない。住まわれた空間は、幾何学的な空間を超越しているのである」(Bacherard, 1964: 47)。

そして、居住空間には、戸、そして敷居というものがある。

ある物、すなわち単なる戸が躊躇、欲望、安全、歓迎、敬意のイメージを与えるとき、魂の世界において、すべてがなんと具体的になることだろう。もし人が自分が閉じてきた戸、開けてきた戸のすべてについて説明しようとするならば、その人は自分の生のすべてを語ることになるだろう。(Bachelard, 1964: 224 / 邦訳 374)

家庭そして住居には、往来、すなわち内側から外側へ出て行く動き、またその逆の動きが必然的に含まれている。越えるべき敷居、開けるべき戸、防御としての壁。異なる種類の空間の間に引かれる境界線、またそれぞれの空間に付与される価値は、文化によって、また時代によって異なってくる。戸に対する感覚は都市と郊外では異なる。イタリアとイギリスでも異なる。中流階級と労働者階級でも異なる。磨かれた階段、レースのカーテン、ベランダ、見晴らし窓、これらはすべて、異なる形で内と外との境界を合図し、表明している。見るため、見られないため。見られるため、見ないため。歓迎するため、秘匿するため。自由に動くため、制約を感じるため。表舞台と裏舞台。孤独と共有。開放と閉鎖。「しかし、扉を開ける彼と扉を閉める彼は同じ存在なのだろうか？」(Bacherard, 1964: 224)。

扉とその横木は入口の敷居を印し付けている。そして、その敷居は神聖なものとして印し付けられている。ユダヤ人の家庭では、伝統的に玄関の右の柱に小さな箱、メズーザ〔申命記の寿節を記した羊皮紙片〕を置く。玄関を通るときに、それに触れ「神よ私の外出と帰還をお守りください…」と祈るのである。人類学者アーノルド・ヴァン・ジュネップによれば、この横断とその結果として定義付けられる異なる種類の空間は、すべての儀礼のモデルであり、また、社会が聖なるものと俗なるものとの、また日常的なものと高い負荷のかかったものとの区別を必要とするときの仕方、そして、その区別を空間的なものとみなし、枠付けていく仕方のモデルであるという。扉は字義通りの意味と宗教的な意味の両方を持っているのである。私たちは扉の夢を見る。私たちに共有された、そして共有可能なファンタジーは、扉を通り抜けていくこととして語られることがある。知覚の扉、向こう側にある神秘と喜びと悪夢への扉。鏡の国のアリス。

ヴァン・ジュネップの主張はきわめて明確である。

聖性は絶対不変のものではない。それは、特定の状況においては、その状況の性質によって遊の領域に持ち込まれることもある。(……)扉は、普通の住居の場合であれば、家庭の領域とその外部の境界線になる。寺院の場合であれば、世俗的な世界と聖なる世界の境界線になる。つまり、境界を横断するということは、自らを新しい世界に結合させることなのである。(Van Gennep, 1960 : 12, 20)

そして、入口と出口を支配するものは、メディアと日常生活の両方にとって重要なものの多くの部分を支配することになる。

私たちは今や、テレビやコンピュータの画面という敷居によって印し付けられた扉を持っている。それは、家庭の物理的空間の限界を超えた世界、そして実のところ、想像力の限界をも超えた世界へ届く扉であり、窓である。スイッチをオンにすること、ログオンすること、それはもちろん物理的空間の超越である。しかし、それは常にそうであったように、印刷の世界においてでさえ、ある画定された領域へ入っていくことでもある。それは、聖なるものを、また、ありふれた世俗的なものを垣間見せてくれる。それは、私たちを幻想に導く強力な力を持ち、ときに増幅し、威力を及ぼす制御装置を通しての現実を呈示する強力な力をもつ。それはまた、しばしば信じられているように、私たちをうまく扱うことができる点において強力なものである。実際、個人の力は世界のどこにおいても諸刃の剣である。自分が他所に到達できるということは、自分が他所から到達されるということでもある。メディアをめぐる私たちの苦闘は、それが私的なものでも公的なものでも、こうした敷居をめぐる苦闘なのである。

イギリスでは、公共放送は一つの敷居として知られている制限を受け入れている。すなわち、午後九時という魅力的な時間を区切りとして、それ以降は子供たちはテレビを見ていないものとみなされ、放送者は内容の上品さについての一定の制限から開放されるのである。時間にも敷居があるというわけだ。望ましくないものが敷居を越えてやってくることへの不安は、おそらくペイン基金の助成を受けた一九三〇年代の映画研究以来、その最初期からメディア研究への資金投入の動機であった。そして、そうした不安はテレビの時代にいっそう高まった。より最近では、電話のチャットト回線、掲示板、ポルノや政治的に受け容れられない内容を含んだ世界規模のネットワークなどに対する不安が顕在化している。国のそれであれ、家庭のそれであれ、私たちにはもはやいかなる敷居をもコントロールできないということへの恐れがある。浸透の不安、汚染の不安の高まりである。通過の儀礼と通過の権利。このテーマには後でもう一度戻ることにしよう。

安全に対する関心と家庭に対する関心は、それらを守ることへの関心を不可避的に伴っている。冒頭で描写した母親は、電気代を節約することよりも、むしろそうしなければ必ず入ってきてしまう邪悪なものを封鎖するために、熱心にテレビのスイッチを切っていたのかもしれない。しかし、娘にとってはテレビの装置は家庭の一部である。テレビの親密性と遠くに聞こえるお気に入りの番組のテーマソングは、それだけでおそらく彼女に安心感を与えるに十分だったのである。それは電気的に散布された安心感であるが、それでもやはりリアルなのである。

アグネス・ヘラー（1984: 239）が指摘するように、家は、たとえどこにいたとしても、私たちの行為と知覚の基盤である。

> 普通の日常生活になくてはならないのは、空間における定点の認識、すなわちそこから私たちが「進んでいく」確固たる位置、そして相当程度の進行の後に戻ってくるための確固たる位置の認識である。この確固たる位置が、私たちが《home》と呼ぶものである。だから、〈Going home〉という言葉は、私たちが知っているその確固たる位置へ、私たちが慣れ親しんだ位置へ、安全だと感じる位置へ、私たちの感情的な関係が最も強くなる場所へ戻ることを意味する。

では、帰ることができないときはどうだろうか。移動の最中にあるとき、戦争や政治あるいはより良い生活への欲求によって土地を追われているときはどうだろうか。メディアがあれば、私たちは家郷のある部分を持っていくことができる。新聞、ビデオ、衛星アンテナ、インターネット。これは新しい情報化時代の理論のおなじみのフレーズだが、家郷は場所を欠いたバーチャルな何かになることができ、またそうしたものとして維持されうるのである。空間を欠いた場所、それはおそらく、場所ではない空間を生きるときの埋め合わせになるのだ。帰ることができないときに。

私たちが家郷とみなすこれらの空間――オンラインの、そしてオフラインの、あるいは現実の、仮想の、想像上の空間――において、何が保持され、保護されているのだろうか。ガストン・バシュラールは記憶と家の重大な相互関係について書いている。

外の世界の記憶は決して家の記憶と同じ音色をもたないだろう。そして、私たちは家の記憶を呼び起こして、夢の蓄積に付け加える。私たちは純粋な歴史家ではありえない。むしろ私たちは常に詩人に近い存在であり、私たちの感情は失われた詩の表現に他ならない。

したがって、記憶と想像力の連帯を切断しないように注意しながら家というものに接近することで、想像を絶する深みで私たちを動かすイメージの心理的弾性を感じさせることができるかもしれない。（……）家は夢想をかくまい、家は夢想する人を護り、家はやすらかに夢を見させてくれる。（……）私たちが生まれた住まいは、家の統合体以上のものである。それは夢の統合体でもあるのだ。（1964: 6, 15 / 邦訳 48, 62）

家、記憶と認識の入れ物。そこで営まれた生活、核家族そして拡張家族の両方に共有された生活、部屋と幾つかのテクノロジーへの馴れ親しみ。こうしたものが一緒になって、日々のありふれた出来事とその物語、その記憶、特に幼少期の記憶を一切合財つめこんでおく袋になる。私たちの家の経験は、日常生活の物質的な条件とそれらを思い出すときの思い出し方によって決定される。家の物語は、社会的身体を流れる地下水脈のようなものである。そして、その物語もメディアの影響から自由ではない。

あなた自身の子供時代と思春期を思い出してみてほしい。そして、音楽の断片やソープオペラの登場人物、あるいは主要なニュース・イベントの語りといったものまでが、まるで香水のように、幾度となくその頃のあなたの世界を呼び起こすことについて考えてみてほしい。私自身のことを思い出してみよう。居間にあった白黒テレビの画面。エリザベス二世の戴冠。枕の下のトランジスタラジオ。幼少期のテレビ番組。たとえば、「ジャーニー・イントゥ・スペース（Journey into Space）」、「トゥウェイ・ファミリー・フェイバリット（Two-way Family Favorite）」、「シスコ・キッド（The Cisco Kid）」、「クォーターマス・アンド・ピット（Quatermass and the Pit）」、「イン・タウン・トゥナイト（In Town Tonight）」、「シックス・ファイブ・スペシャル（The Six Five Special）」、「ポッターズ・ウィール（the Potter's Wheel）」、「ラジオ・ルクセンブルグ（Radio Luxembourg）」。それらの世界を同世代と分かち合うこと、それらが呼び起こす過去について考えること、それは他者とつながることであり、共有可能な過去を飼いならすことである。だが、それは、メディアの記憶を自分の伝記に取り込むことでもあり、またメディアの記憶を良い、悪い、あるいは平凡な家の記憶に取り込むことでもある。それは、経験の構築である。すなわちメディアに媒介された空間としての家の経験、家庭化された空間としてのメディアの経験。そうした経験は安全で、私たちはそこで夢を見ることができる。それなしでは、私たちは正気を失う。それがあればこそ、日常生活において当然視できる物事があることを了解できるようになる。そして、そうした経験を通じて生まれてくるのが、私的な言語と個人的な徳性であり、また、家についてのひとつの夢を主張する人々に共有される歴史とアイデンティティである。

あるいは、それを欲望すること。あるいは、幻想と切望の中に消えた世界を投影すること。メディアはここでも中心に位置している。モダニティは位置の移動というものを伴い、この物質的な位置の移動、人口の移動、家庭の崩壊などを埋め合わせるかのように、メディアが登場する。教会の説教から新聞へ、カーニバルからシネマへ、寄席の演芸から放送へ。つまりは、マスメディアの登場である。メディアは家郷の喪失を埋め合わせ、家のイメージと訴えかけを公的な空間へ移転し、家のイメージを近隣や国家へ投影していくのである。

ヴァルター・ベンヤミンであれば、こうした動向に似たものを、一九世紀におけるブルジョワジーの室内の私化に見出すであろう。それは清潔で、また清潔に管理された室内空間であり、そこで世界が構築され、要求されるような空間である。「応接室は世界という劇場におけるボックス席」（Benjamin, 1976: 176）であり、そこから公的空間のイメージと情報が要求されると共に、そこで何が排除されるべきかを決定することができるような空間である。またレイモンド・ウィリアムズによれば、メディアは、都市から郊外へ移動した家族としてのブルジョワジーの自信、その第二の波に応じたのだという。人口の拡散を可能にする放送が出現するとき、ここでもやはり私化がテーマになる。放送は、私的な家庭と公的なそれを結び付けた。いや実のところ、放送のシステムは家庭をそれなしでは成立しない空間として定義し直し、日常生活の営みに適した特定の家庭の在り方を定義したのであった。まずラジオが、そしてテレビである。

放送が意味するのは家庭の再発見である。家庭の外での様々な活動や興味に人々が向かったことによって、近年、家と暖炉は多くの部分で放棄されてきた。その結果が家族の絆と愛情の崩壊である。放送という新しい語りかけは、相当程度、古き良き場所における親の庇護というものを復活させたように見える。これは、すべての人が認めるように、生活への最大かつ最善の影響であり、またそうあるべきだろう。(C.A.Lewis, 1942, quoted in Frith, 1983: 110)

では、今現在はどうか。家は歴史の変化に左右されやすい。現在の状況はバシュラールの方程式の範囲外ではあるが、無視することはできないだろう。既に示唆したように、戸は開けることも閉じることもできる。家は今では政治的な場である。そして、他のテクノロジーもそうであるように、メディアはメディア自身が突き崩しているように見える制度を救う存在として動員されるのである。なんと苦痛に満ちた逆説であろうか。

だが、メディア産業の所有に関わることがらから家族の福利に関わることがらまで、何かしらの規制を求める感情は、そのほとんどが家の保持に関わっていると考えることができる。いうまでもなく、それらの感情を結びつけるのがメディアのコンテンツである。映像、音声、意味。それは、日々伝達され、コミュニケートされている。そして、行政はそれをほとんどコントロールできないとますます感じるようになっている。コンテンツが重要なのは、それが意味をもつと想定されるからである。凡庸な考えに思えるかも知れないが、メディアが重要な存在とみなされるのは、メディアが行使する権力の宛先が家にいる私たちだからなのである。メディアはこの聖域を破壊することも、守ることもできる。ここに葛藤がある。それは、家族をめぐる葛藤、すなわちそこで公的なモラルと私的なモラルが一致させられるような制度として、家族をその純潔と確実性の内に保持するための葛藤である。またそれは、プロパガンダと広告の担い手が理解していたように、また今も理解しているように、支配権をめぐる葛藤である。さらにいえば、それはメディアの視聴習慣やオンラインで過ごす時間について子供と議論する親が理解しているように、個々の家庭に独特の世代や性別をめぐるポリティクスをある部分で定義していく葛藤である。

ペンシルバニア大学のガーブナーの指揮下で何年にも渡って行なわれた調査は次のようなことを示唆している。つまり、テレビをより熱心に見る人々は――そこでは、彼らが主流形成と定義する事態が生じるのだが――テレビに独特の世界観、つまり日常生活の現実から相当程度隔たった世界観を表明するようになる。そこでは世界がテレビのレンズを通じて認識されており、ガーブナーらによれば、この主流形成に巻き込まれた視聴者は、その結果としてより不安に、より怖がりに、より保守的になるというのである。だが、一貫性が高いことも低いこともあるメッセージ、すなわちイデオロギー的なメッセージを発する支配的なメディアは、それがどんなメディアであれ消費する人に影響を及ぼす。また、彼らの議論においては、テレビが少なくとも今あるような形での家庭に対する脅威とみなされている。これらのことを理解していれば、ガーブナーらの見出した知見は驚くには値しない。つまり、そうした知見は、すべてとは言わないまでも多くの悪徳の源泉としてメディアをみなすような、道徳的なメディア改良論者の利益になるのである。だが、こうした道徳的な、また方法論的なナイーブさは受け入れられるものではない。放送メディアの支配力を超えた範囲にまでメディア空間が広がり、また、その交易と言及の範囲を定義するテレビの力を超えてメディア空間が広がっている現在は、特にそうである。コンテンツの規制は不可能なことに見え始めている。

だからこそ、基盤としている前提が不適当で矛盾を含んでいるにもかかわらずメディアをめぐる政治は続いていく。そして、この政治は何よりも戸を開ける、そして戸を閉める権力に関わるものであり、通行の権利を支配する権力に関わるものである。つまりそれは、交易の経路と通路に関わる政治なのであり、据え置き型のデコーダー技術や暗号化技術などが問題の焦点になっている。そして、それはまたメディアのクロスオーナーシップや新しいデジタル放送を支配するグローバルな資本主義の権力にも関わっている。さらにいえば、それは、家庭での生活を作り出しそして切断するメディアの力、ナショナルなそしてドメスティックな文化を保持するメディアの力、それなしでは人間の本質が傷つけられてしまうような場所の感覚を涵養するメディアの力、私たちが実際に何処にいるかにかかわらず感じることができる位置の感覚を涵養するメディアの力、そうした一連のメディアの能力にも関わるものである。

メディアをその家庭性の内に論じようとするのは、私たちの一般的な関心が家庭性を取り囲む境界線のあり方や、スクリーンの敷居、電子的な敷居が課す独特の脅威といったものに向けられているからである。インタラクティビティという新しいイデオロギーは——それはもちろん、何をいつどのように消費するかという選択を通じてもたらされる、私たちの到達範囲とコントロール能力の拡大を強調するものだが——ある種の逆転を約束するものとみなされている。それは、一対多という形式を持つ放送メディアとますます増加する受動的なオーディエンスの幼児化を進展させてきた世紀を元に戻すものとして称揚されている。それは新たなミレニアリズムを表現している。これが、新しい時代のユートピア的思考であり、そこでは権力がついに人々の手に渡ったと信じられている。マウスとキーボードにアクセスでき、それを操作できる人々の手に。

もちろん、ここにはより広範な問題があり、それについてはこのセクションでも、本書の残りの部分でも論じていくことになるだろう。その際には、私自身の議論のフレームを維持していくつもりである。つまりは、メディアの権力の逆説を論じ、また、それと同等に逆説的な個人の能力、すなわち、自らの生活を意味あるものとし、情報を獲得し経験を表明するために日々の生活の中でメディアを使用していく個人の能力を論じることである。

家は私たちの出発点であり、また現実にあるいは希望として、私たちの終着点でもある。メディアは私たちの家の感覚を枠付け、私たちが時間と空間のなかで、前に、そして後ろに進んでいくときの経路を印付けることを可能にしてくれる。そしてこれはおそらく、家というものが失われた理想となった社会や歴史の一地点においてもそうなのである。人々が移動を強いられる時代、すべての文化が危機の淵に立たされている時代。そういう時代に、私たちは依然として永遠の帰郷という神話を必要としている。そしてメディアは、そうした神話のひとつの鍵であり源なのである。

＊本章の議論で最も重要な概念である《home》は、多分に感情的なニュアンス含んだ多義的な概念であり、ここではそれを文脈によって、「家」「家庭」「家郷」と訳し分けている。重要なのは、《home》が「帰るべきところ」という意味を含んでいる点であり、その意味において、人間の存在論的な安心感と深く関わっているという点である。

11――コミュニティ

私たちは他者のなかで生活している。そこに私たちの人間性がある。非人間的な力もそこに横たわっている。私たちは近隣、友人関係、親族関係のなかで生活している。また民族的なマジョリティの一員として、マイノリティの一員として、地域の一員として、国家の一員として生活している。私たちは、自分と同じ価値観や関心や信仰を持つ人々と、価値、考え、関心、信仰、アイデンティティを共有している。私たちは直近の現在のみならず、過去をも共有してる。私たちの伝記は、歴史と絡み合い、記憶に浸されているのだ。私たちは、私たちに課せられた、また自身が追い求めた社会関係のなかにアイデンティティを見出す。人はそうしたアイデンティティを日々生きているのである。私たちは帰属の必要を感じている。そして、本当に帰属しているのだという安心感を必要としている。私たちは自分が所属しているものがどのようなものなのか、それについての観念を構築し、自分が持っているイメージ、あるいは与えられたイメージの中で、それを定義し、意味あるものとしていく。私たちは、自分の所属の感覚とそこへの自分の関与が価値あるものだと、絶えず思い出し、安心させられる必要を感じている。

それゆえ、私たちは自分たちを結びつけるという行為、自分たちを結びつける以外にはほとんど何の目的もないような行為に参加することになる。この所属の感覚は、ときに抑圧的でもある。私たちを保護してくれる境界と障壁が、私たちに制約を課すのである。しかし、私たちは集団から除外されることを嫌う。今日ある集団を離れても、それはただ、明日また別の集団に加わるためなのかもしれないのである。私たちは自分たちを自分たちとは異なる人々から区別し、その違いを示すために、旗からフットボールのチームに至るまで、様々なシンボルを作り出したり、見つけ出したりする。実際に、自分たちの特徴というものを定義しようとするならば、そうした差別化が不可欠なのである。この差別化は、時にひどく攻撃的な形を取ることもある。他者との差別化の必要性が、他者を絶滅させることへの欲望に転ずることがある。差異を維持することの耐えがたさ、である。

私たちは、このような社会生活の矛盾を含んだ経験を「コミュニティ」と呼んでいる。この言葉は記述的な言葉でもあり、また価値評価を含んだ言葉でもある。あるときには、それは村落生活を中立的な立場から観察したときに出てくる言葉だが、あるときには武力行使を要求する言葉にもなる。また、あるときには、それは社会生活の継続性と変化を分析する際の枠組みであるが、別の局面では真に良きものとみなされる一切が失われたことを嘆くときに中心にある言葉となる。

私たちはコミュニティを夢見る。その共通性とそれを支える共有された現実というものを夢見る。私たちは誰かと生活を共にすることを夢見る。場所が与えてくれる安全性、親密性、心遣いといったものを夢見るのである。実際、場所という要素、文字通り場所に根差した社会生活の継続性の感覚を無視してコミュニティを考えることは難しい。つまり、コミュニティとは家のひとつの形なのである。だが、それは公的なものであって、私的なものではない。それは、しばしば、世帯・家族とその外のより広い社会との間に求められ、見出されている。そして、コミュニティはある種の主張を含んでいる。それは、参加の許可、メンバーシップの組織化といった単なる制度の問題、構造の問題以上のものを含んでいる。つまり、コミュニティは信念に関わるものであり、独自のものとして共有される何かの一部であることの主張、その効果がまさにそれを受け容れることによってのみ実現するような主張、そうした一連の主張に関わるのものなのである。コミュニティは生きられるものであり、だが一方で想像されるものである。そして、もし人があるものをリアルだとみなせば、アメリカの社会学者W・I・トマスの有名なトマスの公理にあるように、それは結果としてリアルなのである。こうして、コミュニティの観念は経験と欲望の間を漂うことになる。

コベナ・マーサーが言うように、コミュニティということになると「誰もが一体になりたがるが、実はそれが何なのかについて誰も確信をもっていない」(1996：12)。この不確実性は、喪失の感覚から来るものであるが、不安の感覚によって産み出されたものでもある。それは、私たちが生きる世界、すなわち、砕け散った経験と断片化した文化の世界、社会的・地理的な移動性の高い世界の中で、社会生活を有意味に、安全に、そして何よりも道徳的に維持していく私たちの能力は弱体化したのではないか、またこれからも弱体化していくのではないか、という不安である。言いかえれば、私たちは何かのなかにコミュニティを見出したいのである。

では、それはどこにあるのだろうか。今、私たちはどこにコミュニティを見つけられるのだろうか。コミュニティは、いかなる行為の上に、すなわち、どのような個人的、社会的コミットメントの上に成り立つのであろうか。コミュニティはどのように作り出され、またどのように守られるのだろうか。私たちはまだそれを欲しているのだろうか。そして、コミュニティの感覚は、いや実のところ、現実のコミュニティそのものは、意味・コミュニケーション・参加・移動のエージェントであるメディアにどれほど依存しているのであろうか。

これらが本章で考えていきたい問いである。コミュニティはある種の流行語になっている。この言葉は、新しい、そして多くの場合は保守的な政治運動のレトリックの中で、また国家レベル・地域レベルでの公共政策立案者のレトリックの中で、しばしば社会的思考の欠如の言い訳として使われている。「コミュニティにおけるケア」というフレーズは、コミュニティがないところでは矛盾でしかない。ヨーロッパ共同体は、未だに政治的な幻想でしかない。共同体主義は、道徳的・政治的問題については解決不可能な摩擦は存在しないという前提を立てる信念になった。そして、これこそがもちろんここでの中心的な問題になるのだが、私たちは情報化時代のレトリックにも直面している。すなわち、コミュニティとそれに伴うアイデンティティと真正性の感覚が、(モダニティの昂進によって破壊されつづけてきたと考えられている)対面的な関係性の世界ではなく、電子的・仮想的なものによってリアルな世界から引き離されたところに見出される、というレトリックである。

オフラインからオンラインへ、そしてまたどこかへ。新しい形の社会関係、新しい形の参加、新しい形の市民性、これはすべて電子的空間のなかで成立しうるように見える。こうした主張について探求していく必要があるし、また、メディアとコミュニティがいかにして、かくも激しくそして誘惑的な相互関係を結んだのかを考えていく必要がある。

実のところ、コミュニティとメディアの関係は最初から中心的な問題だった。つまり、全国新聞というものが登場して以来、対面的な経験、移動性の低い社会の継続性、物理的空間と物質的文化の共有などによって構築されたコミュニティと、私たちが想像的なものとよぶ何かによって構築されたコミュニティの均衡は変移しつづけてきたのだ。ベネディクト・アンダーソンが見出した想像の共同体は、新聞の台頭によって創造されたものであり、毎朝到着する新聞とそれを読む人々によって今なお日々更新されている。何百万の人々が同時に行なう行為、すなわち、新聞の活字を消費し、それを通じて自らをナショナルな文化に参加させ、組み込んでいくこと。その結果として生まれる共有されたシンボルの空間。想像の共同体とは、そうした事態を記述する概念である。毎日読まれ、そして忘れられていく同一のニュース。「頭蓋骨の中で」（Anderson, 1989: 39　ヘーゲルからの引用）ひそかに行なわれる大衆的な儀式。目に見えない公衆の創造。抽象的で、抽象化されたコミュニティの登場。

俗語による大量印刷は、共有された言語と共有可能な文化を中心とした国民国家の形成を可能たらしめた。新聞は新たな帝国化と産業化の時代、すなわち移動する人々が新たなコミュニケーションと文化と所属の基盤を求めるような時代に見合うような何かを作り出し、またそのプロセスを加速したのである。これはつまり、物理的な境界がより透過的になり、制度的な制約が弛緩していくにつれて、人々を結びつける紐帯がますます強く求められるようになり、それがシンボリックなものの領域に見出されるようになったということに他ならない。

もちろん、コミュニティはその構成において、常に物質的であると同時に象徴的なものでもあった。それは集合的な行動の熱狂を通じて、また日々の些細な相互作用を通じて定義されるものである。コミュニティは実行され、そして実演されるのだ。だが、コミュニティは、その象徴的な次元を欠くならば、全くの無に帰する。意味、信念、同一性、同一化、そういったものを欠くならば、それは無でしかない。所属すべき何か、参加すべき何か、共有すべき何か、押し進めるべき何か、そして守るべき何かがそこには無いからである。アンソニー・コーエンは次のように論じている。

> コミュニティが究極的に指し示すのは、その成員が、一般的であれ、個別的であれ、ある物事について同じ感覚を有している、あるいは有していると信じている状態であり、その感覚が他の何処かにおけるそれとは異なると考える状態である。したがって、人々の経験におけるコミュニティのリアリティは、共有されたシンボルの統合体への傾倒あるいは関与のうちにあるのである。(Cohen, 1985: 16)

したがって、コミュニティは共有されるものによってのみ定義されるのではなく、それを区別するものによっても定義されるのである。実際、コミュニティを理解する上で中心になるのは、それを隣のコミュニティから区別するために引かれた境界線の存在、性質、権力である。共通性と差異。だがそれは必ずしも均質ではないし、完全でもない。

コミュニティが勝利するのは、本質的な不調和を持つ（行動と思想の）多様性が、境界線によって表現されている明白な一貫性を壊さずに、その内部に含み込まれるときである。こうした議論の重要な強調点は、この相対的な類似あるいは差異は、「客観的」な評価ではないという点である。それは感情の問題であり、コミュニティの成員自身の頭のなかにある事柄である。（Cohen, 1985: 20）

コーエンはこうした議論を、歴史的に特殊なコミュニティにのみ妥当するのではなく、コミュニティ一般に通用する議論だとしている。しかしながら、この議論を成立させ、またますますその妥当性を高めている資質が近代の産物であることは明確であり、経験的にも否定しがたいであろう。そして、その近代とは、コミュニティが、電子的な文化のメディアに媒介された意味、その中で流通する日常生活の公的なテクストとシンボルによって構築される時代である。

コーエンの議論をさらに追いかけてみよう。そうすることで、メディアについて問うべき問題の中心に至ることができる。中心にあるのは、境界の問題であり、儀礼への参加という問題も中心的なものである。境界は、定義し、含み込み、区別する。境界の中で、個人は共有可能な意味とシンボルを見出し、それがコミュニティを表象し、またコミュニティを定義する上で強力な役割を果たす。儀礼は象徴的な行為を含んでいる。私たちは意味を胚胎した行為に参加するのである。儀礼は差異の内に私たちを結びつける。儀礼は、共通のしかし強力なイメージと観念の傘の内に私たちを纏め上げる。そして、そのイメージと観念は、自分たちの独自性を主張し強化するメカニズムとなり、また、その生活様式から距離をとったり、それを排除したいと願うような人々から、隣の人たちから、自分たちを区別するメカニズムになるのである。儀礼はコミュニティに欠くことのできないものであり、儀礼の内に自らを表現し、省みるコミュニティは、本質的に差異の主張なのである。私たちが文化の象徴的な境界を意識すること、そして、それを劇的な表現の内に上演することは、コミュニティを創造し、維持するための必要条件である。境界が私たちを定義する。メディアを研究する必要があるのは、それがコミュニティ形成の資源を絶えず供給しているからであり、また私の考えでは、ときに予想もしない形で、矛盾含みの仕方でそうするからである。

実際、メディアは三つの仕方でコミュニティを実践する。すなわち、表現、屈折、批評の三つである。メディアとコミュニティのこの三つの次元も、歴史的にそして技術的に特殊なものだといえるかもしれない。この点については後述しよう。

ベネディクト・アンダーソンが見出した、国民的な規模での想像の共同体の形成に新聞が果たした役割は、メディアがコミュニティの表現となるときの一つの形として見ることができる。だが、ラジオとテレビの時代には、メディアのこうした資質とそれに対してなされてきた主張は、印刷による世界の到達範囲を越えて拡大している。ラジオ、すなわち公共放送のラジオは、ナショナルなコミュニティを形成していくのに一段優れたメディアであった。ベルサイユ条約はヨーロッパにおけるネイションの地位をめぐる分水嶺であったが、その後の戦後期に、私たちは良くも悪くも強力で単一なナショナル・コミュニティを目指すイデオロギーと制度の登場を目撃したのである。

ラジオはこうした歴史の重要な一部であり、それを自ら意識していた。ジョン・レイスの下でのBBCは、おそらくこうしたビジョンの最も穏健な追求者であった。ヒトラーによるラジオの使用は、もちろん別の話である。しかしながら、両者がラジオに見ていたのは、国民に共有可能なアイデンティティを作り出す上で必要となる象徴的な原材料を供給するラジオの能力であり、その点で両者は同根である。そして、ラジオはこの仕事を散り散りになった匿名のオーディエンスへ到達するということによってのみ成し遂げたのではなく、そうしたオーディエンスに（放送の）スケジュールの連なりや、それを喜んで聴く人々には、物語や強い感情を喚起するイベントなどを送り届け、それらが一体となってコミュニティへの参加の象徴的な枠組みを形成したのである。コミュニティの存在を信じ、その利益のために活動すること。BBCの番組編成は、毎日のあるいは毎週の放送スケジュールのサイクルよって、あるいは聖・俗両方の次元をもつ主要な国家的儀礼の生中継によって、ある種の構造を与えた。そしてまたラジオは、国家の物語を、作り替えられた国家の神話と歴史を、伝達された国家の音と声を告げる番組によって、その構造に内容を与えたのである。戴冠式、カップ戦の決勝戦、会話、音楽とトーク、毎夜のニュース、誇張された表現、些細なこと、超越的なこと、すべての人々のための何か。

バリエーションはあったにせよ、ラジオの語りの唯一性と一貫性は、まさにコミュニティの表現であり、コミュニティへの訴えかけであった。戦争の際には、つまり今もそうだが、グローブが外されるときには、このことは明白になる。イデオロギーがプロパガンダに取って代わられるのである。コミュニティが動員されねばならないというわけだ。だが、放送メディアはその初期にも、そして今日も、必ずしも常にうまくいったわけではないが、その都度多くの部分において、コミュニティとしてある社会的な結合を供給することに成功してきた。ネイションはこのようにして、その独自性と差異の内に自らを表現し、創造し、維持し、定義する。その境界は言語的なものでもあり、また技術的なものでもある。英語という言語的な境界、英国という電波の到達領域。だが、この境界は、象徴的な現実を創造し、それが有意味であることを前提し、その力を追い求めることによって定義され、維持される境界でもある。

コミュニティの境界はまた別の仕方で定義されることもあるが、そこでもメディアはやはり中心に位置している。私たちは、コミュニティに関するメディアの表現のなかに、ある特定の政治的・社会的議題を見出すし、そうしたコミュニティへの訴えのなかに、同一化と参加への直接的な呼びかけを見て取る。ところが、コミュニティの経験はそれほど直接的なものではなく、コミュニティはより不明確な仕方で屈折させられている。

アンソニー・コーエンは象徴の逆転現象について注意を向けている。

人は自らのコミュニティと他のコミュニティの境界線を引くだけでなく、彼ら自身の境界を「通常であれば」印付けるはずの行動規範や価値観を逆転させたり、裏返しにしたりもする。この逆転の儀礼においては、人は本来は忌み嫌うような、あるいは普段は禁じられているような仕方で、全く異なる形の集合的な振る舞いをするのである。（Cohen, 1985: 58）

ここには大きな論点が含まれている。おそらくその論点を扱う最善の方法は、ジェリー・スプリンガーに戻ってみることである。この男と彼のショーは批判を受けた。だが、彼の番組は熱心に視聴され、多くの模倣者を生み出したのだった。アメリカの昼間の番組は一面お悩み相談番組であり、その伝染が広がっている。ポピュラーカルチャーがどこまで堕落しうるか、その深さの表現としては、この番組に匹敵するものはほとんどない。だがそれでも、問題になるのはまさにその堕落なのである。

ポピュラーカルチャーは常に逆転の資質を有している。カーニバルは単にそれを最も目に見える形で表現しているだけである。社会が保持され、コミュニティが維持されるのは、しばしば明確に枠付けられた儀礼を通じてである。すなわち、その時代の文化において支配的なもの、あるいは支配的であると前提されるものに敵対するすべてのことを為し、また主張することが許された場、そうした儀礼である。侵犯と超越は堕落と逆転を含み、それは制御不能にならない範囲であれば許容され、むしろ奨励されるのである。人類学者から見れば、そうした瞬間とイベントは深遠な機能を担うものである。無秩序の神が支配し、その神の宣託によって象徴の力が強化され、コミュニティがその成員に対して発揮する支配力が強化される。そして、儀礼の力は、そのコミュニティの成員が、鏡の中で、彼らを違いのある特別な存在とする何かであったものの反転に同一化することを可能にする。共有されるべき経験、そして劇化されるべき経験。維持されるべき意味。所属の感覚。

今日のマスメディアの時代にも、ポピュラーなものは今なお作動しており、コミュニティの価値と理念を反転して映し出す儀礼の機能も今なお維持されている。こうした儀礼の機能を支配的な資本主義と全体主義的な社会の巧妙な戦略として捉える批判はひとまずおいて、ここではそこで何が起こっているのか、そしてコミュニティを理解する上でこうした儀礼がどのような意味を持つのかについて考えてみよう。

大衆新聞と大衆向けテレビの最新の表現形態には歴史的・文化的な連続性がある。タブロイド新聞とイエローペーパーは、まだそれを開始してさえいない。印刷は、宗教的なもの、知的なものを生み出したのと全く同じように、下劣で扇情的な通俗文学をも生み出した。そして、これらの大衆的なものの様々な表現は、境界定義の位置取りを供給したのであり、そこでは支配的な価値が継続的に侵犯され、転覆される。しかしながら、まさにその過程でなされているのは、ほとんどの場合、支配的な価値の追認なのである。階級や文化というものは、そうしたテクストやコミュニティの象徴的な表現のなかに、自らの種差性を見出す。そこでは、また、そのときには、他では許されないことを言ったり、したりすることが可能になるが、それは構造的に、明らかに正常であると認識されているものへ関係付けられている。そして、そこでは、また、そのときには、意に反して動き、振舞うことが可能になり、そうした動きや振舞いを共有することで、その振舞いをする集団とコミュニティ全体の紐帯が宣言され、主張されるのである。しかしもちろん、ポピュラーなものは包摂の領域であるだけではなく、社会的、文化的変容を刺激するものでもある。

スプリンガーの番組で起きていることが、個人的な告白を通じての儀礼的な宣言、そして社会生活で語られないこと、語りえないことの劇的な対人間の摩擦を通じての儀礼的な宣言でないとすれば、他の何だというのであろうか。スプリンガーの番組に映し出されるものといえば、近親相姦、不貞、性転換、そしてあらゆる種類の侵犯である。これらのものが招待された参加客の前で、高度に儀礼化された衝突を通じて上演される。そして、出演者のほとんどは現代社会の最下層出身である。都市の黒人、南部の貧しい白人、ヒスパニックの二世。自らの文化が否定され、抑圧され、彼ら自身の無秩序の場としてこの番組の場を提供された人々である。

ここでは、境界が侵犯され、その侵犯によって境界が宣言されている。この逆転の空間は、毎回の番組に与えられた時間枠によってではなく、スプリンガー自身の結論的な訓戒によって厳密に定義される。その訓戒は、アブノーマルなものを支配的なリアリティの形式へ、すなわち視聴者が理解し、共有しているとスプリンガーが信じている価値や信念へと回収したり、それに対して正当化したりするのである。実際に、偶然が起きる余地はさほど残されていない。そして、何かしらのコミュニティの感覚が主張されるのは、視聴者がそこで見たものと、彼らが知っているものの関係を正しく理解するであろうという期待においてなのである。ここにあるのは、メディアのレンズを通じて映し出されたコミュニティである。私たちの文化を取り囲む境界は定義され、強化されており、メディアもまた捉えがたい仕方で、変わり行く世界に一瞥をくれているのである。

メディアがコミュニティを実践する第三の方法は批評家としてのメディアの役割に関わることであり、これについて少し考えてみたい。ここでも、コミュニティを維持する政治的、倫理的枠組みに対して、メディアが批判的に関わってこれたことに変わりはない。いかなる境界も不可侵ではないのである。しかしながら、皮肉にもマスメディアの最も古い、そして最も新しい形であるコミュニティ・ラジオとインターネットの急速な拡張を通じて見えてくるのは、周縁、あるいは社会生活の急所から、批判的でオルタナティブなアジェンダを提起する自由が生まれていることである。コミュニティ・ラジオは途上世界においてこうした点で重要な役割を果たしており、先進産業社会においては電波帯域の開放とコミュニケーションのデジタル化が、特定のコミュニティの利害と相反的で転覆的なものの両方に焦点化するオルタナティブな声の新たな空間を作り出している。

こうした事態の発展、すなわちマイノリティとローカルなもの、批判的なものとグローバルなものの台頭によって最も打撃を受けるのはナショナルな共同体だといえるだろう。

デジタル衛星とケーブル伝送の時代、すなわち、原則として放送チャンネルへのアクセスの制限が少なくなり、加入費用も相対的に低くなる時代のエスニック・マイノリティのテレビについて少し考えて見よう。一九九八年に公刊された報告書（Silverstone, 1998）に、ユダヤ人のケーブルテレビ、衛星放送についての議論がある。報告書は、こうしたチャンネルを作るだけで、ユダヤ人のコミュニティが再生し、その日常的な文化が活性化することを示唆している。そのチャンネルのなかで、ユダヤ人の声が聴き取られ、ユダヤ人の価値と理想が議論されるのである。それは、表現の機会、内省の機会として捉えられている。だが、それはマイノリティによる主張であり、他のエスニック・マイノリティもすでに同様のことをしているか、あるいはすぐにそうするであろう。

こうしたメディアを通じてのコミュニティの主張は批判的なものであるが、それは二つの意味においてである。こうしたメディアは、まず、コミュニティにおける放送の役割についてオルタナティブな見地を提示し、また、コミュニティそのものについても、そのオルタナティブな見地を提示している。新たな主張とは、参加の要求であり、放送空間のオンラインとオフラインのより密接な繋がりである。しかし、その主張は、複数形のコミュニティへのものである。個別の、おそらくは内向きの、そして次世紀の公的生活の特質と特徴に強い影響をもつ主張である。ここには未解決の緊張が存在する。その緊張はコミュニティの矛盾をはらんだあり方を含み、その矛盾は、メディアの構造と内容、そして経験の一般的なテクスチュアにおけるメディアの役割と帰結、その両方に関わるものである。

ここには確かに、メディアを学ぼうとする私たちにとっての論点がある。コミュニティという語はおそらく過剰に、そして誤って用いられている。しかしそれは、日常生活を成立せしめ、受け入れ可能なものにしているのは何か、という問いの核心をつくものでもある。近代を通じてコミュニティの形成と維持の基盤となっていた馴染み深いものが腐食しはじめているのである。ここでも、メディアは中心的な位置にあるが、それはメディアが変化と変化への抵抗の両方へ、象徴的な資源を提供するからである。

しかしながら、マイノリティの放送とコミュニティ・ラジオに関する議論で論点が尽くされたわけではない。コミュニティについてはグローバルな論点もあり、それを作り出し、維持する新たなメディアについても考えなくてはならない。バーチャル・コミュニティとインターネット上での社会生活へ入っていくのである。

この章の議論のひとつの副産物は、すべてのコミュニティはバーチャルなコミュニティであるという認識を得たことである。コミュニティのシンボリックな表現とシンボリックな定義は、電子メディアがあるにせよ、ないにせよ、私たちの社会性の必須条件として確立されているのである。コミュニティは想像され、私たちはそこに対面や接触をもちつつ、あるいはもたずに参加する。インターネットによる新たなコミュニティの時代を宣言する者は、コミュニティは物理的近接がなくとも可能だと論じ、（英語を読み書きする）熱心な人々が自ら選び取った集団において行なう持続的で多元的なコミュニケーション（ハワード・ラインゴールドがTHE WELLの事例で述べているように、時にはがっかりさせることもあるが、後に続いていく対面的なやり取りに支えられている）が、共通の社会的リアリティを創り出すと論じ、それは個人が支えられる場、彼らが意味を見出し、個人的なアイデンティティを表現し、維持することのできる場となると論じている。

こうしたメディアに媒介された広場が「リアル」なコミュニティであるか否かを論ずるつもりはないし、それはむしろ無意味な問いに思える。また、コンピュータによるコミュニケーションの世界に広がるMUDsやユーズネットにおいて、いかに社会的相互作用が維持され、いかに集合的な幻想が可能となるのかをひとつひとつ追跡するのも私の意図するところではない。後者について言えば、その世界に関わる人々がどれだけ抑うつ的になるかが論じられているにせよ（Kraut et al., 1988）、ある種の維持しうる社会性が可能であることについては、それを信じる理由がある。これらの問題については、今後の研究を待たねばならない。

だが、特にオンラインとオフラインの「コミュニティ」のインターフェースという点について、そしてまた、電子的な社会性の新たな表現が伝統的なメディアの社会性の失敗を埋合わせる力といった点について、解明されるべき大きな問いがあるのは明らかである。すでに示唆したように、このことは、公的生活におけるメディアの役割、また政治過程への意味のある参加を促すメディアの能力といったことを考える際には、特にあてはまるだろう。これらの問いについては、本書の最終章でもう一度立ち返ることにしよう。

12――グローブ

トマス・ウルフの権威ある小説、『時間と河』は列車のイメージとメタファーに支配されている。近代性の象徴として、また絶えず動き続ける若さの象徴として、列車のイメージは物語を前に押し進め、新しい土地、新しい時代、アメリカ、アメリカの世紀を駆け抜けるのである。物語は、南部から北部への列車の旅で始まる。後の方で、もう一つの旅が用意されている。このときばかりは、ライバル企業の列車との競争である。それらは互いに首を並べて疾走し、一方が少し前へ出ると、今度は他方がという具合である。ユージン・ガントは、暖かく、安全な寝台車の中から彼らもそうするようにもう一つの列車の乗客たちを眺めている。

彼らは少しのあいだお互いを見る。彼らは通り過ぎて、消え去り、永遠に行ってしまう。だが彼には、自分がそうした人々のことを知っている、自分の列車にいる人よりも良く知っているように思えた。広大な、時間の無い空の下で彼らに一瞬出会った。この大陸で散り散りになるまでに、出会って、通り過ぎ、消え去る。それでも、永遠に忘れることはないだろう。そして彼は、二つの列車の人たちもやはり同じ思いだと考えていた。お互いがゆっくりと通り過ぎるときは、口元に笑みが浮かび、その目は親しげになる。でも、そこには少しの悲しみと後悔もある。巨大で混み合った都会に互いに見知らぬ者同士として暮らした後で、今彼らは果てしない大地の上で出会っている。輝く線路の二つの時点のあいだで、互いに今は過去を投げやって、それ以上は会うことも、話すことも、知り合うこともない人たちと出会っている。そして、彼らの時代の短さ、人の運命は、この短い挨拶とお別れのなかにある。

ウルフがこの小説を発表したのは一九三五年である。設定は一九二〇年代だった。列車はおそらく新しい地平を切り開いたのだ。つまりそれは、ふつうの人々に大陸を開示するコミュニケーション・テクノロジーだったのであり、我々自身の近代性の特色を定義したのである。そして、その近代性とは、動と静、承認と疎外、場所と場所の不在、時間と時間の不在、接続と切断、こわれやすいものとはかないもの、獲得と喪失などの、独特で逆説的な不均衡を含んでいた。輸送とコミュニケーション。旅行に貿易、そして帝国。近代性とグローバル化を一緒に描き出す列車、電信、電話、ラジオ、映画、テレビ、インターネット。蒸気から真空管、トランジスタ、そしてマイクロチップへ。それは、テクノロジーが進化的に地球を縮小していくなかでの支配と拡張、そして抽象化の継続的なプロセスである。今日私たちがグローバル化と定義するものには歴史があり、電子とデジタルの魔力によって解き放たれたすばらしい新世界として私たちが称揚するものにも歴史がある。それは機械の歴史であり、その機械の周囲に育った制度と産業の歴史であり、その機械を通じて伝達されたモノ、人、ニュース、イメージ、観念、価値の歴史である。グローバル化にこうした歴史がある以上、それをポストモダンの条件に帰してしまうことには慎重でなければならない。

ある程度までは、グローバル化は精神状態の問題だといえる。というのも、それは想像力の及ぶところまで拡張するからである。世界地図は、そこへの様々な投影のなかで、私たちの到達範囲として知られているもの、信じられているもの、主張されているものの表象を常に提供してきた。私たちは誰しも、自分自身の世界地図とその中での自分の場所の地図をもっている。

しかしながら、グローバル化は物質的な現実でもある。産業、金融、経済、政治、文化はすべて、個々別々にまた一体となって、グローバルな時空間のなかで作動し、構成されている。そこで生じているのは、境界の侵犯、アイデンティティの超越、共同体の粉砕、イメージの普遍化である。そしてメディアはこのプロセスを可能たらしめ、またそれを表象している。それを当然だと私たちが思うほどにそうしているのである。私たちは、電話や電子メールが地球の向こう側から数秒のうちに届くことを当然視しているし、災害やフットボールの試合のライブ映像、あるいはすたれた昼間のソープオペラが地球上のどの街でも見れることを当然視している。そして、かつてジョシュア・メロウィッツが指摘したように、私たちは「子供が通りを渡るのを許される前に、テレビが子供たちを地球上のどこへでも連れていく」（Meyrowitz, 1985: 238）ことを当然視している。

　私たちがグローバルな時代を生きていることは疑いようがない。世界は文字通り私たちの思いのままというわけだ。それは時間‐空間関係が空間‐時間関係に取って代わられる時代であり、そこでは歴史が地理の目前で退却し、地理はその存在を正当化するためにもはや物理的空間を必要としなくなる。マーシャル・マクルーハンの助言者であるハロルド・イニスは、こうした変化をコミュニケーションの性質の変化、その直接の帰結とみなしている。マクルーハン自身も、先見の明をもちながらも不正確な形で、彼が見たと思ったことを記述するために、「地球村」という新語を作り出した。そしてマクルーハン以降は、ジェームズ・ケアリーとウォルター・オングが共に、技術の変容をメディア研究の問題の中心に位置づける枠組みを提示している。それがどこであれすべての場所に、即座に、強固に、強力に繋がり、コミュニケーションし、何かを知らせ、娯楽を提供していく力。それは世界における私たちの場所とそれを理解する私たちの能力に重大な結果をもたらした。ここに、もしまだそれを獲得していないのであれば、メディアを研究する、メディアの役割を研究する理由がある。これらの変化すべてにおいてメディアが果たした役割、世界という舞台における社会的・文化的関係を可能にし、またそれを変容させていくメディアの役割、そしてそうした世界において日々の仕事をこなしていく私たちにとってのメディアの意味。

　グローバル化は変容する経済的・政治的秩序の産物であり、そこにおいて、新しい重層的な帝国主義の下でのテクノロジーと資本の結合が生じている。資本主義の無限の拡張という主張をするときには私たちは慎重になるであろうし、共同体に対しては、それが破壊的な力となることを確かに認識しているであろう。だが、その鋭利さは明らかに切り取られているとはいえ、ミレニアムの訪れとともにやってきたマレーシア、ロシア、南アメリカにおける戦後史は、異例の成功のひとつである。グローバル経済に刻印された不均衡と不公正を無視することはできないが、同時に、再生産と継続的な拡張に際してのグローバル経済の能力を忘れることもできないのである。

ここ半世紀の歴史が目撃したのは、グローバルな資本主義の生産能力の変容であった。国家レベルでのフォーディズム的な経済から国際的なポスト・フォーディズム的な経済への移行は、生産と分配の過程を消費者に近づけていった。労働に対する態度の違い、世界の産業化のもたらした主要な結果に対する態度の違いといったものはあるが、それはよりレスポンシブで、需要牽引型の経済である。この変容を、組織化された資本主義から無秩序な資本主義への移行として描く論者もいる。いずれにせよ、資本はほんの数年前には想像もできなかったような形で、世界という舞台において作動している。ある地域から、他の地域へとモノを動かし、労働を動かし、プラントを動かす。そこでは、地域のローカル・エコノミーの必要や、一国の政府の欲望などにはほとんど注意が払われない。いつでも、ジャスト・イン・タイムというわけだ。これらのことすべての合理性に対するいじらしい信仰もある。しかし、その最も明白な帰結といえば、自らの経済を制御できなくなるだけでなく理解さえもできなくなる国家、グローバル化による雇用の不安定をめぐる社会的費用、ますます傷つきやすくなりつつある金融と経済のグローバルな相互依存といったものであり、それらは世界をますます瀬戸際に追いやりつつある。

自由貿易を支持する者は、豆やネジの貿易であれ、映画や音楽のそれであれ、その取り引きの支配者であるという傾向があり、戦後の世界において、資本主義とグローバル化は手に手を取って進んできたのであった。両者は互いに互いを必要としたのである。いうまでもなく、この両者を成り立たせているのが、自由で即時的な情報の流通である。そしてそれは、経済を制御し、理解していくための新たな経済学を要求し、時間と空間における組織運営の方法に重大な結果をもたらし、また、それぞれの文化と社会、そしてその文化と社会が生き残っていく能力というものにも重大な影響を与えたのである。

文化産業は最も早い段階でグローバル化したもののひとつであり、地球の縮小の原因でもあり、結果でもある。ハリウッドはいまだに文化産業のパラダイムとして君臨している。だから、私たちがするように、またここで私がしているように、マイノリティの文化とローカルな利害のために維持されるべきある種の自由というもの（それはグローバルな文化に貢献するものであり、またそれを流用するためのものでもあるが）について語るときには、その取り引きがどのような条件の下で行なわれているのかを思い出さなくてはならない。私たちは、多国籍化した文化産業が行使する支配権のおよぶ規模と範囲というものに留意しなくてはならないのであり、それはそのヘッドオフィスがアトランタやシアトルではなく、ベルリンや東京やロンドンにあるときにも同様である。そしてそのときに再び注意しなければならないのは、文化産業の所有とコンテンツは一致しないという点である。所有の均衡は常に多様性と開放性に貢献するような形で作用するわけではない。ソニーは世界へ向けて日本の文化を作り出しているわけではない。彼らはハリウッドの文化を生産しているのであり、それはかつてティンパン・アレーと呼ばれたものと同じである。グローバルに共有されるものはほとんど残されていない。それはほとんどすべて閉ざされている。

私のここでの関心は、メディアに媒介された文化的な力としてのグローバル化とその経験との関係についてである。いうまでもなく、世界における自分の場所の認識は、私たちがその世界をどのように生きているかということ、そしてまた私たちがその世界をどのように見ているかということに依存している。この点について危険を承知であえて言うならば、私たちはある時にはグローバルな文化に入っていき、ある時にはまたそこから出てくるということを常に繰り返している。私たちは、ローカルな認識枠組み、すなわち日常の平凡さ、近隣、ローカルなものから外へ出て、より広範囲の認識と定義の枠組みをもつ時空間へと入っていく。私たちはそれを仕事においてもレジャーにおいても行なっている。私たちはそれを物理的な空間においてもシンボリックな空間においても行なっている。私たちはそれを望んですることもあれば、何かしらの脅迫の下ですることもある。そして、こうした動き、こうした個人あるいは集団の動きのなかで、私たちは常に、私たち自身であることの権利を主張し、アイデンティティを主張し、グローバルに共有されたものの残された分け前がきわめて少ないことを主張する。侵入者、密猟者、テロリスト、すべて。そして、ときにはそれは成功するのである。

何人かの論者は、こうしたプロセスを流れの逆転として位置づけている。すなわち、ローカルなもの、個人的なものから、グローバルなもの、集合的なものへの流れである。彼らが指摘するのは、特に音楽の分野で最も頻繁に見られるようなローカルな文化の能力、すなわちグローバルな空間へ拡張し、その空間を変容させてしまうようなローカルな文化の能力である。それはたとえば、ボンベイの映画産業やブラジルのテレビ小説が発揮するようなシンボリックな権力のことである。しかしながら、「流れ」という言い方はおそらく適切ではないだろう。「したたり」といった言い方の方がおそらく表現としては近いし、その場合にも、それは葛藤や絶えざる意味の変移というものを伴わないわけではない。たとえば、レイディスミス・ブラック・マンバーゾのmbubuにおけるソウェト〔南アフリカ共和国Gauteng州の黒人居住区域〕の音楽がグローバルな空間に入っていったのは、ポール・サイモンが『グレースランド』というアルバムのなかで行なった、その古典的な流用によってであった。ここには、そうした動きにおける矛盾や曖昧さといったもののすべてが現れている。つまり、グローバルなポピュラー音楽文化に対する絶えざる負荷、あるいはグローバルなポピュラー音楽文化における絶えざる変化、さらには、マイノリティの声の可視性、また同じ文化のなかでそうしたマイノリティの声が調和していく様と、一方でそうした声が土地を離れたときに生じる意味と意義の変容といった事柄である。そして、ここで次のような問いを発することもできるだろう。すなわち、グローバルな空間で可視的になっていくことが、ローカルな音楽にどのような影響を及ぼすのか、またそれは、私たちがナイーブにもそう呼びたくなってしまうようなオーセンティシティというものを維持していく能力にどのような影響を及ぼすのか、といった問いである。

実際に、アパデュライがメディアスケープとよぶ場においては、グローバル化とは翻訳のプロセスに他ならない。私たちは、ロンドンや香港やシンガポールの間で即時に伝達される金融関連の情報がその発信地と到達地点とで同じものであると信じている。私たちは、ハリウッドやディズニーはパリでもペナンでも同じであり、それはポキプシーでそうあるのと同じであると信じている。私たちは、世界のニュースはどこで受け取っても同じものであると信じている。しかし、私たちは本当はそうでないと知ってもいる。私たちは、意味というものが遠くへ素早く伝達されるとき、その伝達は無垢でも無傷でもありえないということを知っている。私たちは、湾岸戦争のときに衛星を介してライブで伝達された画像が、ある場所ではある物語を伝え、他の場所では全く異なる物語を伝えたことを知っているし、さらに、その物語はどちらの場所においても時間と共に変わっていったことも知っている。そしてすでに示唆したように、私たちは、ローカルな文化、マイノリティの文化、その維持のために攻撃的になりつつある文化というものが、それでもまだ他の場所からやってきた意味と協働し、それらに貢献する能力を持っていることを知っているのである。

その中における異なる集団や文化にとって、グローバルなものとは何を意味するのであろうか。そこには、画一化へ向かう力と断片化へ向かう力の緊張があり、ブランドを受け入れることとそれに抵抗することとの緊張があり、消費と表現の緊張があり、怖れと好意の緊張がある。世界システムの中心と周縁の両方で形成されるハイブリッドな文化、今なお国家の文化政策によってその多くを形作られている文化、これらの文化がすべての水準で生起している。そして、それらすべてを自分たちの文化とする私たちは、アイデンティティと差異の絶えざる相互作用に直面している。ダイエットコークを飲んでいるその直後にチョップド・レバーというわけである。

一般化は不可能になり、仮に不可能でないとしても、さほど興味深いものではなくなっている。危ういながらもなされている世界経済秩序の統合は、単一の政治的秩序や文化的秩序へと自動的に昇華するわけではないのである。グローバル化の公分母としての時間‐空間の距離化、あるいは時間‐空間の圧縮について語る者、またそこに、世界を生きる私たちの能力と関わる存在論的な根拠とその崩壊の両方あるいはどちらかを見出す論者は、あまりに大きな抽象化をしてしまっている。ローカルな文脈からの社会関係の「脱埋め込み」あるいは「リフティングアウト」が時空間の不確定なスパンを横断して生じている。だが、それは一方で近代における長い歴史を持つものの（トマス・ウルフからの引用が示すような）、今現在でもまだ、均一のグローバルな経験というわけでは決してないのである。たとえば、ソウェトの人口における一人当たりの電話機、テレビ、コンピュータの数を考えてみよ。あるいは、そこにいるふつうの男女がグローバルな経済に有意味な参加をする能力をどれだけ持ち合わせているか考えてみよ。そして、そのバリエーションと差異のなかで、グローバルなものが何を意味するのか考えてみよ。

違うのだ。メディアを研究する必要があるのは、単数形のグローバル文化と複数形のグローバル文化の曖昧さと矛盾を認識する必要があるからであり、さらには複数形のグローバル文化が実際にどのように作動するのかを知る必要があるからである。また、私たちはマイノリティの利害関心を維持し、増進するためにどのようなニーズが満たされねばならないのかを知る必要もある。どのような意味において私たちはグローバル文化を生きているのだろうか、そしてメディアはそうした私たちの生をどのようにして可能に、あるいは不可能にしていくのだろうか。

私はこの問いを、主流の文化によって不利益な立場に置かれた、あるいは周縁に置かれた人々にとってのメディアの役割との関係で考えていきたい。つまりは、グローバルな文化と社会の中での自らの位置が、肯定的にも否定的にも、そのディスロケーションによって定義される人々にとってのメディアの役割、自らの位置が、二〇世紀終盤の社会生活の重要な次元の一つであるディアスポラへの参加によって定義づけられるマイノリティにとってのメディアの役割である。

ディアスポラはかつては一つだった。それは、エルサレムの第二寺院陥落後のユダヤ人の拡散、すなわち北アフリカ、イベリア、インド、東西ヨーロッパといった、当時の地球における遠方へのユダヤ人の拡散を指す言葉であった。ディアスポラは今や複数化している。それは、グローバルな次元での人口の多元的な移動を意味する言葉になった。第二次世界大戦の終焉と共に、ヨーロッパ中で何百万人もの難民が出現した。それ以来、人口の移動は大陸中に広がり、職の獲得や他の利益に誘導されたものであれ、貧困や飢饉や政治的不安に強いられたものであれ、人と文化はある地域から他の地域へと移動していったのである。

そうした人々が移民先の文化や、あるいは均質化したグローバルな文化へ何らかの形で吸収、同化されていったと考えるのは、ほとんどの場合明らかな間違いである。実際、今日のグローバル・ポリティクスとは、その多くの部分が、最近あるいはもっと前に場所を失ったマイノリティたちの主張をめぐるポリティクスなのであり、それは物質的な次元での存在の権利の追求ということだけでなく、自らの文化やアイデンティティを維持する権利の追求という形でもなされているのである。そしてそうしたポリティクスはその帰結において、穏健なものにも敵対的なものにもなりうる。しかし、それらのすべてに一貫しているのは、そこに巻き込まれる人々が、同時にローカルな存在でも、グローバルな存在でもあるという点である。つまり、彼ら彼女らは、特定の場所に生活するマイノリティの文化という意味ではローカルな存在であるが、その範域と射程においてはグローバルな存在なのである。それは共同体というよりも、ネットワークといったほうがふさわしいだろう。異なる空間、異なる都市にいるメンバーを結びつけるネットワーク、散り散りになっていった人々と、言葉のある意味において家郷に残った人々を結びつけるネットワーク。そしてこのネットワークはますますメディアを通じて作動するものになってきている。土地を離れた人々、すなわち、サウソールのパンジャブ人、ボルドーのモロッコ系ユダヤ人、ベルリンのトルコ人、ミラノのアルバニア人、サクラメントのメキシコ人、トロントの中国人、メルボルンのギリシャ人、ボストンのアイルランド人、マイアミのキューバ人は、同じように土地を離れた世界中の集団との結びつきを維持することができ、また祖国に残った人々ともその繋がりを維持できるのである。

ダニエル・ダイアンは短いながらも示唆に富んだエッセイの中で、こうしたプロセスと彼が「インターディアスポラ・メディア」と呼ぶものの仕組と含意を論じながら、散り散りになった人々が自分たちにとってのグローバル文化の独自のあり方を維持していくときの様々な伝統的方法、あるいは彼が「新たな伝統」と呼ぶようなやり方を列挙している。それはすなわち、ニューズレターの制作と流通といったものから、カセットテープやビデオテープ（商業的なものも、家庭で作られるものも含めて）、手紙の交換に際しての聖なるイコンや他の小さなメディア、電話をかけること、写真と個人旅行、特定の問題をめぐる宗教的・政治的組織によるディアスポラ間ネットワークの形成といったものまでに至る様々な方法である。そして、いうまでもなく、そこには主要なマスメディアへの参加もあり、ケーブルや衛星による伝達は、テレビにおいてもラジオにおいても、ローカルな番組へのグローバルなアクセスをますます増加させつつある。そしてもちろん、インターネットもそこに含まれよう。

これらはいずれも、それぞれのメディアがグローバルなネットワークを可能にしていく際の具体的な形である。では、その帰結は何か。コネクションの段階であり、放逐の不可能性である。ある特定の場所にいるマイノリティがすべての場所へ拡がるマイノリティへと変貌していく力。また、そのプロセスを通じて変化せざるを得ないとはいえ、文化が生き残っていく力はメディアなしではあり得なかったかもしれない。もちろん、ここで幾つかの疑問が浮かんでくる。それは、時間の経過に関する、あるいは移民の一世と二世、またそれ以降の世代での経験の違いに関する疑問であり、それはまた、移民先の社会とグローバルな枠組みという矛盾をはらんだ空間でマイノリティが文化を形成・再形成していくときの異なるメディアの利用とその役割に関する疑問である。こうした観点から見れば、グローバル化は多面的で、何よりもまず様々な葛藤を含んだプロセスである。それはエリートとグローバル・メディアが排他的に保護されるプロセスではなく、むしろ様々な利害と様々なアイデンティティが行き交うプロセスであり、それは、拡散した人々の時空間におけるリアルな動きに大きく左右されるものの、ますますメディアの電子的空間において作動し、表明されるようになっている。

マイノリティはローカルな文脈においてもグローバルな文脈においても、自らの差異を交渉していかねばならない。メディアはそのための資源を提供している。彼ら自身が生み出すメディア、彼らが受け手となるメディア、その両方がそうである。そこで生まれるのは、もちろん新しい何かである。小さなコスモポリタニズム、新しい変移を見せるハイブリディティといったものが、古いメディア、新しいメディアの両方に表現され、反映される。これは、マリー・ギレスピーがロンドン西部の南アジア人のディアスポラにおけるメディアとアイデンティティに関する研究を通じて達した結論でもある。

コミュニケーションと文化のグローバル化は、新しい種類の時間と空間の関係を分節／節合しながら、社会において利用可能なアイデンティティ形成の様式を変容させていく。メディアは、生産的な消費者によって、境界線を維持・強化するために用いられているが、それだけではなく、メディアは「ニューエスニシティ」に見られるような異なる文化形式の混在を生み出していく、新たな共有空間を作り出すためにも用いられるのである。これらのプロセスは不均衡であり、その帰結は、重要なものとなる可能性が高いが、予測不可能である。しかしながら、それらを抽象的な次元で、あるいは距離を取ったところから分析することもできないのである。（Gillespie, 1995: 208-9）

これらすべての意味において、グローバル化は動的なプロセスである。そこにあるのは、形成されるべきコネクションであり、グローバルなコミュニケーションによる新たな刺激の周囲に形成・再形成される文化である。ギレスピーの研究は、移民の第一世代が伝統との接点を保ちながら祖国とその文化との繋がりを維持していことうするときに、様々な世代的な隔たりが存在する一方で、テレビと特にビデオが果たした役割を描き出している。つまり、テレビやビデオは、マハーバーラタとイーストエンダーとＭＴＶが共存する場で彼らの子供たちがその文化的空間を再定義・再配置することを可能にしながらも、一方ではそうした役割を果たしたのである。

もちろん、グローバル化はその影響においても、またその意味においても矛盾を含んでいる。ケネス・スター検察官がアメリカの連邦議会への報告書をインターネット上で世界中に公開し、それが世界の新聞の一面とテレビ画面を飾ったとき、彼はあたかもグローバルな陪審員に訴えるかのごとく、一足飛びにグローバルな世界へ向かっていった。世界中のどの街のタクシードライバーも客にそれを見たかを尋ねたであろう。それは、グローバルなゴシップになったのである。もし、マクルーハンがグローバル・ビレッジという言葉でこうした事態を意味していたのであれば、おそらく彼はポイントをついていたということになる。イベントは共有されたのである。しかし、このイベントが、それぞれのナショナルな文化、ローカルな文化、地域の文化、宗教的な文化、プライベートな文化の内部へと浸透していったとき、このイベントの意味と趣旨は分裂していった。タリバンの文化からトリニダードの文化まで、このイベントの解釈の首尾一貫性を前提することはできないのである。そして、このイベントの単一性、すなわち、そのグローバルな広がりが何かしらの均質な反応を引き出したという想定をすることもやはりできない。トピックとしてはグローバルであったかもしれないが、それはローカルで特殊な利害やアイデンティティを表明するための資源になっていったのである。

　私たちはここで次のように問うことができるだろう。グローバルなもののこうした意味が私たちの日常生活に直面するとき、そこに何が起きるのだろうか。私は、このグローバルな世界の中で、自分の場所をどのように理解するのだろうか、どのように理解できるのだろうか。私はそうした事態にどのくらい耐えることができるのだろうか。私はどのくらいの責任を負うことができるのだろうか、あるいはより論点を強調するならば、私はどのくらいの責任を負うことを要請されているのだろうか。このグローバル化は、どのくらい深く進展していくのだろうか。グローバル化はそれ自体がメディアの表象の仮定法の世界の出来事なのだろうか。そしてそれは、決定的で時宜の悪い、社会からの文化の分離に依っているのだろうか。

私はこれらの点について本書の最後のセクションで再び論じていくつもりだが、こうした問いを発することはもちろん、容易には答えられない道徳的で政治的な問題を提起することでもある。だがそれは、グローバル化の問題を通常とは逆の形で問うていくためである。多くの人たちは、このメディア主導のグローバル化をグローバルな政治、グローバルな市民性、そしてまさにグローバルな社会の基礎をなすものとして見ている。なぜなら、テレビとそして何よりもインターネットは、公然と共有されうるイメージ、観念、信念のグローバルな流通のためのグローバルな空間を提供するからである。あたかも、見ること、そして聞くことが理解することであるかのように。あたかも情報が知識であるかのように。あたかも、アクセスすることが参加することであるかのように。あたかも、参加することが効果を発揮することであるかのように。あたかも、関心のコミュニティが関心をひくコミュニティに取って代わられるかのように。あたかも、グローバルなおしゃべりが同時的・非同時的なコミュニケーションであるかのように。

私たちは、ウルフが描いた夜中の盗人のように行き交う旅行者のごとく、このグローバルなインフラの上を旅していく。認識の瞬間、同一化の瞬間。遠く離れたところの出来事と生活へのはかない繋がり。私たちは何かしら主張する。私たちは何かしら動き出す。私たちは何かしらを自分の手元に保持する。地球を横断して生起するイベントがスクリーンの上で目撃され、議論される。時折、それは私たちの心に深く響いていく。あるいはそれは、反応を要求するために見せられているのかもしれない。つまり、贈与、寄付、チャリティ、新聞の追加購入といった反応を要求するために。そしてそこには、学ぶべきものもあり、私たちを家郷へ連れ戻してくれるものもある。疲れたサイバートラベラーのためのインターネットのサイト、ホームページ。そこには投じるべき票があり、表明すべき意見があり、行使される権力がある。

グローバルなものは、壊れやすいものである。グローバル経済はぎりぎりのところで自らを何か保っている。グローバルな政治体制は今なお挫折したままである。グローバルな文化は見られるものの、それについてあまり聞くことはない。国家という単位は生き残っている。リージョナリズムは昂進している。社会的摩擦はその地に固有の風土病のようになっている。しかしながら、この「しかし」という留保というものは常についてまわるものだが、私たちの想像力は新たな形で、また明白な形で地球規模に広がっている。メディアはこのことを可能にしたのであり、それはメディアが想像的な作業のための原材料を提供するからこそである。残された問いは、この想像の次元を日常生活のキャンバスにどのように固着していくことができるのかという問いであり、ここでもまたメディアがそうした作業のなかでどのような役割を果たすのかが問われなくてはならないだろう。これが本書の次のセクションの議論である。

意味の構成

このセクションでは、意味をつくりだすこと、そして意味を固定すること、この二つの側面について考えよう。そのなかで、日々の生活の秩序を創造し、維持するための能力、またそうした秩序の内部に私たち自身を見出し、みずからの位置を確保するための能力にとって、メディアが中心的な役割をはたしていることを考究してみよう。メディアは、そうした営みにとって欠くべからざるものになってきた。なにかを参照し、反省すること、また継続的に繰り返し共通の感覚を創りだすことや現代性の特徴を規定すること、それら双方の営みがすべて、メディアの存在と表象のなかで言及される、そうした文脈をメディアとわれわれとのかかわり、つまりメディア・リテラシーが創り出しているのである。読むことができるようになったなら、どうして本を無視することなどできるだろう。

秩序と無秩序、それは時間的なことがらであり、空間的な出来事であり、社会的なことがらである。分類分けは、ある時間、ある空間、そしてある度合いに応じて、差異性と類似性を測定する行為を内包する。諸文化、諸個人もこのなかに組み込まれている。私たちの共通感覚や平凡なことがらこそ、われわれの現実の試金石なのである。われわれの秩序は、まさにその場所で、見出され、正当化される必要がある。メディアは、かなり重要な意味で、質量を備えた物質であり、道具である。しかしまたそれは、この道具を使ったわれわれの労働の産物でもある。その二つの側面が一緒になって、メディアは、日常生活を過ごす上での、砂地であったり、鋤であったり、そこに築かれた城とはためく旗であったりする。メディアは、その意味で、本質的に、再帰的なものである。そしてまたその意味でも、われわれはすでにそれ無しにはありえない存在なのだ。

しかし、メディアのプロジェクトは、アイロニーなしにはありえないし、対立なしにもありえない。メディアは深く社会秩序の組織に内包されているために、現実へ到達する道となりうるとともに、現実へ到達する際の障害ともなりうるというふたつの側面を合わせもっている。マスメディアに媒介された仮想の世界にいるわれわれの生活は一定の安心を求めている。われわれの行為を形成し支える経験のテクスチュアは、そのために継続的な注意を必要とする。われわれが見たり聞いたこと、そして感じたことの真実性と妥当性は検証されねばならないし、絶えず検証されてきた。そこにはつねに歪みがあり、未解決の紛争がある。はっきり理解してこなかったことや誤解したことがらが存在する。われわれはそうしたことが存在することを理解する必要があるし、個人として、また社会的世界の構成メンバーとして、メディアがそうした私たちの住む世界の確実性と不確実性にどう関与しているかについても理解する必要があるだろう。

私たちを空間のなかに、時間のなかに、そしてアイデンティティに位置付ける社会過程、さらにリスクを回避し、歴史を扱い、他者の現前を処理する社会過程の鍵となる次元は、たとえそれがこれまでそうでありえたとしても、媒介ということから無垢であるような次元ではけっしてない。概念的でもありそして想像的でもあるこの媒介の範囲は際限がないし、もちろんそれは自由と強制の双方として認識されるだろう。歴史への広がり、諸大陸をまたぐ程の広がり、こうした媒介の範囲は、すでに多くの機会に私が指摘してきたように、その範域に変化が生じた時には構造を変えてしまう。つまり、伝統が変容とコンフリクトを起こし、アイデンティティがコミュニティとコンフリクトを起こし、意味が感受性とコンフリクトを起こすことからも、それは理解できる。

以下では、社会生活を営み、日々の生活の中で安全とアイデンティティを追求するための枠組みを用意するメディア能力を三つの次元から説明する。信頼、記憶、そして他者性という次元である。この三つの次元は基本的な社会的プロジェクトの中心に位置しており、またメディアとわれわれとの関係のなかでそれらのすべての諸側面が決定的に規定され、変容を迫られている。さらにこの三つの次元は価値の創造と維持にかかわっている。私が問いかけてきた価値の問題である。私はたぶんまったく不明瞭な何かを探し求めてきたが、しかしその不明瞭な何かは、すべての中でもっとも重要な何ものかである。それを知るために、私たちの人間性に、深く体現され、かつその人間性に圧倒的な影響力を及ぼしている、現代社会の基底的な構成のひとつとしてメディアを知覚することが必要なのだ。

13――信頼

インターネットのブックストアー、アマゾン・ドット・コムをクリックする。「安全で簡単に注文を。保証します」という再保証のページ。あらゆる取り引きが一〇〇パーセント保障されているので、クレジットカードの安全性について私が心配する必要はない。無許可の課金に対しても保護されている。さらにアマゾンの保証金とアメリカ合衆国公正クレジット請求法の連携で、私自身の責任は五〇ドルに限定され、自分自身による過失がなくて不正なカードの使用が行なわれた場合には、アマゾンがいかなる問題にも責任を負うことになっている（たぶんアメリカで取り引きが行なわれた場合に限られるだろうが）。さらに暗証番号の点でも私は保障されている。こうしてカード利用にかかわる問題などなしに、三〇〇〇万人を超える人々がアマゾンで安全にショッピングしている。私の安全はテクノロジーによっても守られている。パソコン用のセキュリティとして標準規格のSSLによって個人の情報はすべて守られ、その結果「インターネット上を飛び交う情報」として読まれることはない。それでもまだ気になる時に私にできるのは、クレジットカードの下五桁の番号を入力するか、電話で注文する際に教えを乞うことくらいだろう。安全なの。ここで何が進行しているの。

抽象的なシステムを信頼すること、このことが問われている。私のお金は安全で、私の身分証明も保証されている。私が何を注文したか、誰も知りようがない。お金が悪者の手にかかって無くなることもないだろう。テクノロジーに信頼を置くことも、問われている。連邦政府が悪から私を保護するといわれている。そして、安心を与えるメタファーも寄せられる。現実に、私が提供した情報が安全にネットワーク上を旅している、という安全な移動のプロセスにかかわるメタファーである。

私のような古い世代の人間は、デパートの中の真空の管を通して行き来する、いわばコンテナーの電子版といったものを、心に浮かぶ情景として想像してみることはできる。今ではそうしたイメージすら古臭いものになってしまったが。つまり、容器に保管されたお金が目的地の六階の会計課に疾走し、手書きの領収書が戻ってくる、あの真空の管のイメージである。シューという音が連想させるすばやさ。ここにはなんの問題もない。その時もまた現在も、問題はない。電子的な処理を行なう場合に、人間や声が欠如しているにしても、あるいは自分の属性や身分証明の認証が欠けていても、さらに私が単純に抽象的存在以上の何ものかであることを認識することに失敗したにしても、そしてまだトラブルが続いたにしても、最後は電話で確認することができる。もっとも慣れ親しんだ技術的インフラ（一度はそれも疑ったかもしれない）に立ち戻ることができる。録音機に声を残しておくことができるし、どうにかして疑惑の針を引き抜くことができるのだ。

しかしそれでも疑いが晴れないならどうだろう。どういうわけか全体の進行に関する私の感覚が安全というメタファーではなく、カオスや錯綜した線の観念、あるいはパソコンを閉じようとした時の、マイクロソフトのオフィス97で繋がっている私のオフィスのアシスタントのように、エーテルの中に消失するパッケージ、といったメタファーによっていまだ条件付けられているならどうだろう。もし私が目的地の感覚がないとしたら、あるいは北や南という感覚がないとしたら、どうだろう。あるいは電子的世界の堅実さ、安全性をまったく信じていないとしたら。また反対に、それどころか、私がこれまで行なってきた電子商取引のすべてを一覧表にする強度な情報システムが存在し、その結果として、私により多くの購買を促すようなジャンクメールを受け取るようになる、といったことを想像したら、どうだろう。また電子空間の中で、サイバー・ミー（cyber-me）といったものに私が構築されると想像しよう。デジタル化された消費者となってしまい、すべてのビットやバイトそして犯罪歴までもが商業的情報や政治的情報の次の供給者に売り渡されるとしたら。たぶん過去に、電話の請求書の額が予想よりも二倍近くもあって、こうした不可解な出来事にあわてたことがあるだろうが、その時はどうだっただろう。ひとつのテクノロジーからもうひとつのテクノロジーへの移行が失敗したらどうだろう。もし、新しいものが馴染めず、平安を脅かすものであるとしたらどうだろう。そして私が対面状況の安心感や、地元の本屋のほこり、こうしたものと離れたくないと希望していたとしたらどうだろう。いまだに取引きのためには相手と接触しなければ、と考えていたとしたらどうだろう。そうしたら、何が起きるのだろう。

信頼を強要することはできない。信頼は意思の行為ではない。反対に、信頼は、私がアマゾン・ドット・コムを利用する際の、あるいは銀行やスーパーマーケットや旅行代理店と継続的に、もしくは定期的に取引きする際の、条件であり、かつその結果なのである。それは、実際、私の社会空間の中にすでに位置を占める他の機関についてもいえる。そして重要なのは、メディアによって強度に媒介された世界の中で、信頼はメディア自身によって傷つけられたり、再建されたりするということだ。他の場合と同様この場合も、メディアは中心的な位置にある。つまり、単に、行為や相互行為を信頼のおけるものとして表象し、またそのような表象そのものをも保証していくという能力においてばかりでなく、さらに信頼の形成あるいは未形成ということがら自身が生成するインターフェースの地点においても、コミュニケーションへの親密な参加をしていくということにおいても、メディアがまさに中心に位置しているのである。パーサ・ダスグプタ（1988: 50）が記したように、信頼は脆い商品なのである。

信頼なくして、われわれは生きていくことなどできない。社会的、経済的、政治的存在であるかぎり、そうなのだ。信頼は日々の生活を営んでいく上で本質的なものだ。具体的に言えば、第一に、複雑な世界の中でプライベートな安全の感覚を維持するために。第二に、行為し、お互いどうしがうまくやっていくために、そして互いが協同し合い、共有するために、信頼は不可欠なのである。われわれは信頼をどう処理しているのか。メディアはそうした信頼の処理にあたっていかなる役割をはたしているのか。グローバルな世界の中で信頼を創造し維持するという点で、メディアについて学ぶことはわれわれに何を教えてくれるのだろうか。
そして、まず、信頼とはなにか。

> ある人物を信頼するということは、その人物から申し出があったときに、彼／彼女がなんらかの方法でわれわれにダメージを与えるようなことはないだろう、ということを信じることである。そして少なくともひとつの集団が他の集団を失望させる自由を、また危険な関係を避けるに十分な自由を持つときに、信頼は典型的なかたちで意味あるものとなり、関係を魅力に充ちた選択のひとつとして考慮することを強いるものとなるのだ。端的に、信頼は、もちろんその広い範囲にわたって強弱が存在するとはいえ、人間の経験の大部分にかかわっているのだ。（Gambetta, 1998: 219）

経済学者のディゴ・ガンベタはこう指摘する。以前ある人がなしたことを監視できなかったという条件のもとで、その誰かある人物の私にむけた行動についての判断を私自身が迫られる時に、信頼が重要になると。信頼はさまざまな日常生活のことがらに関連しており、それだけに私が騙される可能性もあるにちがいない。信頼は他者の自由によって覆われた装置のようなものなのだ。

基本的な信頼感は幼年時代の経験にその源泉がある。実際、それは幼年期におけるもっとも早い時期の経験である。イギリスの精神分析学者であるウィニコットは、世界の中で安全であると感じ取り、またそれを受け止める能力の説明を中心に置いた個人性に関する理論を展開した。信頼するというわれわれの能力の前提でもあり、かつその結果でもある、「存在論的安全性（Ontological security）」とは、生まれたばかりの最初の一ヵ月の期間に子供に両親が与える一貫した介護の結果として、またこうした介護の結果である他者に対するのと同様に自己に対するある種の信頼感の自然な発達の結果として生成する。

存在論的安全は、世界の中の私という存在に基礎づけられ、また逆に私という存在を可能にしているひとつの条件である。われわれは無意識に、そして幸運であるなら、最初の環境とそこにいる人々を信頼することを学んでいく。空想と現実の境界をテストしながら、私たちは他者から自己を区別することを学ぶ。そして、われわれが享受する一貫した介護と気づかいを通じて私たちが生活する社会に寄与することができるようになる長いプロセスがはじまるのである。こうした信頼は不安を寄せつけない。しかしもしその信頼がなければ、あらゆる相互行為があたかもそれが最初であるかのように処理しなければならない、また経験がなにも役立たない、そして現実や誠実や善意といったものをその反対物から区別できないような、永遠に脅威を感じなくてはならない複雑な世界にわれわれは対処しなくてはならないことになるだろう。

私たちの多くにとって、またほとんどの時間、世界を自明のものとみなすわれわれの自然な態度は、生活と日常の仕事を通じた時間の経過のなかで安全を維持することを可能にする態度でもある。日常の決まりごと、習慣、認知的そして感情的な再強化は継続的に、時空間を通じた移動の高度に儀礼化された安全や、それを通じて相互行為がそれぞれの期待に合致するようになる一貫性を再確認していく。そしてそれが一緒になって、われわれが日々の仕事に勤しむことが可能になる精神世界の基盤が用意されるのである。他者を信頼することを学ぶことで、われわれは物事を信頼することもさまざまな方法で学ぶ。そして同様に事物を信頼することを学び取ることで、抽象的な事柄を信頼することも学んでいく。それゆえに日常生活の常態を通じて、そして言語と経験の一貫性を通じて、信頼は達成され、支えられているのである。

しかし、ちょうどわれわれの日常生活への参加がつねに継続的なコミットメントを要求しているように、信頼も継続的に維持されねばならないものなのだ。

> 基本的な信頼の形成のなかで学習されるのは、慣例、高潔さ、報酬の相互関連性などではない。習得されるのは、極端な程ソフィスティケートされた実践的な意識の方法論なのであり、それは他者との偶然の出合いがほとんどの場合潜在的に誘発してしまう不安に対する継続的な保護装置（破壊と分裂の可能性で充満しているのだが）なのである。（Giddens, 1999: 99）

人生が与える挑戦を絶えず引き受け社会の参加者としての私たちに要請された活動と、自明の世界の構造を受動的に受け入れる姿勢、正確にいえば、それは自明であるが故に、われわれが意識的にそれに関係しなくてもよいと示唆するような当たり前の世界の構造の受容との間には明らかに対立が存在する。この両者がともに必要なのだ。このふたつが、実効性と健全性にとっての、そして安全と信頼にとっての前提条件だからである。

私自身、以前の研究で、信頼の構築と維持に関するメディアの役割について議論した。そこで特にテレビジョンの重要な役割を指摘したが、しかしテレビジョン以前にはラジオが私たちの存在論的安全、つまり制度への信頼と日常生活の継続性に対する信頼を構成していたことは言うまでもない。放送メディアは大戦間に生じた郊外化の拡大と一緒になって成立した。このメディアの役割は第二次大戦期に繰り返し放送されるなかで高められ、四〇代、五〇代の人々は特に英語圏の社会のなかでは、最高の郊外型メディア(suburban medium)としてテレビを視聴したのである。そしてそれは、われわれが日常経験する現実の本質的な構成要素と自然にみなされるもののなかに深く根づいていくことになったのである。

私たちはこの安全を背景にメディアに依存するようになった。いつも通りにあることでメディアを信頼し、それが故障でもしたらパニックになる。これらのメディアなしではアクセスできない世界についての情報をメディアは提供してくれる。さらにニュースやソープオペラの反復から生じる親密感によって安心させられる。登場人物を知っているし、ニュースリーダーの声も顔も分かっている。番組の構造も了解している。これらはすべて予測可能で、自明のものだ。テレビはつねについている。メディアはつねにわれわれと共にある。われわれの生活の背景をなしているし、また前景もなしている。一方では、ミュージック・チャンネルの継続性と単調さ。他方には、危機が生じた時の管理もある。問題が生じた時、それが国家的な問題であろうが、グローバルな問題だろうが、すぐ隣で生じた問題であろうが、あまりにも洗練されすぎていて見聞きしたことをすべて真理として受け取ることができない市民のシニシズムが高まっているとはいえ、われわれはラジオをつけ、新聞を購買し、テレビニュースをこれまで以上に視聴する。ケーブルや衛星放送のような細分化した世界においてさえ、いたるところにあるニュースは、永遠のテレビジョン、つまりいつも手が届き、いつもそこにある、テレビというメディアの役割を維持する企てとして視聴されつづけるだろう。

いつもそこにあるニュースは、増大するハイリスク社会の不安から、恐ろしい状態からわれわれを守ってくれる。信頼を生じさせるメディアの能力は、もちろん、ほかもそうであるように、両刃の剣である。メディアは人々の交流を鼓舞するのと同じように不信も招来する。メディアがわれわれとリスクとの間にある距離を提示し、世界へのチャレンジの感覚を提示するなかで私たちは信頼感を保つことができる。それと同様にわれわれが世界とかかわることにメディアが勇気を与えてくれる時も信頼を維持することができる。スクリーンやスピーカーのどこかむこう側に存在する世界、あるいはサイバースペースのなかのどこかに存在する世界との関係のなかで、つまり私たちが見聞したことがらを自省する感覚を形づくることを可能にする空間——以前であれば迷信や宗教によって一度は占められていた空間——を今はメディアが占有しているのである。それは天国なのだろうか、地獄なのだろうか。

メディアは私たちがその下で信頼感をもてる抽象的なシステムであり、また他の抽象的なシステムを信頼する意思を強化するシステムでもある。さらにそれぞれお互いを信頼するようにさせる構造を与えるシステムでもある。ギデンズが議論したように、この信頼が心理学的には不十分な満足しか与えないものかどうかは肝心な問題である。それは信頼と比較されるべきことがら、そして個人的なことがらも含めて、どんな信頼の源泉が役立つのか、あるいはどんな信頼の源泉が一度は役立ったのか、ということに依存している。実際、そうした抽象的な概念は、統一されてもおらず、一貫してもいない。われわれはメディア化された経験と非メディア化された経験とが絡まり合った世界に生きている。メディアの表象に現れる公的な人物と私たちとの間の、あたかも実際あるかのような関係、またメディアがいつも提供する代用の公共空間を使用する私たちの能力、さらに道徳性や神話の公共的な節合から私たち自身の個人的な生活に取り入れられたことがら、これら一切のことがらからも、メディアは単純ではなく、たんに抽象的なものではないことが分かるだろう。メディアはわれわれの積極的な関与なしには機能しないものなのだ。

より一層問題となるのは、この議論が依存している抽象のレベルである。というのは、私たちが住んでいるこの世界で信頼をつねに得ることは容易ではないからであり、信頼はそれ自身つねに歴史や環境の移り変りに左右されているからである。それは維持されるとともに、破壊され、掘り崩される。そしてさらに信頼とは、その生成の過程においても、その欠如の状態においても、無垢のものではない。それは命ぜられることはできず、創造されるものなのだ。あるいは、少なくともその創造のための諸条件が作られうるものなのだ。文化の追求、権力の行使、市場の創造といった、個人と同様に組織も決定的に巻き込まれている活動のなかで、信頼は複雑な社会のはたらきの中心になってきたのである。近代さらにはポスト近代あるいは後期近代といわれる社会で、信頼は商品になったのだ。

リム・ザッカーはその魅力的な研究の中で、一八四〇年から一九二〇年の間の八〇年間にアメリカで新しい経済産業秩序が出現した文脈をふまえながら、信頼の生産の問題を考察している。前産業化段階のモラルエコノミーが資本市場の力によって崩壊したことをトンプソンは論じたが、彼の議論と共鳴するザッカーの議論は、初期のアメリカの市場ならびに雇用者と非雇用者との間の関係に存在した信用と信頼を切りくずした要因を描いている。彼女は信用を交換にかかわるすべての人が共有した一連の期待と定義する。彼女の議論によれば、期待とは社会行動や習慣の基本的な規範を共有することに根ざしている。この社会規範が崩壊し、維持することが不可能となったとき、期待そのものが解体する。一般に社会が複雑化すればするほど、そして伝統的な社会のなかで交換のためにかわされる合意済みの手続きや、前産業化段階の社会のなかで社会的市場とみなされるもののローカルなあるいは地域的な規定といった、信頼を産出する伝統的な形態が解体の圧力に晒されるようになればなるほど、制度化された信頼の産出の重要性が一層増大することになる。「信用を産出するメカニズムが制度化され、より形式化するならば、信頼は売買可能な産物となり、信頼に対する市場の規模が生産される信頼の総量を決定するだろう」(Zucker, 1986: 56)。まさにこうした伝統的な形態の解体を通じて、アメリカ市場を再生するための能力――実際あらゆる機能にかかわる能力――は、信頼を生産する能力に依存することになったのである。ザッカーは資本の市場を保障するロジックとその実際の制度化の過程、その双方を記述したのである。

私は以下で彼女の議論を簡潔に辿りたいと思う。それには多くの理由がある。第一は、効果的な市場を補強するという基本的な条件の下で行なわれた一九世紀の信用危機に対する制度的な対応を解明することである。ここでいう条件とは、ドラマチックなものとはいえないにしても、二一世紀のグローバルで電子的な市場のなかで再興されるべきものだろう。第二は、こうした過程でメディアが果たした役割を議論するための文脈を展開することである。ここではメディアがふたつの側面に組み込まれていたことを確認しておこう。メディアを受容する諸社会に信頼を届ける制度の側面、そして同時にメディア自身が信頼される過程でもある、という二つの側面である。第三は、結果として、信頼の生産を、いずれの側面でも、メディアから切り離すわけにはいかないこと、そして逆にどんなメディア研究もある点ではこうした信頼を創造する役割に直面しなければならないことを示唆するためだ。

ザッカーは信頼の背景としての期待（background expectations）と信頼の構成的期待（constitutive expectations）とを区別している。前者は、私がすでに存在論的安全の文脈で論じたもので、共通の自明の世界と視界の相互性を要求する期待であり、後者は正当な行為かどうかが厳密に規定される特定の状況を規定する諸規則のことを意味し、すべての参加者が知り理解することを期待されている、ときにきわめて形式化された一連の期待と一致するものだ。

その上で、彼女は信頼の産出にかかわる三つのモードを分析する。第一は、過程に基盤をおく信頼で、評判やギフトの交換といった文化や理解の連続性に依存する。第二は、特性に基盤をおく信頼で、家柄やエスニシティといった人物の特別な性格やアイデンティティに結びついている。第三は、制度に基盤をおく信頼で、それはこの用語が示唆するように、信頼の生産と保証のための条件を創造する制度、専門家あるいは媒介者を含んでいる。過程と特性という最初のふたつのモードは市場における信頼を生成することはないが、第三のモードはまさにそれを生み出す。市場を創造し保護するために、また市場の効果的な機能をつくり出すための条件を確立するために、資本の内部に出現した制度は信頼という市場をも創造したのである。信頼はそのとき商品になり、そして商品に留まったのである。

一九世紀のアメリカ社会の産業化に附随していた深部の社会変動、そしてとりわけ移民と内部の移動の規模は、分有した文化と記憶を基盤とした信頼の伝統的形態や、また同様に個人や上位集団の権威に基づく伝統的形態の統合力が喪失してしまうほどの事態を生み出したのであり、その結果経済の弱体化が招来したのである。労働力は異質で、その結果として労働者と雇用者との間の信頼は不確定だった。過程と特性に基礎をおく信頼はエスニックあるいは地域的に限定された少数者の、同質的な集団にのみ限定される。もちろん、それは消失することはないし、信頼のためのそうした土台は経済においても、またさまざまな社会的文脈においても確実に生き続けるだろう。しかし、それらは、増大する複雑性と多様化する経済を支えることはできない。信頼に関するもうひとつの源泉なくして、複雑化し多様化した経済は存続することができないのだ。

ザッカーの議論は、新しい制度がつくる範囲に応じて信頼が産出可能となったことを指示する。つまり、集団の境界や地理的な距離を越境して効果的な取引きを行なうための条件を創造することや、増大する数多くの内的に関連し合った分離不可能な取引きが成功裡に完了することを可能にする条件を創造する、という制度の役割である。合理的な官僚組織、専門的な資格証明制度、金融の仲介業者や政府をも巻き込んだサーヴィス経済、そして規制や法制度、さらにたぶん保険業の勃興といった新たに出現した制度は、それらが一緒になって、取引きを安全に安心して進めることを可能にする信頼を創造することで市場を支えたのである。

信頼とは情報のようなものである。それは使用することで消失するわけではない。より多く使用されれば、ますます信頼は増大していくようにみえる。実際、利用されなければそれは劣化していく（Gambetta, 1988: 234）。現代社会のメディアは情報と信頼の両方をもたらす。しかし、変化の時代において、効果的にそうしたことを行なうメディアの能力は衰退しているといえる。メディアが変化する時、メディアに対するこれまでの関係がもちえていた親しみやすい確実さは維持されなくなる。またメディアが変化して新しい種類の相互作用や社会性を要求する時、それぞれの他者との関係や他の制度との関係など、これまで馴染んできた関係の形態も保障されなくなる。

新しいメディアはそれを信頼するように私たちを促す。それらは電子映像や電子テクストの真正さや威光を通じて新しいメディアを信頼するように促しもする。同様に、それらの真実性や誠実性そして安全性といったものを信じるように、さらには自分のお金やアイデンティティを背景にしてメディアを信頼するように勧める。そして、多少なりともコミュニケーションの受動的な受け手としてか、あるいは自分の目標を追求するためにメディアを使う積極的な受け手としてか、そのどちらであれ、私たちがメディアを通して見聞したことを信じるように、メディアが語ったことを受け入れるように促すのである。

インターネット上の電子取引きを行なう際の期待は私たちにふたつの移行を求めるだろう。ひとつは対面状況からの移行であり、もうひとつは親しんできた自明の媒介作用の形態からの移行である。これらの困難や転換が存在するなかで他者をどうして信頼できるようになるのだろうか。さらに社会の複雑な出来事、特に複雑な経済生活や政治的生活の出来事に継続的に、意志をもって参加することはいかに維持可能なのだろうか。こうした不確実性に直面するなか、貯金を引き出したい、プライバシーを守りたい、上位集団に復帰したい、お金をため込みたい、自警団の手で自分の安全を守りたい、身の回りのことだけでいい、といった単純な欲求をどうしたら止めることができるのだろうか。

信頼の商品化。いかなる時も私たちはその事態を見ている。大統領も首相もパッケージ化するメディアのなかで、政治的なことがらを載せたウェブ・サイトの情報の混乱のなかで、信頼が商品化していることを見ている。もしあなたがメッセンジャーや配分システムを信頼しないとしても、少なくともシンボルを信頼はするだろう。ジョー・マクギネスによるニクソン大統領のキャンペーンに関する古典的な研究のタイトルは『大統領の販売』（1970）であった。そこでは、大統領の陰鬱な映像でも、なんとか彼を信頼できる人物として構築する必要かつ忍耐強い試みが行なわれていたことが明らかにされている。政治的なアピールは、今や、主要な参加者に要求された真実らしさに依存しているのだ。つまり、人々は特性に基づいた信頼のほうを選んで、それが制度的信頼に取って代わったのである。われわれはそれを「プレジデンタリズム（presidentialism）」と呼ぶが、それはしばしばメディアのせいにされ、政治過程の内部における誘惑者そして誘惑される者のせいにされる。だがそれは逆説的に、抽象的かつ政治的なシステムの信頼が現実的に失われていることを示している。しかしながらたぶん他方で、それはまた特定の人物を信頼するという要求が続いており、持続していることも示している。それがまだ働いていること、これはなんと不思議なことだろう。

市場における同じような種類の回帰現象は惨事を指示すると考えられている。いまだ惨事は起きてはいないのだが。しかしここでもまた、私たちが現実にグローバル・ヴィレッジに、グローバルな市場で生存しているかのように、制度化された信頼が特性に基づく信頼に置き換えられているようなのだ。商業活動における信頼の基本的な要素は、「商業」という概念が経済的な相互行為と同様に社会的なるもの、つまり互酬性や整合性を記述するために用いられてきたという記憶を回復させながら、包装し直されている。ブランドを見てみるがいい。信頼はロゴやトレードマークに示され、そのなかに要求されるものになっている。それは、まさに商業化されたものなのだ。新しい取引き環境のなかでさえ、われわれはあなたがたに奉仕するから、われわれを信頼してほしい、と呼びかけられている。オフラインからオンライン取引きへの移行のなかで、「ブランドはもはや過渡的な商品になった」。それは多大な量の感情的で認知的な活動の焦点をなしている。それは私たちに混乱した世界のなかで安全を提供する。つまりブランドの信頼性がわれわれに購買という行為を可能にしているのである。

私はここでの議論をいくつかの問題を投げかけることで終えよう。それは誰も容易に答えることができない問題である。しかし、現代社会におけるメディアを理解するためには、それぞれの問題はいずれも根本的な問題なのである。特に、私たちが直面する世界を意味あるものとし、またその世界に対処することを可能にするメディア、私たちの経験を支え形成しているメディア、このメディアの役割を理解するためには、これらの問題はいずれも根本的な問題なのである。これらの問題こそ、メディア研究をわれわれに要請するものなのだ。

信頼よりも不信の方が容易だ。不信に満ちた出来事を見つけることはそれほど困難ではないが、しかしその積極的な「鏡像（mirror image）」（Luhmann, 1979, Gambetta, 1988: 233）を証明することは実質的に不可能である。こうした条件のもとで、私たちは新旧のメディアをいかに信頼できるのか。真実性という点でも、誠実性という点でも、安全性という点でも、いかに信頼できるのか。また私たちは、メディアがわれわれを信頼していることを、どう理解しているのだろうか。お互いを信頼するという能力の前提条件として、私たちはメディアをどの程度必要としているのだろうか。信頼に関するこうした関係が崩壊したならば、私たちと社会に何が起きるだろう。メディアによる、あるいはメディアを通じて生み出された、制度的信頼の失効という事態を改善すること、まさにそれをしなくてはならない時に、われわれはメディアを信頼できるのか。新しい電子的な環境のもとで社会的、政治的、経済的関係が生み出され、安全が保証されることを確実にするために、どんな制度が必要とされているのだろうか。

この本の最後で、ふたたびこの問題に立ち返ろう。

14——記憶

私たちは次第に歴史と無関係に生活するようになっている。過去は、現在と同様に、分断と無関心によって無視されている。後期近代世界はコスチューム・ドラマと偽りの記憶を通じて夜毎自らを再発見する。伝統は時代遅れとなり、生気を失っている。追憶も死に絶えた。すでに記憶の術を私たちは失ってしまった。しかしながら、国民としても、個人としても、私たちは過去を記憶として思い起こすことで私たちであり続けることができる。そして今日、記憶は、自己のアイデンティティと過去の所有をめぐる闘争の現場となっている。そして、記憶、モニュメント、ミュージアムを焦点にした、いくばくかの闘争がある。それは、忘れてはならない過去をめぐる闘争なのだ。つまり過去は現在のために求められ、現在は将来のために求められている。しかし、過去とはなにか。それは誰のものなのか。

口承文化の衰退のもとで、われわれは集合的に記憶するということを必要としなくなった。記憶するということを精神の内的な働きから解き放った記録と文書——記憶の援助装置（aides memoire）、記憶のメディア（medias de memoire）――を持ったからである。口承による記憶はひとつの技術であり、ひとつの資源でもある。一方でそれは信仰と統制のために記憶を固定する技術であり、また他方でそれは公的な儀礼や私的な物語によって支えられながら、世代を通じて変化成長していくものでもある。物語はたんなる断片ではない。信念は空想ではないし、指示物はたんなる表象でもないのだ。

書記と科学の勃興によって、集合的記憶も個人的記憶も、固定されるべき、探究されるべき、挑戦されるべき、そして分析されるべき、ひとつの対象となった。歴史学と精神分析は、たびたび対立するにしても、双方とも過去の科学である。双方にとって記憶とは、プラスティックや、粘土のような可塑性の高い、慰みものなのである。実際、歴史学は記憶を消去することによって、すなわち固定された物語の確実性や文書資料そして事実の専制を通じて記憶を余分なものとすることによって、支えられている。想起（recollection）よりは抽象なのだ。他方で精神分析は記憶を探究することで、つまりその記憶の力と記憶の障害物を精査することで支えられている。記憶とは、個人性や自我を創造もし、破壊もするエネルギーなのである。

歴史学と精神分析の両方にとって記憶とはせいぜい資料にすぎない。そして歴史学と精神分析そのどちらもなんら確実なものを提供しない。双方の正統性は挑戦の対象となる。実際それぞれの正統性は一方の学問によって挑戦される。歴史は記憶の虚言症候群（false memory syndrome）という問題を提起して精神分析に挑戦する。他方、精神分析は単純な文字の物語（literal tale）であるとして歴史学に挑戦するだろう。その結果、記憶はその重要性を、歴史学との関係を、取り戻しつつある。そして実のところ、精神との関係は不安的でうつろいやすいものとなった。ラパール・サミュエルが以下に指摘するように、記憶とは——

単なる受動的な受容あるいは保管のシステム、過去のイメージの貯蔵庫とは程遠く、積極的な、形成する力なのだ。徴候的に忘却しようとしていることは思い起こそうとしていることと同じように重要である。そしてそれはある種の歴史的思想に対して否定的な別の思想というよりも、歴史的な思想に弁証法的にかかわっているといえる。アリストテレスが想起（anamnesis）と呼んだもの、意識的な想起の行為は歴史家のそれと随分類似した知的な労働であった。それは、引用、模倣、借用、類似の問題なのだ。それ自身の様式に従ってそれは知識を構成する方法となったのである。（Samuel, 1994: x）

サミュエルにとって、平穏なかであろうとそうでなかろうと、口承による証言と分け与えられる言明を通じた想起のなかで行なわれること、これが記憶なのである。それはアカデミーや公文書館の公的な説明にかかわるもうひとつの見解や現実が表明され、過去についての個人的なより糸が公共の衣に織り上げられる場所である。これらの記憶は、第一のテクストに劣らず歴史的な、にもかかわらずもうひとつ別のテクストを開設する。それらは一般的なものやそして個人的なものから生まれ、それ自身の時代の産物である。こうした記憶の流動性のなかで、過去は単一の現実というよりは複雑な現実として現れる。そして他の論者も指摘するように、記憶の多元性はそれ自体現実の多元性なのであり、多元的であるがゆえに不可避的に誤謬なのだということを意味するわけではない。そして記憶は思い出されるなかで、語り出されるなかで、移り変わっていく。判決や陪審の問題として執り行なうべく、記憶の外側に現実があるという要求がいつも存在するが、記憶は論争され、競争に晒される。しかし私たちが知っていようといまいと、歴史の諸事実はただ単にそれが重要であるという限りにおいて重要なのである。そして重要であるとは真実の問題ではなく価値の問題である（むろん真実とは価値であるけれども）。

記憶に関わってことを完全に知ることはできないとしても、私たちは記憶を無視できない。記憶は、多くの場合がそうであるように、解決ではなく、問題なのである。そして個人的なものと公共的なものとが節合した記憶は単に個人的なものではまったくない。それは実際、無条件に政治的なことがらなのである。

これが、この章での私の主題なのである。そして、この章では、私は、そこで個人の経験であれ、また文化の経験であれ、経験にとって記憶が中心を占めていることを示唆しよう。さらに個人的にであれ公的にであれ私たちがもっている記憶が、ある空間に、とりわけある時間に、自己を固定する機能をもつことを示唆しよう。そして、メディアが、意図的に、あるいは誤って、記憶を編制する道具となっていることも示唆したい。公的で、一般的で、浸透していて、もっともらしい記憶は、それゆえに有無を言わせぬものであり、時には強圧的でもある。過去に対する現代のメディアの陽気なふるまいが含意していることはなにか。メディアは、物語り手、古文書館、あるいは過去の記念品の提供者だろうか。私たちは、こうした記憶――むしろ複数の記憶と言うべきだが――の内容と同様に、この概念をも規定するメディアの権力をどう理解すべきなのだろうか。

国家の過去に劣らず、私自身の過去もメディアに媒介された過去のイメージとサウンドに縛り付けられている。別の時代、別の年代の時に対するノスタルジアは、子どもの時に見たり聞いたりした番組や広告の記憶を通じて作られている。そうした番組や広告は過去について他の人たちと共有する生の素材である。階級や文化が同じであること、相互にそれを述べ合うことができる素材なのだ。私自身、偉大なイベント、暗殺事件、戴冠式、王室のパレードといったメディアの映像を思い返すことができる。それはちょうどメディア自身が今、思い出される自分の過去を持っているように、である。

しかしその上、他の資料が存在しないなかで、過去を表現し、表象することで、メディアは過去を規定する強い力をもっている。メディアはドラマやドキュメンタリーのなかで歴史的な権威を要求する。たとえば、それは、参照すべき、それ以外の物語、それ以外のイメージなど存在しない、といったリアリズムの見解に示される。目撃者の動員、状況や出会いの場面の再構成、証拠の開示、真実を物語るレトリック、これらを通じたリアリズムの手法。だが、他の場合と同様、これもひとつの要求にすぎない。思い出してみてください。過去を定義してみてください。昔はこんなだったですよね。想像してみてください、というわけだ。

古典主義、ルネッサンス、ロマン主義の時代、記憶はイメージに依存していた。その構造を表象するイメージ、そしてその内容を表象するイメージである。初期の修辞学者や魔術師は、記憶が構成され、そしてその記憶を応用した驚異の形象が可能になる構造として、公共空間や劇場や楽園の建造物のモデルを心のなかに描いていた。シモニデス、トマス・アクィナス、ジョルダノ・ブルーノは精巧な記憶術を考案した（フランセス・イエイツによって記述されたような「記憶術（mnemotechnics）」である）。事実、イエイツが聡明に記録しているように、記憶術は、ルネッサンス時代の神秘主義の大家の手による奇術のようなものだった。それはたぶん、その時も、そして現在も、公共の記憶を構成し、それを表象する能力を補強するイメージとテクノロジーとメタファーそして信念を強力に結合したものの初期の例だろう。こうしたものは注意を喚起する力であったし、過去を定義する力であり、過去を通じて未来を要求する力であった。

ところで、中世世界を通じて、過去に関するイメージはいたるところに存在した。世界はその可視性ゆえに解読可能であった。ステンドグラスに、聖地の聖なる土地に、書き込まれた意味は、読み取られるためにそこに存在した。これらのイメージのレトリックは馴染み深い文化や信念のシンボリズムを指しており、同時に信者の個人的な考えを拘束し、かつ公的な記憶と個人的な記憶とを交錯させるに十分なくらい開放的であった。それだからこそ、それは今も生き続けているのだ。

記憶は効果を持っている。シンプルな映像、映画、あるいは記念碑など、公共空間で私たちに記憶することを強いるテクストが重要なのは、他の方法では手に入れることのできない現実を構成し、しかもこれらのテクストによって構成された現実がわれわれに注意を喚起し、信念を要求し、行為を引き起こす力をもっているからである。この意味で、「生」と「書かれたなかの生（life in writing)」というふたつのことがらは、ジェームズ・E・ヤングの言葉通り、必然的にかつ根本的に、相互に関連しているといえるだろう。ホロコーストに関する記述にかかわって、彼は歴史と語りとの分離を拒否し、同様に何物にも媒介されていない出来事の純粋さを拒否した。「書かれたものは、最近の危機に対するわれわれの実践的な反応を構成するのと同じように、過去の破壊さえも呼び起こす」（Young, 1990: 4）。もちろんこれは、書かれたものや、エリートの文化的生産物だけに言えることではない。

さて、現代の記憶の構成にとってメディアが中心的な存在であるという私の主張はこうした論争から出発している。過去についての歴史的な表象とポピュラーな表象との間の明確な分割など存在しない。それらは公共空間で競い合い、また融合している。そして一緒になって、われわれにとっての、テクストとコンテクスト双方を規定しているのである。もちろん、それはアイデンティティの、コミュニティの、そしてたぶん信念と行動を基礎づけるもっとも重要なすべてのことがらの、テクストとコンテクスト双方を規定する。記憶とメディアとの関係を研究することは想起の焦点をなす出来事の権威を否定するものではない。そうではなくて、それは公衆のための過去と同様に公的な過去を構成するメディアの能力を強調するためである。記憶のテクスチュアは経験のテクスチユアと絡まりあっている。記憶とは制作されたものである。それは真空で形作られることは決してないし、その動機は純粋なものでもない（Young, 1993: 2）。記憶は闘争である。そしてそれゆえに記憶をめぐって闘争することは賢明なことなのである。

ホロコーストを考えてみよう。

しかしそれをどう開始しよう。この時、書いているこの時、生存した人たちがもはや生きていないこの時、こうしたなかで証言の可能性が時間の砂のなかに滴り落ちてしまっていることを承認しながらも、この人間の悲劇は時間の中に少なくとも留め置かれなければならない。しかもそれは、歴史の痛みであることがらを自らのものとすることが息子や娘の新しい世代に可能となった時間でもある。言い換えれば、長い間知ることができないでいた、しかし忘れてはならないと願ってもいた、そのことで西洋世界が悩まされた時間であり、過去を止め、すべての人が理解するようにそれを固定し、いかなる時のためにもそれを固定しながら、記憶が呼び起こすものを配置する時間でもあったのだ。

しかし誰がこうした悲惨な傷を思い起こすのか。何年もの間沈黙が続き、一切が語られなかった。歴史の割れ目は見事に覆い隠されてきたのだ。しかし今われわれは思い出し始めている。目撃者や記録から記憶を辿ること。歴史家もメディアも、何度も繰り返し記録すること。そして、生存者、そして彼らの子どもたちも。ただ生存者のみが理解できる、そのことを。想起すること、記録すること。そして理解するように試みること。

われわれは今、音や言葉や写真で、さまざまな光景や現場を見ることで空白を埋めることを求められているように思う。詩に対するアドルノの死刑宣告を無視すること。深く刻まれたイメージを禁じる命令を無視すること。否定的なものを積極的なものへ転換すること。時間は記憶の意味を侵食することなどできないということを信じること。そしてメディアはそうしたことに沈黙することはできない。そして私たちはそうしたことを忘れることなど許されてはいない。だが、われわれはなにを思い起こすべきなのか。誰が物語る権利を、心に刻む権利をもっているのだろうか。

カーゼル市にはもう見ることができないホロコーストのモニュメントがある。それは大地に埋められているからだ。ホルスト・ホーハイゼルによってデザインされたモニュメントは、ユダヤ人企業家によって資金が提供され、一九〇八年に建設された噴水に代わって建設されたものだ。そしてそのもとの噴水は一九三九年にナチによって「ユダヤの噴水」であるとして破壊された。この都市のユダヤ人を乗せた最初の列車がリガとその先に向けて駅を離れる二年前であった。ホーハイゼルはネガティブなモニュメントをデザインした。以前は噴水があったところに、今は井戸がある。以前はピラミッド型に一二メートルまで上がっていた噴水があったものが今は広場の下に埋葬されているのだ。「地中に埋められた噴水はまったく記念碑などではない。それは台座に転換された歴史である。そして、記念碑を探そうとそこに立つ通行人を招待するためのものだ。そこにあるのはただ発見されるための記念碑なのである」(Hoheisel, Yong, 1993: 46)。ふらりと、あるいはある意図をもって、その空白の場所を訪れ、その場所に立つ人々、そうだ、彼らが記念碑と記念物となるのである。

私が説明のために依拠したヤングはこの試みの重要性を次のように要約している。

カウンター・モニュメントとは記念碑を解体するものだ。ひとつの場所で起きたその時の文字どおりの影響を集約する時でさえ、それは記憶を集約するものではけっしてない。時間を超えて自らを散乱するなかで、カウンター・モニュメントは時間それ自身の散乱を模倣するだろう。そして記憶というより時間となるのである。直線的な時間の観念が過去の一瞬の記憶を引受けるという考え方がまだわれわれに引き継がれている。一瞬と次の一瞬との間の、この瞬間と記憶にある過去との間の、測定可能な距離としての時間の観念である。この意味からいえば、カウンター・モニュメントは時間と記憶が弁証法的な流れのなかで相互依存的であることを認識するようにわれわれに求めているのである。(Young, 1993: 46-7)

往々にしてメディアはこの選択肢や可能性そして沈黙を拒否する。そうすることで、メディアは他にどんなことをしようとも、記憶を特定の時間と融合させてしまうのだ。一度記念館や博物館に保存されてしまうと、記憶の生命は失われてしまうと言われている。記憶のための代用、置き換え、あるいは否定として捉えうる形態としての記念碑のことである。過去についてのメディアの表象は、真実、そうしたものかもしれない。(たとえそうでないとしても)私たちはそのことを少なくとも心に留めておかねばならない。

そうであるならば、過去に対する呼びかけ、記憶に対する呼びかけとして、今日産出されているさまざまなことがら、とりわけポピュラー文化や現代メディアのなかでのホロコーストを想起させるものを検証するに際して、私たちが今記憶として創造したものも、歴史的にそして社会的に状況づけられていることを忘れてはならないだろう。私たちの説明も、私たち自身の関心、ここ／いまの先入見から生成しているからである。こうした文化もそれらを生産する諸条件から切り離すことができない。

スティーブン・スピルバーグの『シンドラーのリスト』は、それゆえ、この映画が描いた対象から映画自身を分離してしまう数多くのベールを通じて観照されるべきだろう。まず第一に、時間の問題。しかしまた、大規模な惨事と実在の英雄をひとりの男と約一〇〇〇人の生存者の話にしてしまった、トーマス・キニーリーの本のなかの物語に主要な問題がある。ホロコーストとは大量破壊なのであって、たんなるユダヤ人の問題なのではない。キニーリーとスピルバーグは特殊な生存の物語を語り出す。そしてこの特定の物語を通じて、一般的なことがらにしてしまうのである。なぜならそれは映画であるからだ。この映画でその役を演じた演技者、つまりこの映画の中の惨劇の生存者たちが緑におおわれた小高い丘に現れる最後の場面は、あたかも観客を希望と感傷と不滅の物語性に連れだす『サウンド・オブ・サイレンス』のエキストラのようであった。『シンドラーのリスト』は、未知のそして実際了解不可能な恐怖のイメージから、安逸な感情を慰撫するようなものへと、物語を横滑りさせていくのである。

これこそ、ハリウッド映画だ。ハリウッドは「目撃した」。スピルバーグは「真実を語る」(「スピルバーグの強迫観念」『ニューズウィーク』一九九三年一二月、20: Zelizer, 1997からの引用)。ハリウッドが記憶を通してなしたことはこうした雑誌の記事も含めて考えるべきだ。そしてそれは苦痛を引き起こす。この映画との関係で、またスピルバーグの後の作品『プライベート・ライアン』との関係でいえば、多くがイメージの正直さ、誠実さを売り物にして制作されている。クラコフ・ゲットーでの絶滅、ガス室で次々と起きる惨事、ノルマンディの海岸への上陸の場面は、衝撃的であるという点において、この映画の真実を要求する。これは、綿密であって、事実であり、生存者の記憶通りなのだ、と。生存者はそれを証言している。もちろん彼らは彼ら自身の記憶をもっている。だが、恐怖のシーンによって麻酔をかけられた、鑑賞後のわれわれにとって、覚えていることといえば映画の方だけである。われわれは、スクリーン上の記憶を、あるいは映画化された記憶を提供され、容易にそれを受け入れているのだろう。それは仮定法的なことではあるが、である。しかしそれは決定的なことなのだ。なぜなら、われわれは、その時に、とうてい行くことなどできないからだ。ホロコーストが映画となる。そして映画がホロコーストになったのだ。

もちろんここにはもっとさまざまな論点がある。それらを論ずるには膨大なページが必要だろう。スピルバーグの表象の戦略は、ドラマや物語のそれであり、そしてイメージを再構成する権力のそれである。彼にとって、彼ら自身の語りと抗争し対立するような証言や目撃の「くず」は無きに等しい。この「くず」を無視するか、拾い上げるか、その二つの道筋にはそれぞれの力が存在する。

ひとつは、前者の、想像力を喚起することのない、権力があり、いまひとつは後者の、言葉への関心を呼び起こす、力である。強制されることのない言葉はイメージをもたらす。クロード・ランズマンの九時間にも及ぶ『ショアー』は、指摘した後者の有り様を示すものとしてよく知られている。ランズマンにとって、直接的な表象は呪いである。ホロコーストは「自身のまわりの炎のリングを直立させるほどのまったくもって特異なものだ。フィクションは罪である。私が深く信じるのは、再現前することなどできない、そしてそれをしてはならないことがらが存在する、ということだ」(**Lanzmann, 1994, Hartmann, 1997: 63**)。

『ショアー』は、ホロコーストの記憶を表象することで、暴力の直接的なイメージがむしろ感受性を鈍化してしまうという危険な影響を回避できた。ランズマンはホーハイゼルの作品によって示唆された方向を採用したのであり、それと同じ方法で制作された『ショアー』はホロコーストに対するカウンター・モニュメントなのである。実際、スピルバーグも、プライベートな証言をビデオに収録する大きなプロジェクトに入っていたのである。目撃者の語り、あるいは物語る人の語り、そうしたもの以上に、より大きな力、より大きな正直さ、があるだろうか。事実か、フィクションか。解きほぐすにはあまりにパラドクスがありすぎる。

どちらの道を取るにせよ、われわれが直面しなければならないのは、記憶がメディアに媒介されているということだ。時間を経て変容され、そして映画のスクリーン上で未来に投影される過去の断片。メディアによる記憶化は、媒介された記憶である。技術は記憶と結びつき、記憶に介入する。

われわれは生きていくためにさまざまな付録を、つまり過去という時間のビタミンを提供され続けているのである。

これらのテーマに関して明晰な議論を展開するジェフリー・ハートマンは、ホロコーストの映画的な表象に関連して、より広い論点を提供してくれる。特殊な問題から一般的な問題へ、記憶のテクスチュアから経験のテクスチュアの問題に視野を拡げてくれる論点である。ミメーシス的イメージがもつ二重の生について、つまり慰安と不安という二重の生について、彼は問いを発している。

スペクタクル化された社会において、強力なイメージは、所有あるいは土地というものがそうであると言われてきたものになった。魂に必要なもの、ということである。記憶を回復すること、その機会が近年劇的に増加しているとすれば、それはホロコーストの問題を隠喩的な盗用にしてしまう出版物の広範な流通と同様に、メディアによってひっきりなしに供給される暴力のイメージが決定的なトラウマという観念を大衆化していることにある（シルヴィア・プラースは有名なケースだ）。多くの人たちが自分の内側を見ることに、そして公衆にとっては、経験を決定的で拘束的なものと見ること、崇高なあるいは恐ろしいアイデンティティの記号を見ることに、抑圧を感じることは想像に難くない。（Hartmann, 1997: 72-3）

われわれは、歴史と精神分析、政治的なことと個人的なこと、この二つを連接し、そして媒介作用の遊びを結びつける問題に立ち返るべきだろう。またパフォーマンスの領域にも立ち返るべきだろう。ハートマンは、メディアの過去に関する先入見、特にトラウマとして過去を見る先入見が、選択の際の常套手段となっていると示唆している。一度は埋葬され、そして現在劇的にディスプレーされているイメージが日々の生活の通貨の一部となっている。私たちはすべて現在の痛みを求め、そして正当化するために、私たち自身のプライベートなホロコーストを持つか、あるいはそれを必要としているように見える。実際、これらのイメージは、そして真実を目撃しているのだといった感覚を生み出すイメージ構成の過程は、規範や隠喩として私たちに与えられている。それらを私たち自身のものとすること。これは意外なことかもしれない。しかし理解できることだ。というのは、記憶のディスプレーは、比較、適応、盗用への招待であるからである。他者の経験は、その媒介と再生産の継続のなかで、それぞれの経験に、そして私たち自身の経験に調和的に一致させられ、結果として、公共的なことと私的なこと、自己と他者、現在と過去、真理と虚構の境界は、単純なものでも、明確なものではなくなっているからだ。

こうしたメディアの記憶は、検証し、戦うために、そこにある。すべての記憶は部分的なものである。メディアのレトリックにおいて、呈示されたイメージは、あることがらを包摂し、また排除もする、過去に関する特定の見方によるものなのだ。このことこそが、記憶をめぐる闘争がこれほどまでに熱心に行なわれた理由であり、異なる過去を要求し、ある出来事をめぐって一つの解釈に制限することを拒否する理由でもある。歴史はアイデンティティが創出される場であり、記憶は、国民として、個人として、多くの要求が出され、それに対立する要求も出される場である。ポピュラーな歴史やポピュラーな記憶がある。それらは危険さを増している。非公式な記憶に対してメディアが横柄な態度を取り続けているからだ。

メディアは過去に関する見解を眼に見えるかたちにして私たちに提供する。これらすべてのイメージが、ホロコーストの権力、ホロコーストへの共振、そしてホロコーストへの不安を体現しているわけではない。だが反対に、ジェーン・オースティンの小説のテレビ化や低水準の生活を主題にしたドラマ仕立ての表現は、有名な人物の私生活に関するドキュメンタリータッチの説明と同様に、娯楽としておきまりのものに終始していることも確かである。それらはイマジネーションを抑圧するのと同様のことを行ない、想像力を綺麗に取り除いてしまう。ラパール・サミュエルが指摘するように、伝統ある産業の保護という名目のもとでBBCが、過去に関して、とりわけ民族的過去、民族の過去に関して、国民がそれを敏感に感じ取るようにする重要な役割を演じてきたことも忘れてはならないだろう。

私はこの章を、ポストモダン時代に共通の知覚、すなわち歴史の欠如という点に言及することから始めた。ひょっとしたらそれは正しい選択ではなかったかもしれない。歴史の欠如というよりも、現在はそれがあまりに過剰にあるということかもしれない。大きな物語は失われてはおらず、再構成されているのである。しかもメディアのスクリーン上で、日常に密着して、再構成されているのだ。われわれのすべての物語は広大であり、それだけにすべて注意を払い、すべて絶え間ない尋問と分析の対象となる。

レオ・ローウェンタールを引用しながら、アドルノは、私の見るところでは、メディアの能力とは無意識の層を破壊するというよりも構成するものであり、番組の中で精神に膜をかけたり、それを映し出したりする巧みな再生産であることを示唆しつつ、逆に、テレビを精神分析として記述した。私の議論は、映画やテレビやラジオといったメディアが歴史と等しく良くも悪くも記述されることを示唆した。メディアは大衆的なイマジネーションのためのテクストを産出する。それらは等しく層をなし、等しく暗示的なものだ。記憶はこのふたつを統一したものだ。メディアの産物としての記憶、それはメディアの前提条件というだけではない。記憶はまた、私たちが単一でしかも共通の過去と同一化するための主張でもある。もちろん、私自身の主張は、メディアに媒介された記憶とそうでない記憶に境界などない、ということだ。そして、その帰結として言えるのは、われわれが伝記と歴史が編みあわせる種々の方法を理解するように努めるならば、この相互浸透を説明しなくてはならないということだ。記憶に関するメディアの公共的なレトリックを研究する必要がある。

15——他者

「他者」とはもうひとりの私ではない。「他者」は私と共に共通の実在に参与しているものである。「他者」との関係は、コミュニオンあるいはわれわれを「他者」のいる場所に置くことで得られる共感によってつくり出される素朴なそして調和した関係ではない。「他者」のいる場所とは、「他者」を自分に似た存在として認識してしまうような場所ではなく、われわれの外部として認識すべき場所なのであり、「他者」との関係とは「神秘」との関係なのだ。

（エマニュエル・レヴィナス『時間と他者』）

この章は、他者、他者性、「他者」に関する章である。大文字の「他者」、大文字のOがそれを指示している。それは、私がいる場所ではないし、私がつくり出したものでもない。そして私のコントロール下にあるものでもない、それ以外のなにかが存在する、ということの承認を指し示すものなのだ。つまり、同じ空間を、同じ社会的風景を占有してはいるけれども、独自の、異なる、われわれの手の届かない、何者かなのである。「他者」は他者たちを包括する。つまり、われわれが知っている人々、今までは耳にもしたことのない人々、われわれの敵と同様にわれわれの友人までも含むのである。それはまた、私の友人とともに、写真や映画でのみ知った人々も含む。さらにそれは、過去の人々、未来の人々も含む。またそれは私たちの社会になかにも、あなたがたの社会のなかにもいる。しかし、私と他者は世界を分有しているが故に、つまり私はあなたの他者でありうるし、あなたは私の他者でありうるが故に、たとえ私があなたを知らなくても、私はあなたとの関係をもっているのである。そうした関係はひとつの挑戦である。その関係を通じて、私は、私が一人ではない、という認識を、またさまざまな方法を通じて、私は他者を考慮しなければならないのだ、という認識を強いられることになるのである。

そうすることで、私は何者となり、私は何をなすことになるのだろうか。その端的な答えは、私はモラルある存在（a moral being）になるということである。つまり原理的に言えば、私は倫理的に行為し、行為することができるということである。コリン・デイヴィスが示唆したように、他者を考慮するなかで、私は「他者に対する責任と責務との間の現実的な選択の前に、あるいは憎悪や暴力的な拒否の前に立たされる。他者は私に本当の自由を授け、利益ともなる一方で、私がどう実行するかの決定次第で犠牲者ともなる」（Davis, 1996: 48-9）。他者なくして、私は存在しない。

したがって、経験とは、そのなかに必ず他者を含んでいる。そもそもが、他者に囲まれた生はモラルな生なのである。たとえそれが特別に不道徳（immorality）であっても、モラルな生なのである。この章で私は経験のこの根本的な次元、社会生活の基本的な土台を考えてみたいと思う。そしてこの次元とメディアとの関係を探究したいと願っている。こうした探究は、少なくとも最近のモラルな言説を追求することに対する不快感のおかげで、とりわけ困難なものとなるだろう。そうした相対主義のなかで、モラルそれ自身が、ある境界や危険性を超えた、異質なこととして認識されてしまっている。バウマンによれば（1989）、社会学者は、モラルの起源を社会的なもののうちに発見するような議論から尻込みしてしまい、判断することをためらっている。社会がモラルな生活の基盤であるならば、そしてそれぞれの社会がそれ固有のモラルをもっているならば、その時われわれの隣人のモラルのコードを判断するわれわれとはいったい何者なのか。この問いから逃れられないことを信じているとしても、その問いに対して議論することが不可避であるとしても（道徳的問題に関する絶対主義が暴虐にいたることを私たちは知っているわけだが）、こうした相対主義が存在するためにさまざまな問題が起きてしまう。私たちと同様に他者が不道徳であるかどうか、個人と社会が判断を迫られるようなさまざまな要因が、歴史上も、そして現在も、十分に存在しているにもかかわらず、そうした判断が回避されてしまっているのである。しかしながら、こうした判断はいかになされるのだろうか。ましてや一貫した判断などいかに行なわれうるのだろうか。

社会的世界のなかで、主体として、行為者として、私たちが行なうこと一切について、また私たちがどんな人間であるかにかかわる一切について、それらすべてが他者との関係に依存している。彼らをどう理解し、どう認知し、どう関係し、そして彼らを考慮するのかあるいは無視するのか、これらすべてが他者に関係している。他者をまなざすことは決定的に重要である。どうしてもある文化から別の文化への翻訳という通過点を経なければならないテクストや物語の中で「他者」を表象するという問題と格闘していくなかで、人類学者は長いこと、他の社会や文化に関する研究がいかに自らの文化と社会を解き明かすことにつながるのかを記述してきた。私はいかに、彼や彼女をエキゾチックなものとすることなしに、「他者」を記述したり、映画にしたりできるのだろうか。また他方で、彼や彼女を私たち自身が抱く自分たちの感覚に吸収することなしに、いかに文章化したものや映画化したもののなかで「他者」を表象できるのだろうか。

「他者」は、しかし、差異を承認するなかでは、私たちが世界の中で、私たち自身のアイデンティティを構成し、われわれという固有の感覚を構成するところの、ひとつの鏡として機能する。われわれがこれらの差異を理解するならば、あるいはわれわれがその差異をたんに知っているということであっても、その時われわれは「他者」を考慮にいれなければならなくなる。そうしたとき、私たちは、世界はわれわれが知っているような単純なものだ、あるいはそれはわれわれの経験のたんなる投射なのだ、といった見解を仮定することはできないし、「他者」は存在しないと偽って「他者」を消去することもできなくなるだろう。実際、私たちは、十分に理解していない、そして理解できないことがらが存在することを知らねばならない。

私はすでにこの章の最初に引用しているわけだが、二〇世紀のもっとも難解な哲学者のひとりであるエマニュエル・レヴィナスは、その核心部でモラルである世界、という議論ないし見解を構築した人である。しかし彼は指摘することで、モラルある生活という特殊な見解を提案したわけではない。それは規則ではないし、倫理的「規則」の提案などではない。彼の哲学はモラリティについての思考したものであり、倫理的とは社会生活の条件であり、その結果ではないと考えられている。彼の議論では、倫理的であるとは根源的に実存的事実である他者と一緒にあることなのだ、ということが主張される。そして、他者とともにある存在であるかぎりで、私は他者に対する責任を果たさねばならない。他者が私に対する責任を取るであろうという期待がもてないときでさえも、私は他者への責任を取らねばならない。責任とは見返りなしのものである。それは驚くべき思想である。しかしレヴィナスはそれを主体性のもっとも上位に置かれるべき構造として提案する。モラリティとは非対照的なものだ。この点で彼は、「われわれはすべての人に対して責任がある。またかつて存在していたすべての人間に対して責任がある。そして他者に対する以上に自分に対しても」との一文がある『カラマーゾフの兄弟』を書いたドストエフスキーとも、また異邦人や孤児や未亡人への配慮を主張する『申命記』とも一致している。

逆に、責任は配慮への義務を要求する。そして私は私にとって身近かな人に対してのみ配慮できる。責任は近接性を要求するが、それは物理的な近接性を不可欠のものとしているわけではない。だが、距離は危険を伴い、両者は相関関係にある。そして社会は、モラルの秩序を保障する不可欠なものとは見なされていない。むしろ、社会がそれを搾取し、放逐する、源泉とみなされているのだ。バウマンはこう述べている。

モラリティは社会の産物ではない。モラリティは社会が操作する、つまり搾取したり、向きを変えさせたり、無理に押し込めたりするような、なにものかなのである。裏を返せば、不道徳な行動、言い換えれば他者に対する責任を見放し、放棄する行ないは、社会の機能不全の結果ではないのである。それはむしろ主観性の社会的管理という問題の位相で探究されねばならない、モラルというよりはインモラルな行動の発生のことなのである（Baumann, 1989 : 183)。

他者性に関する議論をレヴィナスによって、そしてコリン・デイヴィスやジクムント・バウマンによるレヴィナスの解釈によって始めた。というのは、私は、レヴィナスの議論が「他者」の地位に関する検討に裏付けられたモラリティに関するエレガントで、またほとんどの点で説得力に溢れたアプローチを準備していると確信しているからである。その試みにおいて彼の議論は、刺激的で、それ自身がモラルであり得ている。

だが、彼の仕事は他の理由からしても重要である。そのひとつは、アンソニー・ギデンズが前近代さらに近代との比較で後期近代性と呼んだものの特異性を検討した時に含意されていたものである。「すべてを考慮する」と彼は書いている。「前近代の『世界システム』の文化、意識を特徴付ける多様なモードは、人間の社会コミュニティがそれぞれ分断された配置を形成している。それに対し、後期近代性はさまざまな側面で人類が『われわれ』となるような状況をつくり出しており、そこではもはや『他者』など存在しないとでもいうべき状況の問題性と好機に直面している」。グローバリゼーションは単一の世界を創造する。だが画一化は分断化ももたらす。「他者はもう存在しない」という時、われわれに何が起きているのか。他者がわれわれと同じ者と見えてしまうからか、あるいは私たちから彼らが取り払われてしまったからか、そのどちらにしても私たちが他者を見ることができないという時、そこでは何が起こっているのか。

ここにはふたつの問題がある。議論したいのは、このふたつの問題にメディアが絡んでいることである。もちろんこれが私の議論のポイントであるわけだが、ふたつの問題はメディアを考慮に入れるべきことを要請しているのである。第一は距離にかかわる問題、第二は主観性にかかわる問題である。

距離の問題から検討しよう。バウマンは曖昧なところが一切ない。ホロコーストについての彼の分析、その可能性に関する説明は、ドイツ社会が彼らの生活からユダヤ人を排斥する前に、彼らの想像世界からユダヤ人を排除した力、その力能をバウマンが理解している点に基づいている。この企図にとって中心的なことがらは、制度的かつ技術的な過程の創造であった。すなわち、ユダヤ人を問題と見なし、その問題に対しては根絶が解決となる、という合理的で能率的な精神の産出である。社会は、距離を作り上げることで、モラリティを抑圧したのだ。ユダヤ人はもはや人間ではない。他者ではあるかもしれないが、レヴィナスのいう意味での大文字の「他者」ではなく、配慮し、責任を負う必要もない小文字の他者なのだ。ユダヤ人は「他者性」というものの外へ押し出されねばならない。これがまさに距離であり、この作用において距離化がはかられていくのである。

われわれは新しいメディアがこうしたこと一切を変えるだろうと信じるように促されている。新しい通信革命に関する著作のタイトルは『距離の消滅』(Cairncross, 1997)という。デジタル化と電子ネットワークによって可能となった新しいスケールの人間生活がもたらす利便性がこの本では議論されている。そこでは三〇ものリストが挙げられ、われわれの生活がどう変化するかが述べられている。その多くは経済的な事柄にかかわるもので、政治的な社会的なものはほとんどない。この本はグローバル通信の強度が増大することで、異なる地域にいる人間をよりよく理解し、より寛容になると見なしているのである。

しかしながら距離が技術によって解消されることなど不可能だ。電話は、それが繋がっているときでさえ、人々を分離したままである。コネクションは問題ではない。それは近接性を保証しない。われわれはいまだ距離の問題に直面しているのだ。ニューメディア技術は戦争や大量虐殺にストップをかけることはない。むしろそれらはこうしたことをより効果的に行ない(破壊を助ける情報)、そして一層不可視のものとする(隠蔽を助ける情報)ことができる。それらは、配慮や責任を不可能にするようなイメージを用意することで、私たちを引き離し続けることができる。流血のない闘争、被害のない爆撃、軍隊のいない戦闘、犠牲者のいない戦争。ある結果をともなわない行為。この点で、湾岸戦争は起きなかったとボードリヤールが指摘したのは正しかった。テレビは介入した。しかし両者を結び付けることはなかった。技術は「他者」を孤立させ、消滅させることも可能なのだ。そして「他者」の存在しないところでは、われわれも失われてしまうだろう。

技術は、反対の方法で、距離を消滅させることができる。それは他者を極端に近付けることができるが、あまりに接近しているために、われわれが他者との差異や特殊性を認識することを不可能にしてしまうのだ。外交は世界がたんにわれわれ自身の投影であるかのように指揮されている。グローバルなイメージの折り重なり、それらはたとえば、さまざまな文化をわれわれ固有の論題に適応するやりかた（アフリカンのダンスを「プリミティブ」であるとし、貧しいスラムの人々をグローバルな広告のなかで表現すること、こうしたことがどれくらいの頻度で行なわれていることか）であり、世界がちょうどわれわれのようになるだろうという、ちょっとした機会への期待を示している。もちろんロシア人は民主主義を理解している。ドキュメンタリー番組ですら、他の世界のイメージは私たち自身の先入観に適応させられねばならないのである。貧しい者は貧しいように見せなければならない。餓死する者は膨れた腹をしなければならないし、眼の上をハエが飛んでいなくてはならない。技術的にもたらされた親密性は軽蔑を生まないだろう。だがしかし、間違いなく無関心を生み出すだろう。物事があまりに接近すると、われわれはそれを見ないのだ。繰り返そう。こうしたなかで、技術は「他者」を孤立させ、消滅させることも可能なのだ。そして「他者」の存在しないところでは、われわれも失われてしまうだろう。

メディアの表象や対面的状況の限界をこえるメディアの通信技術は、近接性を侵害し、世界の中で私たちがどう体験し、どう生活するのか、ということにさまざまな帰結をもたらす。それらは、経験を形づくるだけではなく、経験する枠組みさえも構成する。またそれらは私たちに倫理的な応答を要求するのだが、それに向き合う時に倫理的な応答をなすための資源について多くを提供することはない。複雑きわまりない後期近代社会の存立を可能にし、その社会を維持しているテクノロジーが、とりわけそのなかでも至高のメディア・テクノロジーが、倫理的な宇宙を変化させたように思う。伝統的に倫理的宇宙は少なくともある時空間に囲まれ、諸行為の帰結を通じて私たちに従うべき途を示すことができた。世界がわれわれに直面しているように、私たちが世界に向き合うこと。そうした伝統的な倫理的宇宙が変化してきたのだ。

現代のメディアのグローバルな射程において、私たちはかつてない「他者性」のなかで世界に向き合っている、そしてこの新たな状況のなかでわれわれは配慮する行ないを知らされ、示されてもいる（環境運動の高まりはまさにその配慮する行ないということがらの核心を示す事例である）といった、これまでたびたび議論されてきたことがらとは反対に、メディアはその構造的な意味で、いわばモラルを超越している（amoral）とはっきりと主張するのは困難であり、それを認めるのはより一層困難である。けれども、そこには重要な意味が存在する。メディアが不道徳というのではなく、いわばモラルを超越しているという意味だ。メディアが創造した、しかも近接性という幻想でメディア自身が覆い隠した距離、さらにわれわれを隔て続けながらもメディアがつくり上げた関係、これら擬装の関係に対して無防備なメディアの性格（vulnerability）（ドキュメンタリー映像の捏造からインターネット・コミュニケーションにおけるアイデンティティの擬装に至るまで）が「他者」の可視性と迫真性を縮減してしまうのだ。

メディアの世界の「あたかもそこにあるような」という仮定法的な性格が、多くの場合に、モラルを超えたものとなる。それにもかかわらず、多くの強力な番組やメディアイベント、あるいはニューズレポートは、これまで防御されてきた日常生活の諸感覚を突破していくのである。これまでこの本で議論したように、メディアが経験の中心であるということからして、これは実にショッキングな結論という以上のものである。そしてこのモラルを超えているという特性は、メディアの本質的な瞬時性や短命性や代理性によって、またメディアの表象性によって表現され、たぶん一層強化されているのである。もし私たちがあるものを嫌いになれば、他のものに代えることができる。同様に（メディアとわれわれの間で）私たちがあることがらを好きでなければ、それはすぐにでも消えてなくなるだろう。フライパンの外に飛び出したオムレツのように、スクリーンの外に、世界の淵から消えてなくなるのだ。

この滑落は、結果として、モラルそれ自体の無価値化と解体のなかにはっきりと現れている。バウマンは以下のように指摘する。


テクノロジーによるさまざまな犠牲のなかでも、もっとも明白で、もっとも際立っているのがモラルの問題である。モラル自身生き残ることは不可能であり、細分化されて生存はしない。欲求によって地図化され、さらには迅速な欲求充足をさまたげる障害を印づけた、そうした世界のなかには、ホモ・ルーデンスやホモ・エコノミクスそしてホモ・センチメンタリスのために残された十分な部屋がある。つまり、ギャンブラーや企業家や快楽主義者のための部屋である。しかし、モラルの主体のためには何も残されていないのだ。テクノロジーの世界において、モラルは、合理的な計算に無頓着で、実際の有効性を軽蔑し、歓びの感情に無関心であるとされ、招かれざるエイリアンとなったのである。（1993: 198）

世界に関するこうした見方は、ハイモダンあるいはポストモダンの条件に関わる多くの分析に、なかんずく細分化という点を強調する分析に合致しているといえる。バウマンは主体の細分化について指摘している。ギデンズは、彼が「経験の隔離」と呼ぶことがらに関する示唆に溢れた分析のなかで、こうした理解を以下のようなかたちで確認している。すなわち、かつてはジレンマや恐怖として、しかし生活の統合された一部として支配されるべく、われわれに相対していた世界の一部が、日常生活からの取り組みを、あるいは日常生活へのチャレンジを縮小するようにデザインされた制度によって、かなりの程度、直接的な経験の外側に置かれていることである。狂気、犯罪、病気と死、セクシャリティと自然、これらはすべて不確実性と不安を縮小するために創造された制度によって、見ること、触ること、といった直接の経験を超えたところに置かれたのだ（ギデンズ）。ギデンズの議論によれば、社会はわれわれを生活から分離している。この分離の展開がもたらした意図せざる結果のひとつは、「あたかも周辺部に圧迫されたかのように、人間生活の基本的なモラルや存在論的な構成要素の集合」が抑圧されてしまったことである（1991: 167）。このプロセスにとってメディアがいかに重要な位置を占めるのか、ギデンズは、そのための議論を展開してはいないし、確認の作業もしていないけれども、十分その点に気がついている。

さて、細分化は制度にも諸個人にも影響を及ぼすように思える。モラルの主体はもはやいない。おそらく、レヴィナスによる西洋哲学の根本的な批判は、特に彼自身の仕事がその基礎にしているハイデッガーやフッサールの現象学の展開のなかで「他者」が無視されてきた、ということに発している。彼の見解によれば、その無視によって、主体をモナドとして、歴史的社会的にも切り離された主体として捉え、ただ個人の能力を通じて世界を探索し理解する全能の神とする哲学が出現することになった。啓蒙以来、西洋の文化が少なくとも辿った自己愛的な転換を同一化することで、他者もまた社会学的には同じモナドとなった。コギトとエゴというデカルト流の省略は明らかに致命的だった。個々の主体はそれぞれになんら関連をもたない。哲学的空間と社会的空間の双方が細分化され、われわれは孤島になったのである。

しかしながら、ハイモダン状況における主体を論議するなかで、この細分化に関する別の見解が存在する。モナドではなく、それはノマド（nomad）である、という見解である。他の人々はその点を一層誇張して追究してきたが、バウマンはそれ以上のことを示唆している。主観性とアイデンティティは、単数ではもはやなくて、複数形として知覚される。つまり、遂行的で、役割を演じ、たぶん非権威的なかでのみ権威的であったり、構造が欠落したなかで構造化されたり、非一貫性のもとで一貫していたり、といった具合である。この分断された主体はカメレオンのように縞と点の模様を不断に変化させながら世界を移動する。この移動にもまたメディアが介在している。つまり、この動きはメディアに反映され、メディアのなかで屈折され、メディアによって可能となり、私たちとメディアとの関係によってその多様な現れが規定されるからである。新しい時代において人は、ハンターにも漁師にも羊飼いにも批評家にもならずに、朝は狩りに、午後は釣りに、夕方は羊飼いに、夕食の後は批評するだろうというマルクスの夢は、いわゆるモダニティの進歩と言われる事態によって急速に追い越されてしまった。そこでは、午前中は男性で、午後には女性になることすらできる。そして夕食後はまったく別の何者かにさえなることができるのだ。またそこでは、自分の趣味やスタイルさらに性格さえも消費のそれぞれの瞬間に変えることができるのである。

モラリティが自己と他者との間の関係にあるのだとすれば、その時相互に信頼できる誠実さが双方に要求される。そしてもしこの誠実性が経験の一貫性のなかにも、さらに不幸な事態を望んでいるのではないが、モラルな生活のための闘争と私が呼ぶことがらのなかにも見られないならば、この誠実性が探究されねばならない。

私はこの闘争をふたつの場に位置づけたいと思う。この闘争にとってメディアは中心的な位置を占めるだろう。そのふたつの場とは私的な空間（private）と公的な空間（public）にほかならない。私的な空間において、つまり家庭という世界の内部で、話し手やスクリーンに媒介されたパブリックなコミュニケーションと価値は、私が以前別の文脈で家庭の「モラルエコノミー」と呼んだことがらにとっての主題となる（Silverstone, 1994）。モラルエコノミーに関する初期の議論では、私はモラルという観念について十分な検討をしていなかったことを告白しておこう。モラリティを非常に狭いそして価値判断を加えないかたちで議論していたのである。ここで私は一層議論を喚起することになりかねないが、より説得力ある方向を示唆したい。それは、モラルな生活のための闘争が私たちの社会に占める場として、家庭がひとつの重要な位置をもつということである。それは、「他者」との関係のなかで、知覚し配慮する存在として自らを位置づける欲求と能力を組み立てていくという闘争である。それが闘争であるというのは、この試みがいつも成功しているとはけっして言えないし、またこれまでも十分成功したとは到底言えないからである。

しかしながら、観念、イメージ、価値、そして一般に真理と呼ばれるものが一度はパブリックなものとプライベートな生活や空間との間の敷居で交錯するケースが存在する。プライベートな空間を占領している社会集団や家族あるいはその他の集団を独自に維持する価値のセットにしたがって、これらの意味が再検討され、拒否され、乗り越えられるべき主題となるような空間である。実際、メディアとの関係の中で、メディアに媒介されたコミュニケーションや表象との関係の中で、われわれは次第にモラルな主体としてみずからを位置づけなくてはならない。他者がなんら着飾ることもなしに現れ、その表象が日常生活の生きた経験と対照されるかたちでチェックされる、そうした可能性をもった場所だからである。こうして、モラルとは無関係であるというメディアの本質的な性格は、パブリックなものとプライベートなものとの双方で、文化の抵抗的側面に出会うことになる。そしてこの側面がメディアの責任を問う可能性を拓くのである。この点で、ハイモダンの理論の先鋭的な一般化は、この日常生活のあり方にそくして、この理論自身を再構築するという課題に直面するだろう。

モラルな生活の第二の闘争の次元は真理の公的な現出にかかわっている。メディアにおける真理は社会におけるコミュニティのようなものだ。つまり、それが消え去る時になってはじめて、価値をもつことが発見され、公共の関心の焦点となるようなものだからである。これを書いている時点で、ふたつのケースがイギリスのメディアを占拠した。第一はイギリスのドキュメンタリー番組で、メジャーな放送局によって制作された『ザ・コネクション』である。それは世界中で放送され、多くの賞を獲得したのだが、コロンビアからイギリスへの麻薬の密輸入の現実を描写したというその主張に本質的な偽りが内包されていることが明らかとなった。第二のケースは、同じ新聞で報告されたもので、ノーベル平和賞受賞者リゴベルタ・メンチュの自伝に明かに誤りがあるというケースである。このふたつのケースに見られるのは、語られた説明の正確性や真実性を吟味する際にそれに対立する現実があった、ということである。ドキュメンタリー・フィルムの制作者は、ある程度の創作した箇所があったにしても、フィルムが表現していることは自分が真実であると見なしたことであると論議したかもしれない。しかし、この制作者に、公的な弁護の余地はほとんど与えられていなかったように見える。物語の緊張を維持するという利害関心のもとで、また「無媒介の現実」を渇望する時代のなかで、フィルムが表現していることは実際に起きたことなのだ、と彼が主張したにしても、である。第二のケースは、多少なりとも弁護の余地が残されているように思われる。つまり、作者の権利がある。不完全な本当のストーリーに効果とインパクトを与えるためにメタファーとレトリックを用いるという（政治的あるいは他の理由のための）権利である。両者のケースにおいて、文字どおりの虚偽の下に、一般的な真理が主張されていると、私たちは理解することができるだろう。すでに見てきたように、記憶もしばしばそれ以上のものでも以下のものでもない。

私たちは間違いなくこうしたことに関係しているのだが、そのかかわりにおいてナイーブのように思われる。特に、ますます私たちと真実とを分けるテクノロジーの能力の発達の結果として、真理にかかわって今生じていることがらに、より一層の理解を持つ必要がある。今や決定的に真実から隔たってしまったかのようなのだ。死者は今や、存在する映像からデジタル的に自由に処理され、新しいシークェンスにフォーマットされた、スクリーン上の新たな連続映像として現れる。香水やソフトドリンクや車を私たちに売るように、身体と魂、サウンドとイメージも消費される。デジタル世界の基礎はこうしたことに置かれている。それは、モラルとは無関係であるとするメディアの特性を新たな高度にまで到達させるだろう。

この章を終えるにあたって、いくつかの提起をしておこう。すこしこの章の最初の問題に戻りたい。つまり、「他者」の承認に関する倫理の根本的な基盤に関してである。メディアの研究はこの意味で倫理的でなければならないと私は思う。表象の根源を検証するに際して、そしてメディアがマテリアルな「他者」や象徴的「他者」への接近を用意する方法を検証するに際して、つまり、それらとわれわれの間の関係とともに、われわれ相互の関係がどう調整され、判断されているのかを検証し、そうした関係をモラルな生活のための闘争の源泉として理解するに際して、私たちが人間的な条件をつくり出すために取り組まねばならないことがらの核心にメディア研究が向かわねばならない、ということが避けえないからである。

この章の最後に、バーリンという哲学者の著作の冒頭部分を引用することが相応しいと思う。理想を追求する彼自身のエッセイを紹介しておきたい。『人間性のゆがんだ木』と題された本のなかで、彼は倫理の主題を次のように述べている。

倫理的な思考とは、他の存在を処遇する人間の方法がそこから生起する諸概念や利害関心や理想、そして生活の目標を基礎付けている価値の体系と人間との関係の体系的な考察から成り立つ。どのように生きるべきなのか、男とは女とはなんであり、なにをすべきなのか、ということがらに関する信念はモラルの探究の対象である。そしてそれが集団や国家、さらに全体としての人類にまで適応される時、それは、まさしく社会に適応される倫理であるところの、政治倫理と呼ばれるものとなる。（Berlin, 1990: 1-2)

われわれの人間の関係が電子的な媒介作用に依存するようになり始めている。その限りで、互いに対する接し方、つまりそれぞれお互いの概念や利害関心や理念に関する調整も電子メディアを媒介にしたコミュニケーションに依存する。こうしたメディアが人間のこのような関係のスケールとスコープを変化させてきたと認識される限りで、われわれはこの変化を受け入れねばならないのだろう。今一度、バーリンの「われわれが生きている暴力の世界」という言葉と、この世界でメディアが果たしている役割を理解しようとするならば、私たちは倫理的な探究に、まさに実際に、従事しなければならないのだ。

16——新しいメディアの政治学にむけて

もちろん一切が権力の問題であり、それが最後に検討されるべきだろう。メディアの権力とは議題を設定すること、また同時に議題を破棄してしまうことである。その権力は政治過程に影響を及ぼし、それを変化させてしまう。あることがらを可能ならしめ、鼓舞する力、そして人を惑わす力。そうした権力は、国家と市民、地方と地方、制作者と消費者の間の権力のバランスを変えてしまう力でもある。さらにこの権力は、国家によって、市場によって、抵抗的なあるいは抵抗しているオーディエンス、市民、消費者によって、拒否されることもある。それはまた誰が、何を、どのように、所有し、管理するのか、という問題でもある。またそれは啓蒙的なイベントによる覚醒と同じくイデオロギーの注入のことでもある。意味を創造し、維持する、つまり説得したり、保障したり、強化したりする、メディアの権力のことである。人を傷つけ、人を安心させる力。その勢力範囲。証明し、暴き、説明する能力であり、そしてまた接触と参加を許す能力であるところの表象する力。それはまた耳を傾けさせ、話をさせ聞かされる力にもかかわっている。反省や熟考を促したり、導いたりする力。そして物語を語り、記憶を節合する力でもある。

メディアについて学習する理由は、メディアがもつ力に関心があるからである。われわれは、それを不安に思い、非難し、また崇拝もする。定義する、煽動する、啓蒙する、誘惑する、判定するメディアの力。われわれがメディアを研究する理由は、まさに今述べたようなメディアの権力が日常生活においていかに強力な力をもっているのかを理解する必要がどうしてもあるからだ。その力は、生活の表層にも、そして深部にも働き、われわれの経験を構造化してもいる。その力を悪いことよりも良いことに利用したいと願う。

この章のタイトルは両義的である。それはふたつの読みが可能だ。メディアに対する新たな形の政治学とはなにか、あるいは新たなメディアの世界ににおける政治学とはなにか、というふたつの読解である。もちろん、このタイトルに内包されているのは、この両方の意味である。変化するものごとと変化するメディア、この両者は変化の原因でもあり結果でもある。自由刊行物や公共放送という理念によって多少なりとも排他的に包括された観念のもとでメディアを捉え、その政治的役割を考えようとしても、私たちは実際にはそうすることができなくなる。メディア空間の細分化や分割、メディア市場の自由主義化、通信域帯の不足による割り当て政策のデジタル化による変革、こうした変化が生じたからである。これら変化の条件は一方でメディアに参入する際のコスト低下によって可能となった。そして他方では、グローバルなメディア文化の領域で成功を勝ち取るために必要なコストの上昇によって引き起こされた圧力も存在する。これらはすべて、政治的生活における公的な参加に向けた好機を含意すると同時に、権力の行使をも含意するような、新たな種類のメディア空間を示唆する指標にほかならない。放送人が出版人になる時、商品のための市場がイメージのための市場になる時、政治的な重要性の中心が選挙箱からコーナーにおかれたメディアに移行した時、そして合衆国の政治と公的生活に対するわずかな貢献とも言えるが、有名なポルノグラファーのラリー・フライトがシナトラや国会議員のプライベートな生活を『ザハスラー』のページを使って解剖しはじめた時、私たちは、現存の政治過程とともに既存の政治制度が懸案を処理することが難しくなる、新たな政治的現実の成立を承認するように迫られたのである。

メディアを刺激物あるいはウォッチドッグ、第四の権力と考えたり、メディアを政治過程に対するひとつの付加物、政府と政党にとっての侍女と考える立場がある。だが私たちはメディアを根本的に政治過程そのものに書き加えられたものとして正面から見据えなければならない。経験と同様に政治もメディアのフレームの外側で考察されるようなものではもはやないからである。さらに、メディアを自由や民主的なプロセスの保証人として考える立場がある。それに対して、私たちはメディアによって要求され、かつ過去においてわれわれに奉仕したメディアに授与された自由が、メディアの華やかな成熟のなかで、その同じメディアによって今にも破壊の危機に瀕していることがいかに進んでいるのか、そのことを認識しなければならない。ジョン・グレイが議論しているように、メディアは全体として少なくともグローバル資本主義となって、みずからを掘り崩している。つまりメディアと市場の自由は双方とも自己を破壊する危機に瀕している。これは恐ろしいパラドックスである。しかし、人はそれを理解し、認識しなければならない。

しかしながら、グローバル社会の最近の状態に関する多くの批評のなかで、メディアの存在を完全に無視することはないとしても、メディアを周辺的なものとして特徴づける記述があることは驚くべきことである（Beck, 1992 ; Giddens, 1998 ; Gray, 1998 ; Soros, 1998）。

メディアを中心に置かずに、グローバリゼーションや反省性や危機の管理を議論することがどうして可能になるのか。グローバル経済、グローバル・ファイナンスはグローバルな情報インフラなしには活動できないが、しかし同じメディア技術によって、こうした活動は脅かされてもいる。速度は、取引や投機を容易にするのと同様に、理性を殺し、台なしにすることもできる。グローバル・ポリティクスは、平和時も、戦争時も、重要な政党間の迅速なコミュニケーションに依存している。グローバル文化は電子的な文化である。ハリウッドの映画と同じく世界を移動する多くのディアスポラのように。危機は、さまざまな政策や老練な判断をマスメディアを通じて公衆に知らしめる活動を通じて示され管理される。そしてもしも人が、監視し、理解する能力である再帰性を――それは一度も後期近代社会における生活の複雑なダイナミックスを制御できなかったし、ジョージ・ソロス（1998）が思考と現実の間の双方向の作用と指摘したものだが――、この段階の社会を規定する中心的な構成要素として位置付けるのであれば、その再帰性の担い手は今やメディアとなった、と私には思われる。実際、メディアは再帰性の前提なのである。メディアは公的であれ私的であれ思想や活動を表現するための導管であり、そのための刺激物なのである。諸制度にとっても。諸個人にとっても。

この本を通じてここまで議論するなかで、私たちの経験に占めるメディアの中心的な位置を得心のいくようなものとすることができたと希望する。さらに、新たな千年期を迎える時、それは、当然のことながら、政治的なことがらの理解と社会における権力の行使に対してメディアが含意していることがらについて思考するように促してきた。私が指摘してきたことからすれば、メディアについて研究する者は、われわれの関心の対象である世界にかかわっていく責任をもつべきだ、ということが帰結するだろう。この世界で生起している出来事から学問的営為を分離する境界は少なくとも維持されるべきではないのだ。

ある種の結論を出すことが求められたこの章で――終了ということではないのだが――複数の相互作用状況のなかで提起されるいくつかの問題に言及したいと思う。メディアとメディアが操作し枠付けている政治的環境との間の相互作用状況の問題であり、それは思考と行動との間の相互作用状況でもある。言い換えれば、政治におけるメディア、そしてメディアにおける政治、という問題を説明したいのだ。そうすることで、私は、政策に関する特別な勧告を提出しようとするのではない。私がそんなことを試みるのは馬鹿げたことだ。私が為したいことは、そうしたことではなく、新しいメディア政策のための基本的なベース、前提条件を明らかにすることである。ある種のメディア・ファンダメンタリズムに依拠することなく、グローバル・メディアの危機として捉えられる事態に目を向けることが必要なのだ。そしてそのことが、政治的プロジェクトのための土台とならねばならないのである。それは政治的なプロパガンダとはまったく異なる、挑戦的試みである。

さて、このようなプロジェクトが目を向けるべき問題、直面する論点、解決を迫られるジレンマとはなにか。いくつかの仮説に基づきながら、解明を要請される問題を追求しよう。

第一は、他のテクノロジーのように、メディア・テクノロジーも社会的なものだ、ということが考慮されるべきだろう。この社会的であるとは、メディアが演じるなかに現れるものであり、またメディアの内部に内包されているものでもある。メディアをそうしたもの、そしてそうした効果をもつものとして語りたいのだ。そうすることはけっして不適切なことではない。メディア・テクノロジーが物質的なかつ象徴的な対象として、そして行為の触媒として出現したのであり、また個人と制度の行動を通じてのみその効果を発揮する、ということを思い起こすことは絶対に必要なことだろう。以下で示すように、私が確信するのは、これらの諸行為がそもそも政治的であるということだ。その本性からして、これら行為は意味と管理をめぐる闘争、つまり計画、展開、分配、活用といったさまざまな側面における闘争に巻き込まれているのである。

第二は、メディアが、文化的な諸力として、政治的であるということだ。アクセスと参加にかかわる紛争の対象である。所有権、代表権をめぐる紛争の対象でもある。しかも、つねに、コミュニケーションのあらゆる行ないが帰結してしまう不確実性と意図せざる結果に開かれたぜい弱な存在でもある。メディアは一気に人を結び付けもし、また引き離すこともする。それは、内部に巻き込み、かつ同時に排除もする。それは表現の自由を要求し、監視とコントロールの権利を主張する。

それは、なにかを可能にもし、不可能にもする。メディアは旧式の不平等を除去しようとする一方で、新たな不平等をつくり出しもする。

第三は、メディアがこれまでつねに政治的プロセスの重要な一部であり続けたということである。専制政治においても、民主政治においても。というのは、情報の分配と管理が今度は国民国家を維持する重要な部分であったからである。さらに市民権の創造と管理は政府の効果的な情報とコミュニケーションに依存しているからである。しかも、それは、管理の対象たる個人の間にも言えるし、諸政府間の管理にも言える。

第四は、メディアが常に変化しており、メディアを支える社会との関係もそれに応じて変化している、ということだ。よく論じられるように、この世紀は電子メディアの出現によって規定されてきた。その発端はラジオと電話であった。インターネットは二〇世紀の終盤に出現した。それは真空管からトランジスターへの変化、モールス信号からエンクリプションへの変化であり、アナログからデジタルへの変化でもあった。さらにローカルからグローバルへ、そしてその逆の変化でもある。一対一の通信から一対多の通信への変化、また現在ではたぶん、電子的国民投票に姿を変えるような、政治的指導者へのEメールやオンライン上の政策形成フォーラムに見られる、多から一への通信技術の変化がある。マルコーニからマードックへ、そしてマイクロソフトへの変化、ベルとベアドからベルルスコーニとベルテレスマンへの変化とでも言うべきだろうか。

第五は、われわれが多元的な世界に生きているということである。われわれはこの世界を他者と分かち合っている。そうした他者とは、シンプソンとエウィングス、オパー・ウィンレイとダン・レノ、ビル・クリントン、トニー・ブレア、サダム・フセインと呼ばれる人たちである。また、タリバン、ルワンダのツチ族、ボスニア人そしてセルビア人と呼ばれる人たちもいる。彼らは世界の別の地域に住む名も知らぬ人々であり、また通りを隔てたところに住む隣人でもある。私たちは彼らと一緒に生きている。差異を抱えながら。メディアの内側でも外側でも。メディア政策がこのような多元主義を無視するようなことがあっては絶対にならない。むしろ、メディアは、こうした多元主義を構築する土台となるべきものだ。ナショナルな政治、あるいはグローバルな政治はメディアを無視することなどできないのだから、なおさらである。

こうした立論の諸前提は、私たちがメディアと政治的プロセスとの関係を根本的に再検討する必要があることを示唆するに十分である。アンソニー・ギデンズの言葉によれば、われわれは敵対するものが存在しないグローバルな諸国家の世界に、そして支配というよりは統御の世界に生存している。しかしながらその世界は、諸国家の内部でも、国家間の間でも、根本的な差異と紛争が継続的に現出することを覆い隠すことができない世界でもある。これはいかに管理できるのか。メディアはどんな役割を果たすことができるのか。それは大いなる挑戦であり、私ができることはせいぜいそのためのアウトラインを引くことぐらいだろう。

この問題にアプローチするに当たって、もしかすると以前から提出されてきた観念とモデルのいくつかを再検討することで、この問題に取りかかることができるかもしれないと私は考えている。

最初の、そして少なくともメディアと政治過程との間の関係を直接問題化してきた人たちによってもっとも議論されてきた概念が「公共圏」である。

ドイツの哲学者であり社会学者のユルゲン・ハーバーマス（1989）は、近代性の独特な性格とその民主主義的な社会基盤の分析のための基盤として「公共圏」という概念を取り上げた。そこでメディアは中心的な役割を果たしているとされる。彼の見解によれば、公共圏とは市民が独自の重要な階級として登場した時に出現したという。それは社会が産業化し、一八世紀後半から一九世紀前半に市場が形成された時代に当たる。重要なのは、この時、「世論」と呼ばれるものが創造され、さらにまた「公民」と呼ばれる人たちが、これまで排除され、その当時も現に排除され続けていた政治過程において、重要な役割を演じる可能性が創造されたことにある。

公共圏は市場と家庭の領域で徐々に形づくられてきた新しいプライベートで個人的な関係を包含しながら、公的権威つまり国家の領域と市民社会の領域との間に出現したのである。この新しい階級の構成員は次第に富の獲得を確実なものとし、国家の事象に影響を行使できるように熱心に働きかけるなかで、自分たちの存在を公的な生活において確認できる制度を構成することが自らの責任である、と考え始めた。原理的に、公共圏とは万人に開放され、参加した誰もが平等の立場にあると想定されている。これがリベラル・デモクラシーの始まりであった。コーヒーハウスのテーブルの周りで、ニュースや広告と一緒に政治的な解説文を掲載し始めた新聞に目を通すこと。あるいは神聖な公共博物館のホールや図書館や大学という空間もある。こうした空間で議論が交わされ、人々の参加がはかられたのである。そして道理を説くこと、影響を行使すること、要求すること、が行なわれる。

公共圏は、ハーバーマスが記述しているように、北ヨーロッパとりわけイギリスで花開いた。しかし市民のプライベートな生活に介入する能力や権限を急速に持ち始めた国家の膨張による妥協と徴集によって、それは短期間しか続かなかった。自由で、合理的な論議を行なう空間と時間は消失し、議論を通じて理念や価値や信念を押し進めるよりも、それらを購入するように変化する。その変化のなかで、公民は消費者となったのである。新聞が急速に商業化していった時、新聞の鋭さは失われていく。その次には視覚的メディアが登場し、スペクタクル社会と言われる状況がつくり出される。イメージ操作を復活した公的機関による再封建化の過程が開始された、というわけである。つまり、特定の人物やパーソナリティを通じて権力を誇示する過程、グローバルなテレビジョンのスクリーンで夜毎演じられる権力行使の過程が始まったというのである。

こうしたハーバーマスの論議は多くの論争の源泉となってきた。そのなかには、当初から公共圏などというものはファンタジーにすぎない、と議論する者もいる。公共圏が排除の機能をもっていたこと（女性も、労働者階級のメンバーも十分な参加の機会がなかった）も、公的な論議と活動にかかわるオルタナティブな側面と文化の存在も、ハーバーマスは把握していない、という批判もある。彼は明らかにトンプソン（1963）の著作を読んでいない。あるいは、彼が知らしめたことがらの多くが歴史的に不正確であるにもかかわらず、彼の議論は理念化というよりもひとつの理想、現代メディアの欠点を批判するための土台を提供できる、あるいは提供しなければならないひとつの理想を構成した、と指摘する人たちもいる。

だが反対に、他の研究者のなかには、ハーバーマスが公共圏の特徴とみなしたものの重要な部分をメディアがたしかに維持していた、と議論する人たちもいる。私たちのメディアは、とりわけ公共サービスたる放送という姿をかりたメディアは、他に比較できるものなどないくらいに、公的なそして政治的な生活に対する接近の手段を提供してきたのであり、また敏感に対応しかつ責任ある対処で議論できるようにしてきた、という指摘である。また新しいメディアに対して、特にインターネットに対して、その想像された栄光の果てに公共圏を再生する機会を提供するメディアとして夢を託す人たちもいる。ここには、自由な、そして十分な情報を与えられたなかでの議論と論争のためのグローバルな空間がある。しかも重要なのは、それが、経済活動と国家の範域を超えた空間として存在することだ、といった議論である。

最後に、一九世紀の発端の時点で論争と批評を可能としたものと比較するならば、現代の新しいメディア環境のなかにそうした論議を可能にするような現実的なベースなど存在しない、とみなす人もいる。効果的な参加のための土台などすでになくなっている。私たちはもはやコーヒーハウスの世界には生きていないのだ。私たちの学習はオンラインとなっており、世界はあまりにも複雑になり、私たちが把握できる範囲を超えてしまった。そして私たちは過剰な情報によって傷付いている。ここで世論はそれ自体、メディアによって創造され、操作される、メディアの造型物となっている。それは政府や大統領の良き意志を代弁するバロメーターになったかのようだ。そう彼らは指摘する。

私がこうした議論や論争から汲み取りたいのは以下のことがらである。第一は、公共圏の理念の力を認識すること、公共圏を造型する価値を確認することである。公共圏をめぐる議論は、理性的なルールへの信念と、そのルールを守ること、それが追求される空間を保護すること、このふたつに依拠している。問題なのは、十分な説明、十分な情報提供、そして責任ある対処によって、有意義な公共的な議論を創造し、それを担保するメディア制度の力量なのだ。われわれはそれ以上のことを要求できないし、期待すべきでもない。

しかしながら、ハーバーマスの公共圏に関する見解は過度に不安定で、よく指摘されるように、あまりに単純化されている。そして、そのかなり時代遅れの感がある議論はユートピア的な色合いを帯びている。そのことが公共圏という観念を、奇妙にも、そして逆説的に、非歴史的な観念にしてしまっているのである。理性に基づくルールの主張、この彼の願望は、公共の議論や論争が有意味に行なわれるために不可欠な、理性の複数性やさまざまな「差異をともなった」方法についての十分な理解を妨げる結果になっている。たとえば、ポピュラーであることを非難し、新しい形態の私生活化や、内的なドメスティックな空間への退却を批判する彼の議論の性急さの故に、ハーバーマスは、たんに批判するだけにとどまり、公衆の新しいあり方や活動、さらに公共的な議論への参加に対するオルタナティブな方法を検討する機会を逸しているのである。

にもかかわらず、私が継承し、さらに強化したいのは、公共圏という概念の開放性の感覚である。そのために、私がより詳細な検討を行ないたい第二の理念は、カール・ポパーの『開かれた社会』のなかの理念である。彼の（1945）の大きな論争は、彼の時代の諸社会のなかに、また西洋哲学の思考の重要な一本の線のなかに見られる自由と理性が大いなる脅威に直面しているという認識から形づくられている。開かれた社会とはリスクを引き受ける用意のある社会である。論争や批評に開かれ、そしてユートピア観念や単一のイデオロギーそして国家権力の集中による専制に閉ざされることのない社会である。ポパーは社会工学のモラリティと実践の双方に対抗した議論を展開したのである。それは、失われた黄金時代への回帰であろうと、あるいは輝ける新たな未来の奪取であろうと、国家が世界を転換するために採用したある種の政治的転回であった。われわれの時代のネオリベラリズムとコミュニズムは明らかにこの典型例だろう。ポパーにとっての問題は歴史主義であった。運命への信念、そして理性や人間の差異の拒否、さらに誤りを犯してしまうことへの無感覚をともなう歴史主義である。ポパーにとって歴史はなんら意味をもたない。歴史も、自然も、あるいはこれに技術を加える人がいるだろうが、これらはいずれもわれわれに何をすべきかを教えるものではない。われわれは意図せざる結果に満ちた世界に生きているのであり、そこには最終的な解決などない。その世界に対してわれわれは自らの弱さを自覚しながらも責任を取らねばならないのだ。歴史は複数である。ひとつの共通した目的に向けられたアピールは根本的に誤認を帰結する。そしてなによりも、理性を放棄するアピールを内包することになる。

ポパーの議論の狙いは明らかで、多くの側面を持ちながらも、それは単一性（singular）をめぐるものである。脅威は単一性による脅威のことなのである。権力の単一性は政治を動員し、権力の行使のきっかけを与える。彼の理論は、単一の理性という権力が開放性を損なうものだという信念に基づいている。まさに彼は全体主義化する世界を生きていたのである。しかし、私たちは大部分そうではない。高度近代社会における権力の行使を理解するために、そしてもちろんのことそのなかでのメディアの役割を理解するために、彼の仕事が含意することがらを思考する時、われわれはもっと複雑な環境に関わっていかねばならない。議論が必要なのは、現在の危険性が単一のものではなく、無限定の複数の危険性が重なりあっているようなケースなのだ。あらゆることが進行している。

私たちは、その源泉が、国家の活動に、あるいはグローバル経済の信念にみられるファンダメンタリズムにある、支配的イデオロギーによって課された行動や信念への強制に不安に感じるかもしれない。しかしまたわれわれは、仮説上は個人間の、諸集団間の、共約不可能な信念や価値に還元されるような、道徳的政治的生活の断片化に直面してもいる。アイデンティティ・ポリティクスの問題である。個人主義のポリティクスの問題である。これらの問題は、議論されているかもしれないが、全体主義のイデオロギーがそうであったように、自由に対する脅威でもある。他者の権利のあまりにも性急な受容が思考や理性の不在を覆い隠す仮面でもあったことが度々あったからだ。理解はできる。しかし判断することができない。そうして、すべてが進行する。

マスメディアは大衆社会を創造する。大衆社会はぜい弱な社会である。アトム化された個人は危険にさらされている。プロパガンダは大いなる不安を呼び起こした。ラジオはその手段であった。権威主義的社会はメディアを通じて、つまりメディアの制度と議題設定のコントロールを通じて権力を発揮する。しかし今や不安は反対のものに逆転した。われわれのメディアはすべてを提供し、かつ何も提供しない。市場のルールは、そしてこの市場のなかではわれわれも、王と女王なのだ。このふたつの不安はもちろん誇張されている。しかし、指摘したことはふたつとも真実である。メディアに関する現代の政策は、かつ新しいメディアに関する政策は、全体化の大禍（Scylla）と無限定の多元論との間の小道を進むしかない。その両者の間に第三の道は必要ない。私はここでイサイア・バーリンとエマニュエル・レヴィナスに立ち返ろう。

他の思考とは大いに異なる、独創的な哲学の論考を誤読する危険を犯しても、私が示唆したかったのは、ふたりのこの思想家がひとつの明瞭な立場を築いているということだった。それは、強調されてしかるべきだが、根本的で、深く、世界に対するもっともよき感覚を基盤にした、リベラルで、単純な人間中心主義とは異なる、大文字の「他者」に対する根源的な尊敬の念に基礎付けられたヒューマニズムなのである。両者は他者性の非還元性を認識している。また二人は複数のユニバースを主張してもいる。さらに同じように、共通のヒューマニティの受容を通じた「他者」を感受するための努力を要求している。バーリンにとって、これは相対主義から多元主義を区分するものである。彼は次のように指摘する。最後に、長い引用になるが、ぜひとも紹介しておこう。

彼らは私たち自身の社会とは異なる社会を見るようにわれわれを招いている。私たちとは異なるけれど、しかし人間存在であって、「類似性」のうちに捉えられる人間にとっての生の目的を理解可能なものとして私たちが知覚できる究極的価値。ヴィーコの用語を使うならば、その人間存在の環境のなかに、われわれは大きな努力をはらって、「侵入する」道を見つけだすことができる。……その探究が成功すれば、これら遠く離れた人々の価値がそれによって私たち自身生きることができる人間的なものであることが理解できよう。つまり知的で、道徳的な識別力をもった、創造的な能力のことである。これらの価値はわれわれを魅惑するかもしれないし、われわれを拒否するものかもしれない。しかし過去の文化を理解することは、われわれと同様にその人間が特定の自然あるいは人間がつくり出した環境のなかで彼ら自身の活動でどう自らを具体化するのかを理解することである。そして、十分な歴史的探究と共感的な想像力の力で、人間の生がどう生きられるのかを了解することでもある。（Berlin, 1990: 79, 82-3）

多元主義とは、差異が存在するとはいえ、こうした理解が可能であることをあえて仮定することである。それは相対主義ではない。なぜならそれは、両者のアイデンティティと判断が可能となる共通したヒューマニティを仮定しているからである。これは単純な道徳のルールを賦課することではない。そうではなく、自らを人間にするところのものによって人間が規定されており、それによって人間が判断されるのだ、ということを受け入れることなのだ。バーリンにとって、レヴィナスにとって、そしてバウマンにとって、他者とはもっとも確実に、悪でありうる。

理解とは道徳的に中立的でありことではない。理解とは、共通のヒューマニティの確認と他者の権利に基礎付けられているからである。他者を抹殺するのであれ、他者を包括するのであれ、そのどちらであっても、私たちがそうした他者との差異を無視するのなら、そこに真の理解などない。「他者」とは、レヴィナスが論議しているように、私のような存在ではなく、まったく異なる存在なのである。「他者」は承認されねばならない。相対し、感知され、理解されねばならない存在なのだ。繰り返すが、われわれのヒューマニティとは、この始源的な他者への応答の承認から帰結するものなのであり、けっしてその承認の根拠などではないのである。

見知らぬ者、「今日来たる者、明日訪れる者」、親密ではあるが遠く離れた者、遠くに離れていることで親密である者、今世紀の初頭に生きたジンメルがこう特徴付けた他者は、彼が生きた時代よりも、現在の後期近代社会の鍵となる形象だ。この見知らぬ者は、「彼と自己との間に、国籍や社会的地位、職業、一般的な人間性などの類似性を感じ取るかぎりで」われわれにとって親密さをもつ。「彼は、これらの類似性が彼とわれわれを超えて広がるかぎりで、われわれからは遠い存在となる。そして、数々の類似性が多くの人々を結び付けているという理由だけで彼はわれわれとつながる」(1971: 147)。

離れていることと近接さとの間の弁証法、親密さと疎遠さとの間の弁証法は後期近代社会の重要な節合であり、それはメディアが決定的なかたちでそのなかに巻き込まれている弁証法でもある。しかも実際、きわめて抽象的な、そして安易な平板化した言い方ではあるが、それこそが、特に優れて、メディア・プロジェクトなのである。これまで論議したように、メディアはわれわれの経験の中心にいる。時空間を超えたメディアの出現は、それ以外の方法では到達しえない世界や言葉、さらに映像や観念を伝えることで、われわれの経験を豊かにもし、貧しくもする。またこの認識がメディアをグローバルなものとして基礎付けてもおり、なおかつグローバル文化、グローバル社会、グローバル政治の理解にとってメディアが中心的な位置を占めると主張する根拠ともなっているのである。

では、新しいメディア政策にとって、これらの観察から何が導きだされるのか。今こそ、われわれが声をあげるべきなのはどのような論点なのだろうか。

もちろん、それは多数ある。現代の社会生活がメディアの現存と無関係に存在するなどということは絶対にない。その不在は苦痛にさえ感じられるだろうし、一般に情報社会といわれるなかで、情報の欠如は、ある種の限度を超えた喪失とさえ、感じられるかもしれない。場合によっては、多くの情報によって節合された認知が誤りである時でさえも、喪失と感じられるかもしれない。もちろん情報はその時無価値になるだろうが。知識はカウントするものになる。情報富民と情報貧民との間の格差が拡大していることのなかに、その不可避性を見たり、社会的な必要悪とみなす議論に、われわれは十分注意しなければならない。電話とテレビがなく人々の長い列ができる時、インターネットの不在を嘆き悲しむことなどない。これらすべてのケースにおいて言えるのは、テクノロジーはそれ自身創造的であることなどないということである。ローカルなコミュニケーション、グローバルなコミュニケーション、その双方にアクセスすることは可能だろう。しかしわれわれは語るべきなにかを持たねばならないし、そこには、耳を傾け、その声を聞くべき誰かがいなければならない。情報知識の富民と情報知識の貧民ではなく、われわれはコミュニケーションの豊かさとコミュニケーションの貧しさについて、知識の豊かさと貧しさについて、語るべきではないのだろうか。価値があるのは商品だとみなす私たち自身の感覚を超えて、思考することはできないのだろうか。もしその価値があるとみなされているものが本質的なものではないとしたら。そう考えてみることはできないのだろうか。テクノロジーは、完全なものにする、そして向上させるなんらかの価値が存在している時にはじめて、社会的文化的な生活を補足し向上させることができるのだ。

私たちは世界を疎外することがどのようにして生じたのかを知っている。私たちは次第に、そして多分、政治過程からとりわけ疎外されている。私たちは、内部的な仕事へと継続的に振り向けるテクノロジーによって、この過程への有意義な参加を奪われているのである。最終的に私たちはイメージに対して投票することになるのだろうか。インテリジェント・エージェントやその化身とは結局なにを意味するのだろうか。もし判断するように求められたことを自分自身が理解できない場合に、政治的な問題に関する回答を電子メディアを通してどう伝えればよいのだろうか。こうした問題を問うことはラッダイト主義ではない。多くの直面する課題は、ナショナルなポリティクスの復興、グローバルなポリティクスの活発化、といった動きに新しいメディア・テクノロジーが巻き込まれていく道筋について考えることなのだ。グローバル・ネットワークの双方向性のなかに、現存の民主主義的な諸構造の再生を、また政治的リーダーや政府との対話に、原初的な形かもしれないが、諸個人が参加する可能性を見る人々もいる（そうした人はもちろんその回路にアクセス可能で、使い方を知っており、活用する理由もわかっている人だけなのだが）。さらにこの同じテクノロジーについて、政治参加の新しい形態や新しい構造を、また新しい（自己）管理の形をつくり出す可能性を見る人々もいる。他方では、この新しいメディアの際立った広範囲な可能性のなかに、自由の縮小や政治と経済の双方における前代未聞の監視を見る人もいる。こうした選択肢、不安な徴候、そしてさまざまな課題は言うまでもなくあまりにも重大すぎて、技術者や政治家のどちらかにこうした問題を預けるわけにはいかないのである。

同様にリスクの政治学がある。ここでもメディアはその解決のツールであると同時に、問題の元凶でもある。私の感覚から言えば、すべての社会、あらゆる個人は、いかなる時代でも、リスクを処理しなければならなかった。現代の日常生活の経験のなかでは、生命工学の劇的な前進によって生まれたリスクあるいは地球規模の温暖化による作物の収穫の減少と社会的悪の脅威とを区別することはない。古代の社会ではシャーマンを抱えていたのに対して、私たちにはニュースリーダーがいる。リスク管理にかかわるメディアの役割を位置付けるべく計画された業績はほとんどない。しかしその中心的役割は否定できないだろう。それを行なったひとつの仕事（Turner et.al, 1986）は、サンアンドレアス断層の上に暮らす人々の生活について考察したものだが、ニュースと最新情報を通したリスク報道と不安に対処すること、この両者の見事にバランスされた循環を例示している。「科学的知見と予測」の報道が遅れた場合、それは救出や安全確保のための他の戦略の変更を余儀なくさせてしまう。対処すべき論点が見失われたり、救出活動が許可されなかったりしてしまうのだ（実際この研究は1988まで行なわれた）。新しいメディア政策は、これまでのメディアとちょうど同じように、日常生活の指揮と安全確保にとってメディアが固有の意義をもつことを理解すべきだ。もしパニックに対応する政治権力の発動を回避すべきであるとするならば、その時には直接、そして一貫して、政府組織ではなく、政府が取り組まねばならない文脈、政府を強制する文脈に目を向けなければならない。そのことはイギリスで起きたBSE事件の際に経験したことだ。これは、公共政策と効果的な管理の問題なのであり、メディアはそのコンテクストをなすとともにテクストでもあるのだ。ここで私たちはマクルーハンのメディアはメッセージでもあるという格言を想起してよいかもしれない。

さらに、包摂（inclusion）のポリティクスの問題がある。メディアは排除することなく、政治生活への可能な限りの参加のためにいかに役立てうるのだろうか。主観的な規定であれ、客観的な規定であれ、マイノリティがみずからの時間とアイデンティティをもつように勇気づけられる時代のなかで、そしてメディアも同様にそのための重要な道具とみなされるなかで、自己規定と自己利害の偏狭で防衛的な政策をいかに回避できるのか。また自己創造と自己維持の一環として、すでに分有された見解や共有可能な見解のみを抱き、自らのことのみを語るような価値意識を抱く人々や電子的メディアに媒介された文化的ゲットーをいかに回避できるのか。こうしたゲットー化したなかで不可避的に生じるであろう、他者の否定、他者の衝撃の拒否、他者への責任の否定をいかにして避けることができるのだろうか。最近まで、国家の保護と放送で維持されてきた諸制度がグローバル市場と結合したさまざまな脅威のもとで消失するなか、排他的な中産階級の社会はいかに細分化しつつあるメディア空間や地域そしてマイノリティの利害に関心を示すようになるのだろうか。そして見知らぬ人がいかに安らぎを感じることができるのだろうか。

特に多国籍企業によるグローバル産業の活動範囲が増大するなかで、市場、競争、内容にかかわる継続的な規制の必要性が、新しいメディア政策の論議のなかで数多く提出されるようになっている。市場と競争が関心の的となっている限りで、こうした規制を求めるケースが生まれていることは納得のいくものである。しかも国家の諸機関がメディアをコントロールすることができないために——一度はそれが可能であると信じられていたのだが——その実施が困難であるにもかかわらず、また規制であれ、権利要求であれ、どちらの方向を目指すにせよ、政治の合意をはかる責任ある国際的構造が存在しないなかでは、なおさらその感が強い。事実、放送とは対照的に、出版メディアの世界では、いかなる産業であれ独占状態に移行するとの認識を背景に成立した現存の反トラスト法を基礎に、こうした規制が追求されている。

しかし、規制に関する論争以上に、新たなメディア政治学に関する問題がある。この文脈において、私は教育がきわめて重要であることを指摘しておきたいと思う。つまりメディア・リテラシーのことである。私たちすべてが、メディアがどんな働きをしているか知る必要がある。そして私たちが見たり聞いたりしたことをどう読解し理解するかも知る必要がある。これは私たちのプロジェクトである。というのはメディアを研究する私たちの誰もが、私たちが学んだことがらを伝えなければならないからである。日常生活におけるメディアの遍在性と中心性が所与のものとなり、また私たちが生活する世界の意味を作る日常の実践にとってメディアの役割が際立つものとなった今、それ以外に何ができるだろう。

政策は、思想と実践の両方がなければならない。メディア政策もその例外ではない。政策とメディアは共に信頼にもとづく。メディアを研究するのは、それが後期近代社会における権力行使にかかわって、それがいかに寄与しているのかを理解する必要があるからだ。すでに制度化された政治過程に対しても、そうでない過程の場合でも、メディアは権力行使に寄与しているのである。メディアは世界を知的に理解可能なものにする責任がある。世界とそこに生きる他者がヒューマンとなること、そのことが唯一、ここで言うところの知的に理解可能なものの意味である。そして、メディアを研究するわれわれの誰もが、メディアを高い知的能力をもつものにしていく責任があろう。このプロジェクトはけっして容易なことではないし、気楽なことでもない。しかし私たちは、希望を持って、それを追求するだろう。牡蠣のなかにひと粒の砂を置くことによって、私たちが設定した高度な仮説的な根拠から生じた炎症が長い年月を通じて真珠に変化するという希望を抱いて。

訳者あとがき

メディアについて学ぼうとする人々が増えている。日本ではむしろ「情報」という言葉が用いられることが多いのだが、全国各地の大学で、中身はともあれ情報学部や社会情報学部、情報環境学部、情報文化学部、メディア学部、国際コミュニケーション学部などといった名称の教育組織が増えているし、大学院でも同様の傾向が見られる。インターネットや衛星通信、ヴァーチャル・リアリティからテレビ、電話、広告、マンガやアニメーションまで、何らかのメディアやコミュニケーションについて大学で学びたいと思っている若者たちも増加しており、もちろん各地での学部改組は、そうした需要動向にも対応している。

しかし、大学で、あるいは各種の講座で、メディアを学ぶというのはいかなることなのか。たしかに諸々の情報処理技術について、テクスト解析法について、メディアの制作者が築き上げてきた実用的知識について、あるいはメディア状況についての雑学的知見について、専門の教師たちはそれなりの知識やテクニックを伝授していく。学生たちは、現代の情報技術やメディア動向についての断片化された知識をお腹いっぱいに身につけていくことになる。なかにはそれらを自身の強烈な問題意識と結びつけて、独創的な研究をする者もいるかもしれない。しかし、少なからざる若者たちが、インターネットについて、携帯電話について、テレビについて、マンガについて知識を深めながらも、メディアを学ぶというのはいかなることなのかなどといった問いを考えてみることもなく大学生活を終えて就職し、場合によっては大学院生活も終えていくのではないだろうか。

本書は、こうしたメディアをめぐる知や教育の現状に対する真正面からの批判的介入の企てである。しかも本書は、誰よりもこれからメディアについて学ぼうとする若い人々、大学生、大学院生、市民たちのために書かれている。本書はそうした人々に、メディアを学び、研究するとはいったいどういうことなのかを、深部から解き明かしていく。いわば本書はメディアについてのメディアであり、私たちの日常的実践が織りなす無数の媒介作用を、その媒介作用の中に身をおきながら研究するための手引きである。もちろん、手引きといっても、単に詳しい知識を得るためのガイドブックではないし、情報化の新しい動向を予測するためのガイドでもない。メディアとは何か、メディアとは私たちの経験のいかなる場に位置づいているのか、メディアを学び、メディアを語るということはいかなる実践なのかを、深く、軽やかに、そしてダイナミックに語っている。

その文体は自由闊達、巧みなリズムと豊かな比喩のなかで、ときには読む者をうきうきさせ、ときには驚かせ、ときには考え込ませながら、メディアを考える思考の論理がしっかり構造化されていくような仕掛けになっている。専門知識を一つ一つ積み重ねていくような着実さではなく、読者のイマジネーションを刺激し、大掴みに問題の根本に迫り、理解の地平を拡げている。

＊

著者のロジャー・シルバーストーンは現在、ロンドン・スクール・オブ・エコノミクス（ＬＳＥ）教授で、一九九八年以来、同校大学院に新設されたメディア・コミュニケーション学科の長の職にある。日本語版への序文にもあるように、同校が、学長アンソニー・ギデンズの肝いりでメディア研究の学科を立ち上げようとしたとき、シルバーストーンに白羽の矢が立てられた。そうした流れのなかで、彼自身の学科がこれから教えていく大学院生たちのために、いわば知的探究のビタミン剤的なテキストとして書かれたのが本書である。

シルバーストーンはもともと、大学では地理学を学び、卒業後、編集者やＢＢＣの調査員、ディレクターなどを経た後、ＬＳＥで社会学を学び博士号を取得した。博士論文は一九八一年、『テレビのメッセージ――現代文化の神話と語り』として出版されている。タイトルから察せられるように、この時点でのシルバーストーンの研究は、ロラン・バルト以降の、ちょうど本書の第4章から第6章にかけて出てくるようなテクスト論的なテレビの分析から出発していたようだ。

同じ頃、ブルネル大学に教職を得て、一九九一年まで社会学を教えているが、その間に同大学で情報コミュニケーション学科と文化・技術革新研究センターを立ち上げている。このブルネル大学の時代、彼は、本書のなかにも出てくるＢＢＣで仕事をしていた頃の経験を生かしながら、科学ドキュメンタリー番組の制作過程についてのエスノグラフィーを『科学をフレイミングする――テレビ・ドキュメンタリーの制作過程』（一九八五）にまとめ、「科学」の表象がテレビという場で枠づけられていくプロセスに焦点を当てている。

一九九一年、著者はサセックス大学に移り、最初のメディア研究を専門とする教授になった。同大学では、研究プロジェクトを精力的に組織し、大学院にメディア研究のコースを立ち上げるとともに、文化コミュニケーション研究センターを設立している。またこの頃、日常生活のなかでの情報テクノロジーの消費に焦点を当てた『テクノロジーを消費する――家庭空間のなかでのメディアと情報』（一九九二）を編集し、また主著である『テレビジョンと日常生活』（一九九四）を出版するなど、研究面で多くの触発的な仕事を世に出しており、日本でもこの頃から彼の名前がメディア研究者の間で広く知られるようになっていった。

そして九八年からは、前述のようにLSEでメディア・コミュニケーションの研究教育に携わっているわけである。こうしてみると著者は、一方では在職した各地の大学で、メディア研究の新しいコースや学科、専攻などの立ち上げに携わりながら、同時にテレビ局や出版社での実務経験とテクスト分析についての豊富な知識、地理学から出発した空間論的な視座、科学やテクノロジーが消費されていく過程への深い関心を、その繊細な感受性のなかで一体化させ、切れ味のある諸々の仕事を生み出してきたといえるであろう。

＊

こうした経歴を持つシルバーストーンのこれまでの著作は以下の通りである。

1981 *The Message of Television: Myth and Narrative in Contemporary Culture*, Heinemann Educational Books: London

1985 *Framing Science: the Making of a B.B.C. Documentary*, British Film Institute: London

1992 *Consuming Technologies: Media and Information in Domestic Spaces*, London: Routledge (Eric Hirschと共編著)

1994 *Television and Everyday Life*, London: Routledge

1996 *Communication by Design: The Politics of Information and Communication Technologies*, Oxford: Oxford University Press (Robin Mansellと共編著)

1997 *Visions of Suburbia*, London: Routledge (編著)

これらのなかでも、著者のメディア・スタディーズにとって重要な位置を占めるのは、『テレビジョンと日常生活』であり、また本書ということになるだろう。

『テレビジョンと日常生活』は、日常生活の内部によどみなく組み込まれてきたテレビを見るという行為と経験を、その当の視聴行為と経験を歴史的に造形してきた社会的、政治的、文化的な諸力の布置連関のなかに位置付けることで、その行為と経験がはらむ多面的な位相を精緻に読み説くことを狙いとした、新たな挑戦の書であったといえる。というのも、彼の「日常性」「日常の社会的文脈」を重視する視座は、従来のマスコミュニケーション研究の主流を成してきた「効果研究」「利用と満足研究」に代表されるアメリカの社会心理学的なアプローチ、そしてそのアプローチが前提としてきたメディアとオーディエンスを社会的文脈から切断して二項対立的な図式に抽象的に位置付ける立論とは、まったく異なる視点を構築するものだったからである。

彼によれば、テレビとテレビ視聴という行為をより深く理解するためには、なによりも現代の日常性をかたちづくるテレビの時間・空間の構成力と、このメディア自体を社会的に構成してきたダイナミックな社会的プロセスとの相互規定的な関係の分析が欠かせないのである。『テレビジョンと日常生活』というタイトルには、メディアが深く介在し、メディアに媒介された日常生活の経験のテクスチュアを歴史的な広がりの中で分析するという、彼の一貫した戦略と狙いが込められている。いうまでもなく、本書がこの戦略をより一層深化させたものであることは明らかである。

本書では、この「日常の社会的文脈」を重視する視点をベースにして(1、2、3章)、「語り」「映像」「音声」が節合された電子メディアに特有のテクストを念頭に置いて展開された独自のテクスト論であるレトリック、ポエティック、エロティックをめぐる4、5、6章、そして経験のテクスチュアの具体的な構成の在り様をメディア・テクストと私たちの行為のインターフェースの局面から捉えた遊び、パフォーマンス、消費の7、8、9章、さらにメディアと日常生活との複雑で相互規定的な関係を、住居とホーム、コミュニティ、グローブというまさにメディアによって媒介された具体的な時空間の編制とその変容の問題として検討した10、11、12章、そして最後に現代のメディアと、メディア・スタディーズにとってもっともアクチュアルな課題を「信頼」「記憶」「他者」というテーマ群から考究した13、14、15、16の各章、これら四つの位相を立体的に造形することで、メディア・スタディーズの新たなパラダイムの構築が試みられている。しかもそれは、シルバーストーンが繰り返し指摘するように、さまざまな人文科学と社会科学との接点をもった「学際的」な試みである一方で、二一世紀の社会科学の中でももっとも重要な、メディア・スタディーズという固有の学問分野の確立を目指した斬新な試みとして展開されているのである。さらにその展開の過程を通じて強く主張されているのは、メディアに対する、そして私たち自身に対する、きわめて高い倫理性とモラリティの要請である。

なぜメディアを学ぶのか。メディアを学ぶことで、私たちは何を問い続ける必要があるのか。本書は、その最も基本的なことがらを私たちに問いかけている。その意味で、本書は、専門的な骨太のメディア研究書であるとともに、メディアをはじめて考えようとする人たちに向けた入門書でもある、という並の研究者では果たせない困難な課題に成功した希有の書でもある。

最近では、シルバーストーンは主に二つの研究プロジェクトを進めているという。一つは、ヨーロッパ委員会の下でのプロジェクトで、ヨーロッパにおけるマイノリティとメディアの関係、とりわけディアスポラ的なメディアの生産と消費について五年間をかけて実証的に調査していくものだという。二〇〇三年が最終年度であり、もうすぐその成果がまとめられていくのではないだろうか。もう一つは、本書の後半で出てきた媒介作用における倫理（エシックス）の問題についての考察をさらに発展させていくもので、これが近刊の『スクリーン・ディープ――メディア、倫理、日常生活』のテーマになっていくのだという。本書の続編ともいえ、出版が楽しみである。

＊

われわれが本書の翻訳を考え始めたのは、せりか書房から『メディア・スタディーズ』（吉見俊哉編、二〇〇〇年）を出版した頃に遡る。同書では、前述の『テレビと日常生活』の第一章「テレビジョン、存在論、移行対象」（土橋臣吾、伊藤守訳）を収録し、シルバーストーンの仕事の日本の読者への紹介に先鞭をつけた（同氏の研究の最も早い邦訳としては、一九九七年の来日時、東京大学社会情報研究所のシンポジウムでの報告原稿が、『社会情報研究所紀要』五四号に収録されている）。せりか書房では、『メディア・スタディーズ』をはじめ、『メディア文化の権力作用』（伊藤守編、二〇〇二年）など、このところ国内外のメディア研究の最前線を紹介する本を出してきており、今後も『メディア・プラクティス』『メディア・ヒストリー』などの続編が計画されている。そうしたなかで、メディアを学び、研究するとはいかなることなのかを正面から見据える本書は、これらのシリーズの原点を示すものになる、というのが訳者一同の共通の思いであった。

また、訳者の伊藤と吉見は、それぞれの大学院・大学のゼミで、これまでに本書をテキストとして取り上げてきた。まず、吉見は、二〇〇一年度、東京大学大学院学際情報学府における大学院ゼミで本書をテキストとして取り上げた。多くの大学院生が参加して各章について報告を担当してくれ、さまざまな議論をした。他方、伊藤は、二〇〇一年度早稲田大学第二文学部、社会・人間系演習9で本書を講読し、参加した三〇名近い学生諸君と議論を積み重ねた。

これらの授業に参加してくれた諸君は、本書をわれわれが翻訳していくもうひとつのきっかけを作ってくれた。それぞれの授業での議論は、伊藤や吉見にとっても本書を理解していく重要な機会であったし、それを通じ、これからメディア研究を学ぼうとする学生たちに本書がとても刺激的であり、さまざまな問いや関心を触発するものであることを再確認できた。このような機会が、日本のより多くの大学や大学院にも広がっていってほしいと願ったのが、今回、本書を翻訳しようと考えた最大の理由でもあった。当時の授業に参加された学生・院生のすべてのみなさんに、この場を借りて改めてお礼を言いたい。どうもありがとう。

本書の翻訳はしかし、始めてみると予想以上に困難であることに気がついた。著者の論旨は明快であり、晦渋なところなどどこにもない。ところが難しさは、何よりも著者の文体にあった。著者は本書で、英国の若い学生たちを触発し、煽り立て、その日々の経験を想起させていくようなスタイルで語りかけている。そのために、本書の原文には体言止めやリフレイン、名詞の羅列、突然の感嘆詞、俗語や日常の慣用句が頻出する。このあたりの文体的な薫りを伝えることは、われわれ訳者の能力を超えていた。残念ながらこの訳書では、多少文体の妙味は犠牲にしても、著者の主張を正確に伝えることに力点を置かざるをえなかった。というわけで、原文は翻訳よりもずっとリズミカルである。本書を読まれて興味をもたれた方は、ぜひそちらもご一読をお勧めしたい。尚、翻訳分担に関し、吉見が、1、2、3、8章を、伊藤が、日本語版序文、9、13、14、15、16章を、土橋が、序文、4、5、6、7、10、11、12章をそれぞれ担当した。

今回の出版の最大の功労者は、せりか書房編集長の船橋純一郎さんである。船橋さんには、訳者たちはこれまで『メディア・スタディーズ』や『メディア文化の権力作用』の作業で大変お世話になってきた。今回の出版計画にもすぐに賛同してくれ、版権取得から諸々の作業を迅速に進めてくださった。それにもかかわらず、訳者の怠慢から当初の予定よりも翻訳がかなり遅れてしまった。この間、訳文の読み合わせにはいつもおつき合いいただき、訳者間の調整もきわめて円滑にやってくださった。この五月には著者の再来日も予定されている。なんとかそれに間に合わせて本書が刊行できるのも、ひとえに船橋さんの熱意の結果である。訳者一同、心からお礼申し上げたい。

最後に、本書の翻訳を快く承諾してくださり、日本語版への序文も寄せてくれたロジャー・シルバーストーン氏に、深く感謝申し上げる。

二〇〇三年四月一〇日

訳者一同

Young, James E. (1990) *Writing and Rewriting the Holocaust: Narrative and the Consequences of Interpretation*, Bloomington, Indiana University Press.

Young, James E. (1993) *The Texture of Memory: Holocaust Memorials and Meaning*, New Haven, CT, Yale University Press.

Zelizer, Barbie (1997) 'Every once in a while: Schindle's List and the shaping of history', in Yosefa Loshirsky (ed.), *Spielberg's Holocaust: Critical Perspectives on Schindler's List*, Bloomington, Indiana University Press, pp. 18-40.

Zucker, Lynne (1986) 'Production of trust: institutional sources of economic structure, 1840-1920', in B.M. Shaw and L.L Cummings (eds), *Research in Organisational Behavior*, Vol. 8, Greenwich, CT, JAI Press, pp. 53-111.

Ricoeur, Paul (1984) *Time and Narrative*, Vol. 1, Chicago, IL, Chicago University Press.（P・リクール『時間と物語』1、久米博訳、新曜社）

Samuel, Raphael (1994) *Theatres of Memory, Vol. 1: Past and Present in Contemporary Culture*, London, Verso.

Scannell, Paddy (1988) 'Radio times: the temporal arrangements of broadcasting in the modern world', in Phillip Drummond and Richard Pateson (eds), *Television and its Audience: International Research Perspectives*, London, British Film Institute.

Silverstone, Roger (1981) *The Message of Television: Myth and Narrative in Contemporary Culture*, London: Heinemann Educational Books.

Silverstone, Roger (1994) *Television and Everyday Life*, London, Routledge.

Silverstone, Roger (1998) 'Jewish television: prospects and possibilities', JPR Policy Paper, no. 1, March, London, Institute for Jewish Policy Research.

Simmel, Georg (1971/1908) 'The stranger', in Donald E. Levine (ed.), *Georg Simmel: On Individuality and Social Forms*, Chicago, IL, Chicago University Press, pp. 143-9.

Soros, George (1998) *The Crisis of Global Capitalism: Open Society Endangered*, London, Little, Brown and Co.

Steiner, George (1975) *After Babel*, Oxford, Oxford University Press.（G・スタイナー『バベルの後に』上、亀山健吉訳、法政大学出版局）

Thompson, E.P. (1963) *The Making of the English Working Class*, London, Gollancz.

Thompson, E.P. (1971) 'The moral economy of the English crowd in the eighteenth century', *Past and Present* 50: 76-136.

Todorov, Tzvetan (1977) *Theories of the Symbol*, Oxford, Blackwell.（T・トドロフ『象徴の理論』及川馥・一之瀬正興訳、法政大学出版局）

Todorov, Tzvetan (1981) *Introduction to Politics*, Minneapolis, Minnesota University Press.

Turner, Ralph, Nigg, Joanne M. and Paz, Denise (1986) *Waiting for Disaster: Earthquake Watch in California*, Berkeley, California University Press.

Turner, Victor (1969) *The Ritual Process*, London, Routledge and Kegan Paul.（V・ターナー『儀礼の過程』冨倉光雄訳、新思索社）

Van Gennep, Arnold (1960) *The Rites of Passage*, London, Routledge and Kegan Paul.（A van ジェネップ『通過儀礼』秋山さと子・彌永信美訳、新思索社）

Williams, Raymond (1974) *Television: Technology and Cultural Form*, London, Fontana.

Winnicott, D.W. (1974) *Playing and Reality*, Harmondsworth, Penguin.（D・W・ウィニコット『遊ぶことと現実』橋本雅雄訳、岩崎学術出版社）

Wolfe, Thomas (1971) *Of Time and the River,* Harmondsworth, Penguin.

Yates, Frances A. (1964) *Giordano Bruno and the Hermetic Tradition*, London, Routledge and Kegan Paul.

Yates, Frances (1966) *The Art of Memory*, London, Routledge and Kegan Paul.（F・A・イエイツ『記憶術』玉泉八州男監訳、水声社）

Jhally, Sut (1990) *The Codes of Advertising: Fetishism and the Political Economy of Meaning in Consumer Society*, London, Routledge.

Katz, Elihu and Lazarsfeld, Paul (1955) *Personal Influence: the Part Played by People in Mass Communication*, New York, Free Press.

Kraut, Robert (1998) 'Internet paradox: a social technology that reduces social investment and psychological well being', *American Psychologist*, 53 (9): 1017-31.

Levinas, Emmanuel (1987) *Time and the Other*, Pittsburgh, PA, Duquesne University Press.（E・レヴィナス『時間と他者』原田佳彦訳、法政大学出版局）

Lewis, C.A. (1942) *Broadcasting from Within*, London, Newnes.

Liebes, Tamar and Katz, Elihu (1990) *The Export of Meaning*, Oxford, Oxford University Press.

Livingstone, Sonia (1998)'Mediated childhoods: a comparative approach to young peoples' changing media environments in Europe', *European Journal of Conununication*, 13 (4): 435-56.

McGinniss, Joe (1970) *The Selling of a President*, London, Deutsch.

McKeon, Richard (1987) *Rhetoric: Essays in Invention and Discovery*, Woodbridge, CT, Ox Bow Press.

McLuhan, Marshall (1964) *Understanding Media*, London, Routledge and Kegan Paul.（M・マクルーハン『メディア論』栗原裕・河本仲聖訳、みすず書房）

Mansell, Robin (1996) 'Designing electronic commerce', in Robin Mansell and Roger Silverstone (eds), *Communication by Design: the Politics of Information and Communication Technologies*, Oxford, Oxford University Press, pp. 103-28.

Marx, Karl and Engels, Frederick (1970) *The German Ideology*, London, Lawrence and Wishart.（K・マルクス、F・エンゲルス『ドイツ・イデオロギー』広松渉編訳、岩波文庫）

Mass Observation (1939) *Britain*, Harmondsworth, Penguin.

Mercer, Kobena (1996) *Imagined Communities*, Manchester, National Touring Exhibitions/Cornerhouse Productions.

Meyrowirz, Joshua (1985) *No Sense of Place: the Impact of Electronic Media on Social Behaviour*, New York, Oxford University Press.

Negroponte, Nicholas (1995) *Being Digital: the Road Map for Survival on the Information Superhighway*, London, Hodder and Stoughton.

Ong, Walter (1982) *Orality and Literacy: the Technologizing of the Word*, London, Methuen.（W・J・オング『声の文化と文字の文化』桜井直文他訳、藤原書店）

Popper, Karl (1945) *The Open Society and its Enemies*, 2 vols, London, Routledge and Kegan Paul.（K・R・ポパー『開かれた社会とその敵』第2部、内田詔夫・小笠原誠訳、未来社）

Renov, Michael (1993) *Theorizing Documentary*, London, Routledge.

Rheingold, Harold (1994) *The Virtual Community: Finding Connection in a Computerised World*, London, Secker and Warburg.

Frith, Simon (1983) 'The pleasures of the hearth', in *Formations of Pleasure*, London, Routledge and Kegan Paul, pp. 101-23.

Gambetta, Diego (ed.) (1988) *Trust: Making and Breaking Cooperative Relations,* Oxford, Basil Blackwell.

Garfinkel, Harold (1967) *Studies in Ethnomethodology*, Englewood Cliffs, NJ, Prentice-Hall.

Gell, Alfred (1988) 'Technology and magic', *Anthropology Today*, 4 (2): 6-9.

Gerbner, George (1986) 'Living with television: the dynamics of the culturation process', in J. Bryant and D. Zillman (eds), *Perspectives on Media Effects*, Hillside, NJ, Lawrence Erlbaum, pp. 17-40.

Giddens, Anthony (1990) *The Consequences of Modernity*, Cambridge, Polity Press. (A・ギデンズ『近代とはいかなる時代か？』松尾精文・小幡政敏訳、而立書房)

Giddens, Anthony (1991) *Modernity and Self-identity: Self and Society in the Late Modern Age*, Cambridge, Polity Press.

Giddens, Anthony (1998) *The Third Way: the Renewal of Social Democracy*, Cambridge, Polity Press.

Gillespie, Marie (1995) *Television, Ethnicity and Cultural Change*, London, Routledge.

Gray, John (1998) *False Dawn: the Delusions of Global Capitalism*, London, Granta Books.

Habermas, Jurgen (1970) 'Towards a theory of communicative competence', in Hans Peter Dreitzel (ed.), *Recent Sociology No. 2*, New York, Macmillan, pp. 114-50.

Habermas, Jurgen (1989) *The Structural Transformation of the Public Sphere: an Inquiry into a Category of Bourgeois Society,* Cambridge, Polity Press. (J・ハーバーマス『公共性の構造転換』細谷貞雄訳、未来社)

Hall, Stuart, Critcher, Charles, Jefferson, Tony, Clarke, John and Robert, Brian (1978) *Policing the Crisis: Mugging, the State and Law and Order*, London, Macmillan.

Haraway, Donna J. (1985/1991) *Simians, Cyborgs, and Women*, London, Free Association Books.

Hartmann, Geoffrey (1997) 'The cinema animal', in Yosefa Loshitsky (ed.), *Spielberg's Holocaust: Critical Perspectives on Schindler's List*, Bloomington, Indiana University Press, PP. 61-76.

Hastrup, Kirsten (1995) *A Passage to Anthropology: Between Experience and Theory*, London, Routledge.

Heller, Agnes (1984) *Everyday Life*, London, Routledge and Kegan Paul.

Horkheimer, Max and Adorno, Theodor (1972) *Dialectic of Enlightenment*, New York, Seabury Press. (M・ホルクハイマー、T・W・アドルノ『啓蒙の弁証法』徳永恂訳、岩波書店)

Huizinga, Jan (1970/1949) *Homo Ludens*, London, Maurice Temple Smith. (J・ホイジンガ『ホモ・ルーデンス』里見元一郎訳、河出書房新社)

Innis, Harold (1972) *Empire and Communications*, Toronto, University of Toronto Press.

Berlin, Isaiah (1990) *The Crooked Timber of Humanity*, London, John Murray.
Berlin, Isaiah (1997) *The Proper Study of Mankind*, London, Chatto and Wind us.
Billig, Michael (1987) *Arguing and Thinking: a Rhetorical Approach to Social Psychology*, Cambridge, Cambridge University Press.
Burke, Kenneth (1955) *A Rhetoric of Motives*, New York, George Brazillier.
Burke, Peter (1978) *Popular Culture in Early Modern Europe*, London, Maurice Temple Smith.
Butler, Judith (1990) *Gender Trouble: Feminism and the Subversion of Identity*, London, Routledge.（J・バトラー『ジェンダー・トラブル』竹村和子訳、青土社）
Caillois, Roger (1962) *Man, Play and Games*, Glencoe, Il., Free Press.（R・カイヨワ『遊びと人間』多田道太郎・塚崎幹夫訳、講談社学術文庫）
Cairncross, Frances (1997) *The Death of Distance: How the Communications Revolution Will Change our Lives*, London, Orion Business Books.
Carey, James (1989) *Communication as Culture: Essays on Media and Society*, Boston, MA, Unwin Hyman.
Castells, Manuel (1996) *The Rise of the Network Society*, Oxford, Basil Blackwell.
Chaney, David (1983)'A symbolic mirror of ourselves: civic ritual in mass society', *Media, Culture & Society*, 5 (2): 119-36.
Cicero (1942) *De Oratore*, 2 vols, Loeb Classical Library, Cambridge, MA, Harvard University Press.（「弁論家について」〔『キケロー選集(7)』岩波書店、所収〕）
Cohen, Anthony (1985) *The Symbolic Construction of Community*, Chichester and London, Ellis Harwood and Tavistock.
Cohen, Stanley (1972) *Folk Devils and Moral Panics*, London, McGibbon and Kee.
Culler, Jonathan (1975) *Structuralist Poetics: Structuralism, Linguistics and the Study of Literature*, London, Routledge and Kegan Paul.
Dasgupta, Partha (1988) 'Trust as a commodity', in Diego Gambetta (ed.), *Trust: Making and Breaking Cooperative Relations*, Oxford, Basil Blackwell, pp. 49-72.
Davis, Colin (1996) *Levinas: an Introduction*, Cambridge, Polity Press.（C・デイヴィス『レヴィナス序説』内田樹訳、国文社）
Dayan, Daniel (1998) 'Particularist media and diasporic communications', in Tamar Liebes and James Curran (eds), *Media, Ritual and Identity*, London, Routledge, pp. 103-13.
Debord, Guy (1977) *The Society of the Spectacle*, London, Practical Paradise Productions.（G・ドゥボール『スペクタクル社会』木下誠訳、ちくま学芸文庫）
Diamond, Elin (ed.) (1996) *Performance and Cultural Politics*, London, Routledge.
Diamond, Elin (1997) *Unmaking Mimesis*, London, Routledge.
Elias, Norbert (1978) *The Civilising Process, Vol. 1: The History of Manners*, Oxford, Blackwell.（N・エリアス『文明化の過程』上、赤井慧爾他訳、法政大学出版局）

参照文献

Adorno, Theodor (1954) 'Television and the patterns of mass culture', in Bernard Rosenberg and David Manning White (eds), *Mass Culture: the Popular Arts in America*, New York, Free Press, PP. 474-88.

Anderson, Benedict (1983) *Imagined Communities: Reflections on the Origin and Spread of Nationalism*, London, Verso.（B・アンダーソン『想像の共同体〔増補版〕』白石さや．白石隆訳、NTT出版）

Ang, Ien (1986) *Watching Dallas Soap: Opera and the Melodramatic Imagination*, London, Routledge.

Appadurai, Arjun (1996) *Modernity at Large: Cultural Dimensions of Globalization*, Minneapolis, Minnesota University Press.

Aristotle (1963) *Poetics*, Everyman's Library, London, J.M. Dent.（アリストテレース『詩学』（ホラーテゥス『詩論』）松本仁助・岡道雄訳、岩波文庫）

Bachelard, Gaston (1964) *The Poetics of Space*, Boston, MA, Beacon Press.（G・バシュラール『空間の詩学』岩村行雄訳、ちくま学芸文庫）

Barthes, Roland (1972) *Mythologies*, London, Jonathan Cape.

Barthes, Roland (1976) *The Pleasure of the Text*, London, Jonathan Cape.（R・バルト『テクストの快楽』沢崎浩平訳、みすず書房）

Barthes, Roland (1977) *Image-Music-Text: Essays Selected and Translated by Stephen Heath*, London, Fontana.

Barthes, Roland (1981) *Camera Lucida: Reflections on Photography*, London, Jonathan Cape.（R・バルト『明るい部屋』花輪光訳、みすず書房）

Baudrillard, Jean (1988) *Selected Writings*, edited and introduced by Mark Poster, Cambridge, Polity Press.

Baudrillard, Jean (1995) *The Gulf War did not Take Place*, Sydney, Power Publications.（J･ボードリヤール『湾岸戦争は起こらなかった』塚原史訳、紀伊國屋書店）

Baumann, Zygnmnt (1989) *Modernity and the Holocaust*, Cambridge, Polity Press.

Baumann, Zygmunt (1993) *Postmodern Ethics*, Cambridge, Polity Press.

Beck, Ulrich (1992) *Risk Society*, London, Sage.（U・ベック『危険社会』東廉・伊藤美登里訳、法政大学出版局）

Benjamin, Walter (1970) *Illuminations*, London, Fontana.（W・ベンヤミン『複製技術時代の芸術作品』浅井健二郎編訳、ベンヤミン・コレクション1、ちくま学芸文庫）

Benjamin, Walter (1976) *Charles Baudelaire: A Lyric Poet in the Era of High Capitalism*, London, Verso.（W・ベンヤミン『ボードレール』野村修訳、岩波文庫）

人名索引

索引

事項索引

訳者略歴

吉見俊哉（よしみ　しゅんや）

1957年、東京生まれ。東京大学社会情報研究所教授。社会学・文化研究専攻。主な著書に、『都市のドラマトゥルギー』（弘文堂、1987）『博覧会の政治学』（中公新書、1992）『メディア時代の文化社会学』（新曜社、1994）『「声」の資本主義』（講談社選書メチエ、1995）『リアリティ・トランジット』（紀伊国屋書店、1996）『カルチュラル・スタディーズ』（岩波書店、2000）『カルチュラル・ターン』（人文書院、2003）『メディアとしての電話』（弘文堂、共著1992）『メディア・スタディーズ』（せりか書房、編著2000）『グローバル化の遠近法』（岩波書店、共著2001）などがある。

伊藤　守（いとう　まもる）

1954年生まれ。早稲田大学教育学部教授。専攻は社会学、カルチュラル／メディア・スタディーズ。グローバル化のなかの「日本」のメディアの現状に関心があるが、最近はメディアとりわけテレビによる空間編制の問題を歴史的な広がりのなかで検討したいと思っている。著書として、『メディア文化の権力作用』（せりか書房、編著2002）、『講座社会学 8 社会情報』（東京大学出版会、共著1999）『シリーズ 社会情報学への接近』（早稲田大学出版部、共編著2003）ジョン・フィスク『テレビジョンカルチャー』（梓出版、共訳1997）などがある。

土橋臣吾（どばし　しんご）

1969年生まれ。武蔵工業大学環境情報学部専任講師。メディア論、コミュニケーション論専攻。メディア・テクノロジーと日常生活が切り結んでいく関係、あるいは両者が不可分の統合体として結合していくプロセスを、具体的なメディア利用者の実践を通じて見通していくことに関心がある。著書として、『テレビジョン・ポリフォニー』（世界思想社、伊藤守・藤田真文編、共著1999）

なぜメディア研究か――経験・テクスト・他者

2003年4月30日　第1刷発行

著　者　ロジャー・シルバーストーン
訳　者　吉見俊哉、伊藤　守、土橋臣吾
発行者　佐伯　治
発行所　株式会社せりか書房
東京都千代田区猿楽町2-2-5　興新ビル303
電話 03-3291-4676　振替 00150-6-143601
印　刷　信毎書籍印刷株式会社
装　幀　工藤強勝

ISBN4-7967-0248-2

WHY STUDY THE MEDIA? 1st Edition by Roger Silverstone
English language edition published by Sage Publications of London, Thousand Oaks and New Delhi

Japanese translation published by arrangement with Sage Publications Ltd through The English Agency (Japan) Ltd.